Le compagnon du doute

Du même auteur

Mort d'un général, Paris, Seuil, 1977.

Baraka, ou la vie, la gloire et le destin d'Anthony Smith, Paris, Denoël, 1984; rééd. Rivages, 1995.

L'Ennemi du bien, Paris, Mazarine, 1986; rééd. Gallimard, « Folio ».

Paradis Blues, Paris, Payot, 1988; rééd. Gallimard, « Folio », 1990.

Les Bâtards de Voltaire, Paris, Payot, 1993.

De si bons Américains, Paris, Rivages, 1994.

Essais Payot

John Saul

Le compagnon du doute

Traduit de l'anglais
par Sabine Boulongne

Titre original :

THE DOUBTER'S COMPANION
A DICTIONARY OF AGGRESSIVE COMMON SENSE
(Toronto, Penguin Group)

Pour Adrienne

Hoc esse salsum putas ?

Catulle

Un rêve d'équilibre

Notre civilisation est incapable de réaliser ce que les individus ne sont pas en mesure d'exprimer par des mots ; et les individus ne sauraient formuler ce qu'ils sont incapables de penser. La pensée elle-même ne peut progresser plus vite qu'on ne formule l'inconnu, par le biais d'un langage conscient, organisé, et il semble que cette restriction soit autodestructrice.

De ce fait, le pouvoir des dictionnaires et des encyclopédies est considérable. Mais de quel pouvoir s'agit-il ? Car la nature même d'un dictionnaire permet d'en faire un usage positif ou négatif : il peut être une force libératrice autant qu'un instrument de contrôle.

Dans la tradition humaniste, l'ordre alphabétique est un instrument d'analyse de la société ; le dictionnaire une série d'interrogations, une quête de sens, une arme contre les idées reçues, partant contre les prétentions du pouvoir établi. En d'autres termes, le dictionnaire autorise une approche socratique organisée.

La méthode rationnelle est très différente. Là, le dictionnaire se transforme brusquement en un recueil de vérités, un instrument qui limite le sens en définissant le langage. Dès lors, cette bible devient un outil de contrôle des communications, dans la mesure où elle définit le mode de pensée des individus. Autrement dit, le dictionnaire devient la voix de l'élitisme platonicien.

Humanisme contre définition. Équilibre contre structure. Doute contre idéologie. Langage comme moyen de communication ou comme instrument destiné à promouvoir les intérêts de groupes définis...

Ce pouvoir des mots et des formules simples semble être particulier à l'Occident. D'autres civilisations sont plutôt guidées par l'image ou la métaphysique, ce qui les incite à considérer comme secondaire la relation entre l'oral et l'écrit. En Occident, la presque totalité de notre savoir sur l'état de notre société peut être déduit du pouvoir relatif de l'oral par rapport à l'écrit.

Plus le poids de l'écrit se fait sentir, plus le langage présente un aspect émoussé, prévisible, légitimé par une rhétorique obscure. Le tout se met alors facilement au service de l'idéologie et de la superstition. Dans les sociétés où il en est ainsi – en l'occurence la nôtre –, donner une définition équivaut à fermer les portes tout en répondant aux questions posées.

Quant au langage oral, on le libère périodiquement parce qu'il est la seule force capable d'affranchir la société des effets asphyxiants de l'écrit et de l'idéologie. Telle une bourrasque, il ouvre les fenêtres hermétiquement fermées de l'académisme, souffle la poussière des idées reçues et, selon la formule de Stéphane Mallarmé, donne un sens plus pur aux mots de la tribu. Dans ces périodes de liberté, dictionnaires et encyclopédies trouvent leur voie et se présentent comme des outils agressifs, interrogateurs, propices au doute et à la réflexion.

La différence entre l'humanisme et le rationnel est simple. Comment les citoyens peuvent-ils prendre part au débat public si les concepts qui définissent notre société et déterminent les modes de gouvernement sont fermés à la compréhension et à l'interrogation ? Dans cette hypothèse, la société s'immobilise. Si cette immobilité se prolonge, les résultats sont catastrophiques.

Les citoyens n'ont qu'un seul moyen de s'en sortir : il leur faut récupérer leur langage – notre langage – accaparé par les structures d'une compétence et d'une sagesse banalement conventionnelles. Les peuples savent par expérience que ce changement n'est possible qu'à travers des déclarations révoltantes, la provocation, un refus obstiné d'accepter les formules lénifiantes de la sagesse conventionnelle.

Les idéologies de ce siècle ont gagné du terrain en tirant parti des superstitions modernes, dont chacune se justifie par des définitions bien étayées et déconnectées de la réalité. Même la conduite superstitieuse la plus horrible, l'Holocauste, est le résultat de décennies de justifications intellectuelles soigneusement rédigées, que la société, en validant passivement ces arguments, n'a pas su bannir.

Nos idéologies contemporaines se fondent sur le déteminisme

économique. Elles se servent des arguments d'experts pour conférer à l'injustice un caractère d'inexorabilité. Cette contagion de passivité qui affecte les citoyens est ce que nous appelions jadis superstition. Nous nous sentons obligés d'accepter comme inévitable tout ce qui porte la marque du « vrai », quoi que ce soit. Le savoir, censé nous libérer, est devenu, inexplicablement, l'instrument de notre emprisonnement. Un dictionnaire peut-il se dispenser d'attaquer cette mystification ?

Érasme fut peut-être le premier à essayer de tuer le système scolastique moderne en contestant le pouvoir des vérités écrites. Avec *Adagio* (1508 : un recueil de trois mille proverbes tirés des auteurs classiques) et *L'Éloge de la folie* (1509 : une satire de la scolastique), il attaqua le dogmatisme avec humour, à grand renfort d'énumérations. En apparence, son but était de retrouver la simplicité des premiers temps du christianisme. En fait, il s'efforçait de découvrir un équilibre humaniste.

Les guerres de Religion – et leur clameurs de haine et de violence subtilement argumentées – eurent apparemment raison de son message. Mais Érasme avait envoyé un signal à longue portée. Il avait favorisé une approche du langage, de la communication et de la compréhension qui privilégiait l'oral. Ainsi le grand intellectuel européen rejeta-t-il les idéologies, tant anciennes que nouvelles.

L'étape importante qui suivit n'en contredisait pas moins Érasme. Car malheureusement on s'engageait désormais dans la direction prise par les nouveaux pouvoirs rationnels et nationaux, qui s'étaient plus où moins déchaînés durant les guerres de Religion. Le cardinal de Richelieu fit appel à Claude Favre de Vaugelas pour lancer le premier dictionnaire de l'Académie française (1647 : *Remarques sur la langue française*). Vaugelas considérait qu'un usage élevé était le législateur approprié au langage [1]. Il voulait établir « un nouveau Mode Élevé » qui remplacerait le latin. Son objectif était de créer un dictionnaire investi d'une autorité absolue et de fixer la langue française, tel un papillon exotique épinglé dans une vitrine, dans une rhétorique politiquement correcte.

Apparemment, il ignorait la maxime du chancelier François Olivier : « Plus haut monte le singe, plus il montre son cul [2]. » De ce fait, au cours des trois derniers siècles, chaque fois que le français a atteint sa grandeur naturelle, il l'a fait en rejetant l'« usage élevé » au profit d'un langage clair, souple, inspiré par le souffle du génie oral.

Quoi qu'il en soit, la grande purification humaniste était sur le point de commencer. La *Cyclopaedia, or Universal Dictionary of Arts and Sciences*, en deux volumes, d'Ephraïm Chambers, parut en 1728. Les ambitions de Chambers étaient modestes : il s'agissait pour lui de fournir « une explication des termes et un compte rendu des choses ainsi signifiées ». Explication et compte rendu : il ne prétendait pas définir la vérité.

Samuel Johnson suivit le mouvement, avec l'intention d'imiter Vaugelas. Par nature, il croyait que « tout changement est néfaste en soi ». Dès 1755, toutefois, quand parut son dictionnaire, il s'était rendu compte que le langage était soit vivant et incontrôlable, soit contrôlé et mort.

> Des académies ont été instituées pour garder les voies du [...] langage, pour retenir les fugitifs, repousser les intrus ; jusqu'ici, toutefois, leur vigilance et leurs efforts ont été vains ; les sons sont trop volatiles et trop subtils pour être restreints par une loi ; enchaîner les syllabes ou ligoter le vent sont des entreprises tout aussi orgueilleuses, d'un orgueil qui se refuse à mesurer ses désirs à l'aune de ses forces [3].

Puis vint la grande innovation. L'*Encyclopédie* de Denis Diderot parut en dix-sept volumes entre 1751 et 1772 [4]. Pour la première fois, une analyse alphabétique de la civilisation ne regardait pas en arrière, mais en avant, à travers des idées sociales novatrices [5]. C'était un outil en faveur du changement, et sa publication fut marquée par des arrestations et la censure. Le *Dictionnaire philosophique* de Voltaire, qui parut sous des formes diverses durant la même période, était conçu, plus consciemment encore, comme une arme, portable et maniable, pour la guérilla linguistique [6]. Au début du XXe siècle, la Grande Encyclopédie Larousse définissait l'œuvre de Diderot comme un instrument de guerre.

Pourquoi la guerre ? Et contre quoi ? Contre un langage qui ne servait pas la civilisation dont il était issu. Un langage qui ne communiquait pas. L'assaut mené par Voltaire et Diderot démontrait que la société du XVIIIe siècle, cette grande et élégante bête, était un animal malade trop paré et trop fardé.

La dernière phase d'ouverture dans l'évolution des communications et de la pensée eut lieu avec l'*Encyclopaedia Britannica* (1768-1771) et le dictionnaire en deux volumes de Noah Webster, paru en 1828 [7]. Puis ce fut l'étape d'adaptation. Celle-ci fut rapidement suivie d'un engouement pour des ouvrages volumineux remplis de définitions sèches et sectaires tournées vers le passé. À l'image d'une civilisation triomphante et satisfaite d'elle-même.

Flaubert s'en moqua allégrement dans son petit *Dicitionnaire des idées reçues* (1880) [8], de même qu'Ambrose Bierce avec son *Dictionnaire du diable* (1911) [9]. Mais ils harcelaient un animal impassible et de plus en plus inconscient se vautrant dans une confortable assurance. Aujourd'hui, les outils du débat et du changement tels qu'ils ont été confectionnés au XVIIIe siècle sont devenus autant de monuments académiques à la vérité. Désormais, les dictionnaires ne se contentent plus de définir le sens, mais décident de l'existence même des mots. Par conséquent, tout le monde se dispute pour savoir ce qu'on doit y inclure. On trouve son Oxford, son Webster, son Robert ou son Larousse non pour se lancer des défis, mais pour se rassurer.

Aujourd'hui, la civilisation ne se vautre pas dans une autosuffisance inconsciente. Elle ressemble à l'animal blessé et confus du XVIIIe siècle. Nous sommes de nouveau prisonniers de la rhétorique scolastique qui entrave les communications publiques utiles en divisant notre langage en des milliers de dialectes spécialisés et hermétiques. D'où la quasi-disparition d'un langage public susceptible d'avoir un impact réel sur les structures et les pratiques collectives. À la place, nous avons un mirage de communications orales illimitées, qui sont en réalité un vaste silence peuplé de murmures.

Quant à nos élites, cette situation leur confirme qu'elles sont indispensables. Les citoyens, eux, semblent avoir pris leurs distances par rapport aux structures existantes et à leurs sabirs. Ils réagissent avec une indifférence muette aux vagues de vérités d'experts qui déferlent sur eux.

Un observateur détaché y verrait les premières phases d'un rite de purification. Car l'indifférence est souvent une façade derrière laquelle les hommes mettent au point les changements.

Notre histoire étant ce qu'elle est, il devrait être possible de déchiffrer nos intentions. Nous essayons de nous extirper par la pensée d'une prison linguistique. Cela signifie qu'il nous faut créer un nouveau langage et de nouvelles interprétations. Nous ne saurions y parvenir sans rétablir un équilibre entre l'oral et l'écrit.

Dans ce contexte, il faut que les dictionnaires soient à nouveau des puits de doute, de contestations et de remises en cause. Ils deviendront alors des armes efficaces, instigatrices de changement.

A

A. La bombe A ou H.

1. Elle n'a tué personne. Que des Japonais.
2. Miracle de la méditation transsubstantielle : depuis cinquante ans elle n'existe qu'à l'Ouest et n'explose qu'à l'Est.
3. Instrument de paix.

À. À moi. Ce qui est à moi n'est pas à toi ! Principe de base à inculquer aux enfants pour qu'ils ne se trompent pas plus tard, quand ils seront grands.

AARON. Frère de Moïse. À l'instar des chefs des onze autres maisons d'Israël, il reçut l'ordre de rendre son bâton, que l'on plaça dans le tabernacle avec celui des autres. Le lendemain, le bâton d'Aaron avait bourgeonné, fleuri et produit des amandes, ce qui lui valut la place de grand prêtre et donna à sa tribu, les Lévi, le privilège perpétuel de servir au Temple.

Ce n'est ni le premier ni le seul exemple d'une accession au pouvoir grâce à l'intervention du surnaturel, en d'autres termes de l'inexplicable ou du secret. Après tout, le « oui » de l'oracle de Delphes à la question de savoir si Socrate était le plus sage des êtres vivants persuada le philosophe de sa propre ignorance et l'incita à se lancer dans une quête de la vérité moyennant une interrogation systématique qui le mena à la mort.

Avec Aaron, ce concept du pouvoir exercé par le biais du

secret fut officiellement intégré dans le système occidental. Les experts contemporains se conforment tout bonnement à cette tradition.

Voir **Bande des cinq.**

ABAISSEMENT. Dans une société de courtisans ou de corporatistes, la question n'est pas d'abaisser ou d'être abaissé, mais s'il est possible de trouver un équilibre entre les deux.

Les gens simples éprouveront peut-être certaine difficulté à en acquérir l'art et la manière, mais les esprits plus subtils comprendront tout naturellement qu'étant soi-même abaissé, on éprouve un plaisir d'autant plus intense à abaisser les autres.

Les plus habiles s'imaginent qu'ils pourront atteindre le plaisir suprême par une sorte d'ambition ou de pulsion baptisée compétence. Cela les incite à s'élever toujours plus haut dans la hiérarchie et à acquérir de plus en plus de pouvoir. Mais quel est l'intérêt d'un tel statut au sein d'une société puissamment structurée, dénuée de tout objectif particulier hormis le droit, à brève échéance, de donner davantage d'ordres qu'on en reçoit ? Les courtisans trottinaient autrefois dans les couloirs des palais avec la même fausse idée de leur importance.

Quand le moment vient de se retirer de ses fonctions, bon nombre d'entre eux plongent dans la dépression. Ils ont la sensation d'avoir été jetés dans le vide. Ceci pour la bonne raison que la société ne les récompensait pas pour leur compétence ou leur savoir, mais pour la position qu'ils occupaient. Leur succès même exigeait un abaissement impersonnel des autres. Et lorsqu'ils quittent le pouvoir, cette sensation agréable d'avoir un but, que leur position leur donnait, se dissipe.

Pourtant, il faut bien que le pouvoir soit exercé, sinon il n'y aurait pas de civilisation. Mais au sein d'une société vouée au pouvoir et gérée par des hiérarchies d'experts, les élites sont inconsciemment accrochées à une forme abstraite de sadomasochisme. Ce qui explique peut-être que le succès se traduise si souvent par le triomphalisme et de continuelles plaintes sur l'incompétence des autres. Cependant, le fondement de la plupart des civilisations, y compris la nôtre, est aux antipodes. Le succès y est censé provoquer une explosion de modestie et de sollicitude.

Voir **Corporatisme.**

ABEILLES. Dans son *Dictionnaire philosophique*, Voltaire souligne que les abeilles semblent supérieures à l'homme, dans la mesure où une de leurs sécrétions au moins est utile. Rien de ce qu'un humain sécrète n'a la moindre utilité. Bien au contraire, tout ce que nous produisons rend notre proximité désagréable [1].

L'organisation sociale des abeilles suscite une autre comparaison : si on supprimait la reine et si les faux bourdons, s'érigeant en managers, arrivaient à convaincre les ouvrières de continuer à trimer, qu'adviendrait-il de nos approvisionnements en miel ?

ABÉLARD (Pierre). Pionnier de la quête théologique rationnelle qui posa, au XIIe siècle, les fondations de la **scolastique** et tomba amoureux d'une étudiante de dix-sept ans. Après une liaison passionnée suivie d'un mariage clandestin, il eut une rencontre malencontreuse et neutralisante avec un couteau brandi par un élément masculin de sa belle-famille.

Abélard accepta la vie monastique de mauvaise grâce. Dans ses enseignements dialectiques, chaque jour plus acrimonieux, il n'a toutefois pas fait le lien entre sa quête et sa destinée.

Voir **Loyola** et **Pénis.**

ABSOLU. Rien n'est absolu, à l'exception, au demeurant contestable, de cette affirmation et de la mort, ce qui explique peut-être que les théories politiques et économiques soient présentées avec autant de sérieux.

L'absolutisme est une affaire extrêmement sérieuse. Si on laisse ne serait-ce qu'un poil d'espace vide dans la construction d'une théorie, le doute peut s'immiscer. Et le citoyen, en souriant, se demande si les justifications intellectuelles du pouvoir ne sont pas absurdes. Rares sont ceux qui se prennent pour des idéologues parmi nos élites ; pourtant, ils n'hésitent pas à se comporter comme les détenteurs de la vérité, quel que soit leur domaine.

Qu'elle révèle la dictature du prolétariat ou les vertus de la privatisation, la vérité est idéologie. Ce qui n'est pas le cas de leurs vérités, affirment nos élites. Elles se contentent de fournir les conclusions inévitables à des faits organisés rationnellement. L'absolutisme est la faiblesse des autres. Nos élites ont la chance d'avoir tout bonnement raison.

Voir **Doute, Idéologie** et **Sérieux.**

ACADÉMIE FRANÇAISE. Logée dans le plus beau palais de Paris, l'Académie, dont le rôle consiste à contrôler le langage, peut se flatter d'avoir une coupole et un escalier intérieur particulièrement élégants. Le secrétaire perpétuel occupe un appartement magnifique situé dans l'aile ouest et donnant sur la Seine et le Louvre. L'Académie possède aussi un grand château entouré d'un parc splendide à Chantilly, où les académiciens vont se détendre.

Donc, leur tâche consiste à définir le sens et l'usage correct des mots, puis à les répertorier dans un dictionnaire officiel. Cela les oblige parfois à donner la priorité à la vérité au langage et à sa beauté plutôt qu'à des besoins prosaïques de communication. Ainsi, on s'adresse aux membres de l'Académie de sexe féminin comme si elles étaient des hommes parce que le terme académicien est masculin.

Les académiciens se perpétuent eux-mêmes. En d'autres termes, quand l'un d'eux meurt, ils en élisent un autre. Ce qui explique peut-être qu'on les qualifie d'immortels. Les fauteuils de la salle de réunion officielle, à l'étage, sont historiques mais très inconfortables.

« Quand un écrivain meurt, il laisse une œuvre. Quand un académicien trépasse, il laisse un fauteuil vide, mais pas pour longtemps. »

Voir **Scolastique.**

ACAPULCO. Il n'y a pas de requins à Acapulco. Les autorités mexicaines sont catégoriques à ce sujet. Si certains touristes étrangers choisissent de ne pas rentrer chez eux à la fin des vacances, c'est leur affaire.

En outre, les requins ne sont pas attirés dans la baie d'Acapulco par les eaux souillées qu'évacuent les hôtels du littoral. Ce genre d'insinuations est la preuve du sentiment antimexicain dominant chez les intellectuels étrangers, qui déguisent leurs préjugés en principes autojustificateurs et suggèrent que des journalistes mexicains sont régulièrement assassinés pour avoir dénigré la politique de leur gouvernement. Les gens en question ne sont pas des journalistes. Après une enquête menée par les autorités judiciaires responsables, on s'aperçoit généralement qu'il s'agit en fait de prêteurs sur gages ou d'homosexuels qui se sont arrangés pour avoir une carte de presse et se sont fait trucider par des veuves sans le sou qu'ils exploitaient ou des prostitués mineurs de sexe masculin.

Ces mêmes intellectuels américains – et leurs imitateurs canadiens – laissent entendre qu'un grand nombre de travailleurs mexicains vivent dans des taudis en carton et que la corruption fait partie intégrante du système gouvernemental local. Cette volonté de maintenir les Mexicains dans un état d'infériorité par rapport aux États-Unis, en dénigrant leurs réalisations, est proprement inacceptable, surtout lorsqu'elle s'exprime avec cette compassion hypocrite des élites américaines, elles-mêmes indifférentes à la souffrance de leurs populations indigènes.

Voir **Usines.**

AD HOMINEM. Le contrepied du culte du **Héros**. Ces deux points de vue témoignent l'un et l'autre d'un refus de prendre en compte le contenu.

Depuis des décennies, les acteurs de la vie publique se plaignent de cette tendance grandissante des citoyens à les juger en s'en prenant violemment et personnellement à eux, et souvent à leur vie privée. À mesure qu'ils se donnaient des allures Héroïques – majestueuses, romantiques ou touchantes, de saints ou de martyrs –, ceux qu'ils s'efforçaient de séduire réagirent en les calomniant, en personne et sans réserve.

Ces attaques *ad hominem* n'ont rien de nouveau. Elles étaient amplement pratiquées, à des fins politiques, à la fin du XVIIIe et au XIXe siècle. Si ces personnages publics prêtaient un peu plus d'attention à l'histoire, ils sauraient que leurs prédécesseurs ont eu une vie bien plus difficile. De nos jours, ils sont protégés par la concentration de la presse, l'obligation de garder un comportement public respectable qui obnubile les élites professionnelles et, dans la plupart des pays, par des lois antidiffamation excessivement strictes. Notre société étant fondée sur la gestion, nous attachons une importance beaucoup trop grande à l'harmonie du discours public et redoutons les conflits verbaux sérieux et francs.

L'*ad hominem* contemporain ressemble à celui du XVIIe et du XVIIIe siècle. En ce temps-là, la société était infestée de courtisans courant après un pouvoir dénué de sens. La vie de la cour se mesurait aux broutilles personnelles – orgasmes, médailles, gants, décolletés, titres. L'*ad hominem* alimentait la soif insatiable de ragots qui remplissaient les salons et occupaient les journées de gens aux prises avec les structures complexes de l'État. Il s'agissait d'individus impuissants, vivant de critiques hors de propos, dans l'ombre de faux dieux humains, les monarques absolus. Que des attaques *ad hominem* aussi détachées de la réalité resurgissent avec tant de véhémence en cette fin de xxe siècle montre que nous avons replongé dans une société de grands palais peuplés de courtisans : ce sont les grandes fonctions et les grandes organisations du secteur public ou privé.

AGRICULTURE.
Voir **Irradiation.**

AIR CONDITIONNÉ. Méthode courante et efficace pour propager les maladies.

Après la Seconde Guerre mondiale, architectes et ingénieurs prirent conscience que les systèmes d'air conditionné réchauffaient ou rafraîchissaient quantités de gens d'une manière rentable. Ce fut l'une des clefs de la révolution architecturale et planificatrice qui frappa les villes occidentales alors.

L'air conditionné éliminait l'une des principales restrictions à la dimension des bâtiments. Car puisqu'il n'était plus nécessaire d'ouvrir les fenêtres, on n'avait plus à imposer de limites sur la hauteur ou la densité des constructions. Une fois chauffé ou rafraîchi, l'air pouvait être recyclé indéfiniment à l'intérieur de chaque édifice.

Ce principe révolutionnaire ne tarda pas à être appliqué dans le ciel. Avant l'arrivée du Jumbo Jet, la plupart des avions de ligne expulsaient de l'air en continu, tout en absorbant par ailleurs de l'air frais qu'il fallait amener à la température voulue. À l'avènement du Jumbo, on décida de donner la priorité aux économies de carburant sur la qualité de l'air. Les passagers, de la première classe à la troisième, fumeurs ou non, survolèrent dès lors l'Atlantique dans une odeur de renfermé. La moitié de l'air seulement était recyclée, et quelques heures après le décollage ils avaient l'impression de respirer un air vicié. Comme si chaque appareil ne contenait qu'une seule paire de poumons partagée par 300 ou 400 corps.

Dès le début des années quatre-vingt, les voyageurs se plaignirent de fatigue. On constata bientôt que travailler dans une grande tour de bureaux était beaucoup plus éreintant que dans un immeuble où l'on pouvait ouvrir les fenêtres. Puis un accident dramatique attira l'attention : un groupe d'anciens combattants américains logeant dans un hôtel où ils prenaient part à une convention rendirent l'âme les uns après les autres, comme s'ils avaient la peste. On décida que la maladie du légionnaire n'était pas due à l'air recyclé, mais à une défaillance du système de recyclage.

D'autres expériences, plus courantes, eurent heureusement des conséquences moins tragiques. Les gens s'attendaient à tomber malades après un vol sur trois en moyenne. Parfois, il s'agissait simplement d'un rhume ; mais de plus en plus, ce fut une attaque virulente de grippe. Mais ces coups de froid entraînaient quelquefois des vomissements, de fortes températures, un abattement général. Il arrivait que des personnes âgées ou fragiles ne s'en remettent pas. En fait, ces maux semblaient déferler par vagues, et changer de nature à chaque saison. Tous les deux ou trois mois, on assistait à une mutation du virus. Les avions faisaient de ces épidémies de grippe des phénomènes internationaux, les immeubles de bureaux climatisés se chargeant de les propager dans les villes. Ce que les passagers ignoraient, c'était que certaines compagnies aériennes réduisaient le quota d'air frais de leurs appareils pour faire des économies dans les périodes de **dérégulation** et de **dépression**.

Les hôpitaux modernes disposaient eux aussi de systèmes de climatisation ; on sut bientôt qu'on y attrapait facilement des microbes. On avait apparemment oublié les vieilles leçons prophylaxiques des quarantaines, si durement apprises au XIXe et au début du XXe siècle.

L'essentiel de la médecine moderne se fonde sur une maîtrise des maladies par le contrôle des mouvements. Mais voilà que de nouvelles vagues d'infections virales inattendues faisaient leur apparition. De petites épidémies, il est vrai. Une année, c'était la pneumonie virale. L'année suivante, une kyrielle de cadres étaient la proie de symptômes mal définis qui les épuisaient, parfois pour des années.

La climatisation était une illustration limpide de l'inflexibilité de l'industrie moderne et des structures technocratiques en général. L'économie semble être péniblement linéaire. Chaque heure de travail perdue par une entreprise à cause de la maladie, c'est autant d'argent gaspillé. Dans les villes au climat tempéré, il est courant que durant l'hiver, 20 % à 30 % des employés de bureau restent chez eux, malades. Mais personne n'a l'idée d'apliquer une méthode pratique, issue de l'observation, afin de réévaluer les politiques antérieures.

Cette rigidité absurde fait songer aux vieilles armées coloniales européennes expédiées sous les tropiques. Au xxe siècle encore, les soldats britanniques stationnés en Inde portaient des vêtements épais pour se protéger du soleil, outre une croix en métal plate enveloppée dans du tissu sous leur veste. Cette croix, qui leur descendait le long de la colonne et leur couvrait les épaules, était censée bloquer l'effet des rayons. Chaque régiment envoyait un pourcentage élevé de ses effectifs à l'hôpital, atteints de prostration due à la chaleur. L'état-major résistait aux tentatives faites pour imposer des tenues plus légères, sous prétexte que les soldats seraient décimés par le soleil. Lorsque les choses changèrent enfin, et que les hôpitaux se vidèrent, les officiers s'en étonnèrent.

Dans les milieux industriels, tout le monde sait que le traitement de l'air est le domaine le moins avancé de l'aéronautique. En public, les services de presse nient le problème *mordicus*. Le nombre de plaintes officielles, affirme-t-on, est « statistiquement insignifiant [2] ». Il faut dire que l'industrie aéronautique civile ne conserve pas ces doléances. En 1993, les autorités américaines firent une enquête sur le cas d'un steward atteint de la tuberculose, qui semblait avoir infecté 23 autres membres d'équipage en un espace de temps assez court. La tuberculose se propage par voie de bactéries flottant dans l'air. Par conséquent le recyclage de l'air était un facteur à prendre sérieusement en compte. Mais la mécanique du **déni** fonctionna à plein, comme d'habitude.

Les associations qui réclament des fenêtres qui s'ouvrent dans les tours d'immeubles s'entendent rétorquer par les architectes et les industriels du bâtiment que c'est impossible, ou que cela exigerait d'importants frais supplémentaires, outre les coûts de gestion de l'air à long terme. Des milliers de livres ont été écrits sur le management et la compétitivité, dont un grand nombre parlent de tirer parti au maximum des cadres et autres employés, par le biais du leadership, de la formation, en encourageant les talents individuels. Pourtant, rien ne semble avoir été prévu pour intégrer les coûts des congés-maladie dans ceux de la climatisation.

En vérité, le seul obstacle qui empêche les avions d'absorber de l'air frais en permanence, de le réchauffer et de l'expulser, c'est la résignation des passagers, des employés de l'aéronautique civile et des compagnies aériennes en la matière. Le cas des immeubles de bureaux est encore plus simple. Le dispositif de climatisation est rarement mentionné par les compagnies lorsqu'elles font construire, louent ou achètent un bâtiment. Rien ne les empêche d'exiger des systèmes d'air conditionné limités à des zones restreintes – moins d'un étage, par exemple –, et absorbant et expulsant de l'air en continu. Rien, hormis l'incapacité de notre système à reconnaître qu'il faut intégrer les coûts médicaux à ceux de l'ingénierie.

AISSELLES.
Voir **Réalité.**

À LA RECHERCHE DU TEMPS PERDU. Œuvre de génie écrite au lit. Au départ, le narrateur s'est couché de bonne heure. Tombe facilement des mains si l'on est en position allongée.

Rarement lu même si on en parle souvent. Cet ouvrage a eu un impact considérable sur quantité de gens qui ne l'ont jamais ouvert, ne serait-ce qu'à cause de la tension suscitée par l'éventualité que le nom de Marcel Proust soit jamais mentionné dans une conversation – ce qui peut se produire jusqu'à trois fois par an. Il arrive alors qu'on demande à un interlocuteur instruit de faire un commentaire sur ce qu'il ne connaît qu'à travers des références.

Que le terme littérature puisse désigner des livres dont on parle plus qu'on ne les lit – le romancier Julien Gracq s'en est plaint un jour – prouve à quel point le langage, aujourd'hui, masque les idées plus qu'il ne les exprime.

Voir **Langage oral.**

ALENA. Rien à voir avec un accord de libre-échange.

Signé par le Canada, le Mexique et les États-Unis en 1994, l'Alliance de libre-échange nord-américain remplace l'Accord de libre-échange (ALE) datant de 1988 et liant le Canada et les États-Unis. Qui n'était pas non plus un accord de libre-échange. Longtemps avant que l'un ou l'autre traité soit signé, les trois pays concernés fonctionnaient déjà selon un système de quasi-libre-échange.

Dans ce cas, pourquoi insiste-t-on tellement sur ce sigle ? C'est encore un exemple classique de **dictature du vocabulaire**. L'adjectif « libre » est nanti d'une acception positive. Qui s'élèverait contre la liberté ? « Libre-échange » contient une promesse de prospérité. Seuls les rêveurs romantiques s'y opposeraient.

L'ALENA, comme l'ALE, est un traité d'intégration économique. Il respecte le modèle corporatiste selon lequel on donne la priorité à un marché non réglementé sur tous les autres aspects de la société par la pure et simple exclusion de ces autres aspects du traité. Il oppose la main-d'œuvre mal rémunérée et précaire du Mexique et des États du sud des États-Unis à celle de la classe moyenne du Canada et du nord des États-Unis. L'effet provoqué sur le travail bon marché devient évident dans la zone Maquiladora, au Mexique. Son incidence sur le travail plus cher se manifeste par des taux de chômage endémiquement élevés dans le Nord.

L'ALENA crée le mécanisme adéquat à un *fait accompli* social sans que l'on ait à débattre de questions sociales. Cet accord affranchit l'entreprise transnationale et ses managers des réalités et des obligations géographiques.

Cette approche est aux antipodes de la méthode utilisée par le Marché commun, qui tente d'équilibrer les réalités politiques et sociales avec les forces du marché.

Voir **Libre-Échange** et **Terrain équitable.**

ALLIÉS.
Voir **Relations particulières.**

AMITIÉ. Émotion imprécise associée à un sentiment de loyauté.

Au sein d'une société **corporatiste** composée de spécialistes, on confond souvent l'amitié avec des idées partagées, des goûts, des aptitudes ou des intérêts communs. Or chacun de ces éléments sous-entend un jugement de valeur, donc une part d'intérêt personnel. L'amitié est exactement l'inverse. Ou, selon la formule de Blake, « l'opposition est la vraie amitié [3] ».

AMORALITÉ. Qualité admirée et récompensée au sein des organisations modernes. On y fait référence par l'intermédiaire de métaphores en parlant de professionnalisme ou d'efficacité.

L'amoralité est la sagesse corporatiste. C'est l'un des termes qui permettent de mettre en lumière la confusion entre ce qui, dans la société, est officiellement inculqué comme une valeur et ce que l'organisation sociale récompense en réalité.

L'immoralité, c'est faire le mal volontairement. Parce qu'une structure ou une organisation attend de nous que nous nous comportions de la sorte. L'amoralité est donc pire que l'immoralité, dans la mesure où elle revient à nier notre responsabilité, c'est-à-dire la supériorité de la vie humaine sur la vie animale.

Voir **Sang 1** et **Éthique.**

AMOUR. Solution à tous les problèmes en raison inverse des revenus. État émotionnel généralement centré sur une autre personne au moins, mais pas toujours. Mot qui perd son sens dès qu'on le définit.

Voir **Orgasme.**

ANGLETERRE. La seule nation purement idéologique qui subsiste.

Les Britanniques se flattent de leur bon sens pacifique et éprouvent un malin plaisir à taxer les Européens d'intellectualisme, tout en leur reprochant un vain engouement pour l'abstraction. Ils se vantent aussi d'être la seule race capable d'ironie, ce qui explique sans doute que ce peuple militariste et intellectuellement divisé insiste tant sur son esprit pratique. Cela explique peut-être aussi son attachement au jardinage et aux animaux familiers.

On s'étonnera de trouver de telles caractéristiques dans une nation qui apporta jadis des contributions essentielles à l'élaboration du concept de l'individu moderne, à l'essor de la démocratie et de l'**humanisme**, à travers sa littérature et sa politique.

Sur cette moitié d'île, les décisions publiques se prennent après la réduction forcée des questions complexes à une fausse clarté, de sorte que chacun est obligé de choisir son camp. Les détails de la vie quotidienne eux-mêmes – habillement, accents, opinions banales – sont répertoriés selon des positions idéologiques. Celles-ci sont parfois baptisées différences de classe, mais lorsque la notion de classe n'a plus d'utilité, c'est qu'elle a été réduite à l'état d'**idéologie**. Il en résulte un conformisme rationnel très structuré dont on cherche à se soulager en portant aux nues les excentricités, certes amusantes, mais hors de propos, d'une poignée d'individus.

L'idéologie frappant les leaders d'incapacité, c'est aux Irlandais et aux Écossais que revient de réussir combats, discours et actions. En revanche, les meilleurs tailleurs sont incontestablement anglais.

Voir **Éducation publique** et **Nannyisme.**

ANGLO-SAXONS. Groupe ethnique composé principalement de Celtes, de Normands, d'Allemands, d'Italiens, d'Ukrainiens, de Français, de Chinois et d'autres peuples qui ont été conquis ou ont émigré dans le monde anglophone. À blâmer en toutes circonstances.

Voir **Gaulois, Xénophobie (passive).**

ANIMISME. Religion dénuée d'abstraction, et par conséquent réfractaire à l'usage des structures complexes de pouvoir.

Au cours des dernières décennies, l'animisme a fait un retour décisif, en particulier parmi les membres rebelles des élites rationnelles. On n'a jamais vraiment compris en quoi consistaient leurs croyances. Certains parlent d'âmes et d'esprits. D'autres de culture populaire. Les archétypes jungiens ont remporté un franc succès.

Tout cela est étayé par un nombre important de gens ayant fait de brillantes études et en quête d'une vision globale de l'existence. Et certes, les croyances simples et primitives des tribus montagnardes de l'Asie du Sud-Est sont probablement tout aussi aptes que d'autres à exprimer leur idée. Tout a une vie. Les humains sont vivants, mais les arbres et les rochers aussi. Nous faisons tous partie d'un processus unique, de sorte que nous devons agir de concert avec l'ensemble.

Les grandes religions intellectuelles n'éprouvent guère de difficulté à se comprendre les unes les autres, en dépit de leurs rivalités. Elles partagent des idéaux presque identiques et sont tout aussi corrompues par la société. Elles ont aussi en commun un mépris de l'animisme.

Celui-ci prend généralement la forme d'une attaque contre la superstition. En partie justifiée. Cependant, l'essentiel des superstitions animistes consiste moins à répandre une peur destructrice qu'à mettre en œuvre des moyens simples et clairs permettant de régler certains problèmes sociaux : règles alimentaires, ou restrictions matrimoniales. Les religions abstraites font de même, si ce n'est que leurs règlements, qui affectent tout, de la consommation de la viande de porc à la fornication, sont apparemment des consignes qu'elles tiennent directement de Dieu.

Ce qui gêne les religions intellectuelles, dans l'animisme, ce n'est pas tant l'idée que tout, des cailloux aux humains, renferme la vie, mais que les humains ne sont par conséquent rien d'autre qu'un élément constituant d'un tout vivant : la terre. Que cette vision nie les droits et les pouvoirs des hommes, voilà qui est dérangeant. Qu'elle conteste les droits et les pouvoirs des structures sociales, c'est inadmissible.

Les grandes sociétés organisées dépendent d'une distinction entre la race humaine et tout le reste. Ce déni, cette élimination du non-abstrait, nous autorise à agir comme si nous n'étions pas limités par la réalité physique. Sans cette libération, l'essentiel de nos **progrès** n'aurait pas été possible.

Pourtant, nous sommes bel et bien limités par les réalités physiques. Cet affranchissement a donc été fondé en grande partie sur l'illusion, qui s'est elle-même métamorphosée peu à peu en une faiblesse politique, sociale et économique bien réelle.

L'argument opposant aujourd'hui ceux qui se considèrent comme une force de progrès et ceux qui semblent y résister est un prolongement du vieux désir des religions abstraites d'éliminer la vision animiste. Pourtant, la majorité des nouveaux animistes – écologistes et sociologues entre autres – sont le produit d'un étrange croisement. Ils préconisent la réintégration de l'humanité dans la globalité mondiale tout en appartenant eux-mêmes aux structures intellectuelles de leurs ennemis.

Le cas des écologistes professionnels illustre bien cette contradiction. Ils font du lobbying comme des producteurs d'armement. Hantent les conférences internationales. Se bagarrent pour de minuscules changements dans le comportement des gouvernements et des entreprises, des amendements insignifiants dans les règlements. Ils se battent avec les meilleures armes de leurs rivaux.

Mais après à peine vingt ans d'existence, l'essentiel du mouvement écologiste a pris la forme d'une corporation de plus, d'un groupement d'intérêts comme les autres. Leur intérêt est peut-être le désintérêt, mais leurs méthodes sont celles des élites rationnelles, elles sont donc limitées aux détails de la vie corporatiste. Ces nouveaux animistes tentent de justifier la modération et un respect de soi fondé sur le bon sens sans se rendre compte qu'ils recourent à des outils intellectuels destinés à éliminer l'un et l'autre.

Quoi qu'il en soit, ils n'incarnent pas seulement une manifestation de mécontentement. Nombre de signes prouvent que d'autres s'évertuent à prendre leur distance par rapport au système rationnel. Ces tentatives paraissent souvent idiotes ou naïves et les structures corporatistes n'en font aucun cas. Mais ces gens-là vont dans la même direction en luttant contre l'isolement de notre société. Ils sont à la recherche d'un sentiment d'intégration ou d'équilibre.

ANOREXIE. État auquel aspirent la plupart des femmes de la classe moyenne.

Voir **Monarques.**

ANTI-INTELLECTUALISME. Rituel d'autojustification créé par les intellectuels pour les intellectuels.

Nous n'avons aucune raison de croire qu'une part importante d'une population, quelle qu'elle soit, souhaite rejeter le savoir ou les individus instruits. Les gens veulent ce qu'il y a de mieux, pour leur société comme pour eux-mêmes. Si un peuple retombe dans la superstition ou la violence, dans une certaine mesure il faut imputer ce phénomène à l'ignorance dans laquelle ses élites sont parvenues à le maintenir, aux mauvais traitements qu'il a subis et au désespoir dans lequel une combinaison d'ignorance et de souffrance l'a plongé.

Si la chance se présente, les moins instruits et les moins riches veulent en savoir ou avoir davantage, ou que leurs enfants jouissent de ces privilèges. Ils comprennent parfaitement que le savoir est essentiel au bien-être général. La disparition de la vieille classe ouvrière en Allemagne, en France et dans le nord de l'Italie entre 1945 et 1980 est un remarquable exemple de cette lucidité.

Pourtant, les mouvements politiques continuent à tirer parti de la face cachée du populisme. Tout au long des années quatre-vingt et au début des années quatre-vingt-dix, certains de ces groupes ont bénéficié d'un soutien public de plus en plus important : en France Jean-Marie Le Pen et son Front national, aux États-Unis Ross Perot, la nouvelle droite allemande, le Parti

Réformiste et le Bloc québécois au Canada, la Ligue du Nord, Forza Italia de Silvio Berlusconi et le mouvement néo-fasciste italien. Ces mouvements ont en commun un même message, teinté d'une coloration locale. Il associe une approche simpliste, indirecte, des affaires publiques et une aptitude à puiser dans le dégoût du public pour les élites établies.

La conclusion tirée par les platoniciens – qui représentent l'essentiel de nos élites – est que le peuple constitue un puits profond et dangereux d'ignorance et d'irrationalité (voir **Platon**). Si la civilisation est en crise, la faute en incombe certainement à ce peuple qui ne sait pas faire face aux inévitables défis. Et pourtant, si les civilisations ne s'effondrent pas, ce n'est pas parce que les citoyens sont corrompus, paresseux ou anti-intellectuels. Ces gens-là n'ont pas suffisamment de pouvoir ou d'influence pour prendre les rênes en main ou détruire quoi que ce soit. Les civilisations s'effondrent quand ceux qui détiennent le pouvoir ne font pas leur travail convenablement. Ross Perot fut engendré par Harvard, et non par des fermiers illettrés.

Nos élites s'inquiètent de ce qu'ils considèrent comme un **luddisme** intellectuel : la télévision, le cinéma, la musique prospérant selon le dénominateur commun le plus bas, la propagation de l'analphabétisme fonctionnel, une mauvaise appréhension publique du savoir qu'elles estiment devoir être le guide de tous les aspects de la vie humaine. Ils ont l'impression que le peuple refuse obstinément de remplir le rôle qui lui revient au sein d'une société **corporatiste**.

Peut-être l'anti-intellectualisme, à propos duquel nos élites font tant d'histoires, est-il en fait la réponse des citoyens à la prétention de ces mêmes élites, qui se sont emparé du pouvoir, et à leur incapacité à les diriger convenablement ? Ce modèle de leadership essentiellement pyramidal prend la forme d'un langage obscur, d'une information contrôlée et d'une réduction à une banale fonction de la participation individuelle, à tous les niveaux ou presque.

Les élites ont dissimulé leurs échecs en soutenant que la population était paresseuse, ne lisait que des bêtises, regardait la télévision et était peu instruite. Le peuple a réagi en les traitant avec un mépris qui n'est pas sans rappeler l'attitude des classes inférieures de l'époque prémoderne.

Si l'**économie** est rendue incompréhensible, hormis pour les experts, et si, de surcroît, elle s'avère incapable de résoudre nos problèmes économiques, pourquoi la respecterions-nous ? Si les élites gestionnaires corporatistes ne peuvent expliquer d'une manière raisonnable et non dogmatique ce qu'elles font et pourquoi elle le font, avons-nous la moindre raison de croire que leurs décisions servent l'intérêt général ? Si ceux qui créent les outils de la communication publique – la fiction par exemple – écrivent des romans qui ne communiquent rien, pourquoi le public devrait-il leur accorder la moindre importance, la moindre signification ?

Certes, tous ne peuvent pas tout comprendre. Mais ceux qui ne sont pas des spécialistes doivent voir qu'on les traite ouvertement et avec honnêteté, qu'ils font partie du processus d'une civilisation intégrée. Ils comprendront alors et participeront au mieux de leurs possibilités. S'ils sont exclus, en revanche, ils traiteront les élites avec un égal mépris.

Voir **Civilisation.**

ARMEMENT. Extrêmement utile pour faire la guerre. Poids mort dans une économie civile.

Les sociétés ont toujours admis qu'une quantité appropriée d'armes était indispensable, même si elles ne contribuent pas le moins du monde à la prospérité. Ce poids négatif endémique a deux motifs :

1. Les armes sont des biens de consommation. Elles traînent sur une étagère comme un vieux rouge à lèvres qu'on n'utilise plus, ou elles servent à détruire d'autres armes, ou bien encore des gens. Une grande partie d'entre elles disparaissent en cours de route. Elles explosent ou sont démantibulées par l'autre camp.

En bref, l'objectif et l'usage des armes n'ont rien à voir avec les qualités intrinsèques des biens d'équipement. Elles ne peuvent pas être utilisées pour produire d'autres biens ou fournir des services. En d'autres termes, elles n'ont pour ainsi dire aucun effet multiplicateur. L'acier servant à la confection d'armes à un effet multiplicateur de un : acier transformé en armes. Dans le cas de l'acier entrant dans la composition de matériel destiné à bâtir des routes ou à fabriquer des camions, c'est une autre affaire. Cet équipement produit des routes, qui favorisent l'industrie du transport, laquelle utilise des camions, lesquels transportent des marchandises à l'origine d'échanges avec d'autres régions.

2. Les armes n'ont pas de valeur marchande. Il ne peut pas en

être autrement, puisque acheteur et vendeur sont des gouvernements. Sans compter qu'en général, il s'agit du même.

Que l'usine d'armements appartienne à des capitaux privés, qu'il y en ait plusieurs en rivalité, peu importe. Les marchés (la concurrence) sont créés par la demande et non par la production. Il n'y a pas de demande d'armes. Elles sont nécessaires uniquement dans le but de protéger un État ou d'en détruire un autre. Ce n'est pas une fonction économique.

Afin de créer de vraies valeurs marchandes pour l'armement, il faudrait établir une valeur précise – fixe ou flottante – pour chaque individu tué et chaque objet détruit. Durant les guerres opposant Français, Britanniques et Indiens, au XVIIIe siècle, ce système fut essayé. On attribuait aux scalps une valeur en liquide, lançant ainsi un marché. D'où une catastrophe militaire et sociale des trois côtés (anglais, français et indien). Un système de marché moins spécifique fut expérimenté durant la Renaissance dans le cas des armées mercenaires, en particulier les *condottieri* en Italie. Il s'avéra tout aussi désastreux.

En liant l'activité militaire à un marché, quel qu'il soit, on s'est toujours trouvé confronté au même problème : si on donne une valeur à la destruction, on encourage celle-ci du même coup, ce qui est très différent que le fait d'empêcher les guerres ou de les gagner, ce dernier point étant, au fond, l'objectif des armées et de l'armement.

Curieusement, depuis le début des années soixante – plus précisément depuis le message adressé par le Président Kennedy au Congrès le 6 février 1961 – les élites technocratiques occidentales ont tenté de convertir l'armement en une force économique positive. Cette surimpression d'une idée abstraite sur une réalité non conforme appartient à un type de déterminisme économique apparenté à l'alchimie, conviction médiévale obsessionnelle selon laquelle le vil métal pouvait être changé en or. Il n'y a rien d'inhabituel dans cette approche alchimiste. Dans son chef-d'œuvre, *Extraordinary Popular Delusions and the Madness of Crowds*, vers le milieu du XIXe siècle déjà, Charles Mackay décrivait seize phénomènes similaires à notre folie des armements [4].

Kennedy et son ministre de la Défense, Robert McNamara, ayant décidé de traiter les armes comme s'il s'agissait d'automobiles, l'industrie de l'armement en vint à se prendre pour Détroit. Ces deux secteurs étaient artificiellement liés par des vérités imaginaires telles que la **théorie des retombées**. Les besoins nationaux en armes devaient être couverts grâce à des exportations massives d'armements plus ou moins similaires. Une technocratie fraîchement émoulue suivit le mouvement dans le monde entier. Des économies civiles productives furent ainsi transformées en économies militaires faussement productives.

L'équipe Reagan-Bush poussa l'illusion un peu plus loin en transformant le « commerce » des armes en un programme non productif visant à résorber le chômage. Partout ailleurs, on s'aligna sur eux. L'armement ne tarda pas à occuper la première place dans le commerce industriel international, soit quelque 900 milliards de dollars par an. Dans le monde entier, recherche et développement furent bientôt régis par des impératifs militaires.

La troisième phase, qui dure encore, débuta avec l'effondrement du Bloc soviétique. Une chose appelée **dividende de la paix** leva brièvement le nez avant de s'éclipser. Les gouvernements se comportèrent comme si la principale raison de fabriquer des armes était de sauver des emplois.

Au début de 1994, le plus important défenseur américain d'une nouvelle politique fut nommé ministre de la Défense. William Perry, un technocrate tranquille, devint un McNamara nouvelle version. Les idées qui progressèrent dans son sillage sont présentées d'une manière tellement inoffensive et comptable que presque personne ne les a remarquées. Cette troisième étape consiste en une intégration totale des économies civile et militaire sous un concept baptisé **double usage**, qui soumet les besoins de la défense aux forces du marché.

Quelques tentatives de désarmement international réussies, qui ne représentent en fait guère plus qu'une grande braderie de fin d'année dans un magasin de cosmétiques, nous ont fait perdre de vue cette réalité. Les vieux bâtons de rouge sont retirés des étagères et mis à la poubelle ou vendus à des prix défiant toute concurrence sur des marchés de province. Cela fait de la place pour les nouveaux modèles.

Le résultat de notre évolution en trois étapes et en trois décennies a été d'inverser le sens du mot « armements ». Ce qui, pendant des milliers d'années, fut un impératif non productif de la guerre, a été déguisé en un impératif de production lié à la création d'emplois et à l'innovation technologique. Si l'appartenance des arsenaux au domaine public garantissait jadis, dans une certaine mesure tout au moins, que les armes serviraient à la défense et à l'attaque, la privatisation de la production relègue les exigences de la protection nationale au deuxième plan. En d'autres termes, le seul moyen de réduire les dépenses tout en assurant la production d'une quantité convenable d'armes appropriées sans qu'il y ait prolifération à l'échelle internationale consisterait à prendre le contre-pied de la politique actuelle : établir un monopole de production par l'État et assumer ouvertement les coûts de la défense.

ASPEN (Institut). Supermarché d'idées reçues pour cadres moyens.

La vie dans l'entreprise, en particulier pour ceux qui ne sont pas sur la voie rapide, comporte toutes les embûches bureaucratiques de l'ennui sans objectif. Pour faire oublier à ces serviteurs loyaux mais perplexes ce que Thoreau appelait leur « existence de désespoir discret », on les expédie périodiquement dans des camps de repos où, pendant quelques jours, on leur enseigne des choses importantes susceptibles de changer leur vie, leur entreprise, le monde. Au pire, cette expérience les aidera peut-être à tenir le coup un peu plus longtemps.

Voir **Séminaires.**

AUTOBIOGRAPHIE.

1. Sous-produit de la fiction, qui associe les techniques dramatiques du roman à l'eau de rose à celles du récit d'aventures pour adolescents.

2. Produit du mythe Héroïque généralement écrit par un faux Héros.

3. Hymne à la faiblesse morale de l'auteur.

4. Exhibitionnisme de la part d'un individu trop vieux pour se déshabiller en public.

5. Manière pour l'auteur de dissimuler ses actions derrière ses émotions et un état subjectif.

6. Plaidoyer de la part de ce même auteur pour qu'on l'accepte tel qu'il est ; en d'autres termes, c'est une forme d'apologie pour ses actions, c'est-à-dire un assaut porté contre l'**éthique**.

Voir **Biographie.**

B

BABEL (tour de). Le multilinguisme reste une source de dynamique et de croissance au sein d'une civilisation.

L'aptitude à remplir la demeure de la réalité, de l'intellect et de l'imagination de meubles différents est un plaisir intense et une grande force. Une force émanant de la comparaison et de la contradiction. C'est aussi une aptitude à tirer parti de l'originalité ou des forces de l'une pour enrichir l'autre.

Toutefois, pour que cela se produise, il faut qu'écrivains et intellectuels jouent leur rôle en véhiculant les mots, les images, les émotions, les idées, d'une langue à l'autre. L'unilinguisme est l'une des conséquences de l'acceptation de son professionnalisme par la gent littéraire. En admettant l'idée corrélative que la créativité justifie à elle seule l'écriture, bon nombre d'écrivains se perdent dans le culte d'une seule langue. La pire des missions qu'ils puissent s'octroyer est de se considérer comme la voix professionnelle d'une culture ou d'une nation.

Les quatre ou cinq cultures occidentales dominantes ont produit les intellectuels les plus paresseux. Ils prétendent qu'il est difficile de bien écrire si on parle plus d'une langue – un problème que Dante, Voltaire et Tolstoï n'ont apparemment pas eu. Plus récemment, ils se sont plaint qu'un sectarisme unilingue avait surgi dans des groupes linguistiques plus restreints qui se sentent menacés. À l'un et l'autre niveau, les gens de lettres sont coupables de trahison envers leur obligation de communication.

De nos jours, on compte davantage de polyglottes parmi les hauts fonctionnaires et les cadres d'entreprise que chez les écrivains. Les élites corporatistes ont donc hérité, par défaut, du droit de décider ce que sera la langue de nos grandes aventures internationales, qu'elle touche à la politique, aux affaires ou à la culture.

Voir **Corporatisme** et **Dialectique.**

BACON (Francis). Le cartésien anglais.

Voir **Descartes.**

BAISERS. Certains sont privés et intéressent les amants, les bébés, les parents et amis. D'autres, publics, s'appliquent sur la main d'une reine, les orteils d'un potentat, la joue du Christ ou les deux joues d'un citoyen qui se voit honoré par le détenteur d'un pouvoir.

Les premiers sont la manifestation physique d'une émotion. Les autres une expression du pouvoir et le sceau d'un contrat. Il importe de ne pas les confondre.

Quand le futur roi d'Angleterre, d'Écosse, du pays de Galles, du Canada, de l'Australie et de la Nouvelle-Zélande, descendant de Guillaume le Conquérant et d'Élisabeth Ire, apparut sur le balcon de Buckingham Palace il y a quelques années en compagnie de sa nouvelle épouse et l'embrassa à pleine bouche sous le regard de centaines de millions de téléspectateurs du monde entier, il commit une erreur. Il semble avoir confondu son rôle constitutionnel historique et celui d'un jeune premier romantique, vedette de cinéma qui gagnerait sa vie en exécutant en public des imitations du baiser privé.

Que les rois embrassent leur épouse avec fougue en privé, cela les regarde. Le baiser en question procédait d'une idée lumineuse visant à moderniser la monarchie en la rendant plus exaltante. En donnant aux souverains un profil de star. Les courtisans du palais furent probablement à l'origine de ce plan.

Ils n'avaient malheureusement pas compris que ce qui caractérise une star, c'est un tout. La star n'étant qu'illusion, pas de cloisonnement possible ni de fonctions distinctes. Car le tout n'étant rien, il est indivisible. Si vous jouez en public certaines scènes de votre vie privée, comme dans le cas des vedettes, toute votre existence bascule automatiquement dans la sphère publique, et il n'est plus question d'envahissement de votre intimité. Les stars gagnent leur vie grâce aux fantasmes qu'elles font naître chez les spectateurs.

Le baiser du prince était un banal marché faustien, tout à fait comparable à ceux qui ont anéanti des dizaines d'hommes politiques ayant cherché à se faire élire en « vendant » leur mode de vie. Toutefois, le cas d'un monarque constitutionnel est particulier. Le prince Charmant est un mythe cinématographique. Les événements l'ont démontré par la suite : en le confondant avec le mythe de la légitimité qu'incarne un vrai roi, on met automatiquement en péril l'un et l'autre.

Voir **Famille heureuse.**

BANALITÉ. La philosophie politique d'Hannah Arendt a embrouillé le sens de ce mot quand elle forge, en 1961, un concept brillant mais restrictif : la « banalité du mal ». À la fin des années 80 et au début des années 90, une figure politique sans envergure, Brian Mulroney, affranchit ce terme en démontrant qu'on pouvait aussi raisonnablement l'interpréter comme signifiant le mal de la banalité.

Voir **Carlyle** et **Relations particulières.**

BANDE DES CINQ (la). Machiavel, Bacon, Loyola, Richelieu et Descartes. Entre 1515 et 1650, ces cinq rationalistes inventèrent l'État occidental moderne.

Cette affirmation absolue mérite quatre réserves :

1. Les théories ne sont jamais complètement vraies, mais la **vérité** non plus ne l'est pas, et certaines de ces théories sont vraies suffisamment pour avoir une certaine utilité.

2. Et Luther ? Et Calvin ? On peut toujours évoquer de nouveaux noms et personne ne doit être exclus dès lors que ces gens-là acceptent leurs responsabilités.

3. On comprend mal qu'un individu puisse être tenu pour responsable de bouleversements sociaux considérables lorsque des millions d'autres sont disposés à vivre avec. Seule une vision Héroïque (voir **Héros**) de l'histoire, déformation rationnelle de l'individualisme véritable, pourrait étayer ce type d'accomplissement personnel.

4. Il y a toujours un bouc émissaire dans une bande : le plus souvent celui qui a le plus d'imagination et/ou le moins de pouvoir. Dans le cas qui nous occupe, la victime n'est autre que René Descartes. On s'est empressé de lui attribuer la version officielle de l'argument rationnel, à lui ainsi qu'à l'une de ses œuvres (*Le Discours de la méthode,* 1637), de sorte que chaque

fois qu'on a eu envie de fustiger la raison en la qualifiant d'aride ou de castratrice, les critiques se sont tournés vers lui. En réalité, la théorie connue sous le nom de cartésianisme ne reflète qu'une part restreinte de ses intérêts. Descartes prenait plaisir à entretenir le doute et il s'est efforcé d'adopter un point de vue humaniste. Et pourtant. Pourtant il y a cette curieuse remarque faite par Voltaire à propos de Descartes, qui ne prit pas la peine de rencontrer Galilée lorsqu'il se rendit en Italie, ni de le mentionner, alors qu'il citait expressément le jésuite Scheiner, ennemi juré de Galilée, lequel s'ingéniait à mettre des bâtons dans les roues du savant [1]. C'est en tout cas un commentaire intéressant sur la notion de certitude rationnelle.

Quoi qu'il en soit, des sytèmes pédagogiques entiers ont reconnu Descartes comme l'inventeur de la méthodologie rationnelle. Des millions d'êtres l'ont élevé tour à tour au rang de dieu ou de démon. Et au départ, il faisait incontestablement partie de la fameuse bande, même s'il en fut la victime.

Les quatre autres ont eu une influence plus révolutionnaire sur la civilisation parce qu'ils associèrent des responsabilités politiques et administratives à leurs idées rationnelles.

Nicolas Machiavel était un courtisan qui perdit sa place lorsque les Médicis reprirent le pouvoir à Florence. Ses écrits (*Le Prince,* 1513, *Les Discours,* 1519) brossaient le portrait d'un gouvernement au sein duquel des gens comme lui géreraient la société d'une manière aussi efficace qu'amorale, en s'inspirant d'une méthode rationnelle. La morale se réduisait à la notion d'efficacité, la vertu se définissant pour sa part comme une force de volonté ou de puissance. Selon le scénario de Machiavel, les courtisans, ou technocrates, prendraient les choses en main en coulisse, derrière le Prince (de cette façon, Machiavel avait bien l'intention de récupérer son travail). On ferait appel au sage jugement du Prince de temps à autre, notamment pour qu'il ordonne si nécessaire des exécutions ou des châtiments impitoyables qui « terrorisent et satisfont » le peuple.

Loyola était un courtisan espagnol courageux et amusant qui se tourna vers Dieu après une malencontreuse rencontre avec un boulet de canon qui lui passa entre les jambes. Il fonda ce qui est par excellence l'association rationnelle de courtisans, fonctionnaires et technocrates : les Jésuites (1540). À la tête de cet ordre, il devint le principal courtisan du pape et dirigea la stratégie de la Contre-Réforme, dont il fut en grande partie l'inventeur. Son système pédagogique reste la base de l'apprentissage pour l'ensemble de notre élite moderne. Des écoles de gestion aux institutions de l'administration publique, la méthodologie est fondamentalement jésuitique.

Francis Bacon était un courtisan accompli qui s'éleva au sommet de la hiérarchie (ministre sous Élisabeth Ire et Jacques Ier, et même grand chancelier de 1618 à 1621), en partie en trahissant ses protecteurs. Il continue à avoir très bonne presse en Angleterre, où on le juge aux antipodes de Descartes du fait de son pragmatisme et de son équité. En réalité, il croyait en l'absolutisme de la loi et en la dictature d'experts hautement spécialisés, ainsi qu'il l'expose dans son roman utopique *La Nouvelle Atlantide* (1624). L'accent mis par les Anglais sur leur pragmatisme, opposé au cartésianisme des Français, se fonde en grande partie sur cet antagonisme imaginaire entre Bacon et Descartes. Du fait de ce leurre, ils demeurent le seul peuple véritablement idéologique d'Europe même s'ils se flattent continuellement de leur bon sens (voir **Angleterre**).

Le cardinal de Richelieu était un courtisan de haut vol qui administra la France de 1624 à 1642, dans l'ombre de Louis XIII, exactement comme Machiavel l'avait envisagé. On lui doit la structure de l'État-nation gestionnaire moderne. Si Machiavel, Loyola et Bacon étaient des fanatiques de la manipulation en coulisse, ce fut Richelieu qui, le premier, prit pleinement la mesure de l'usage moderne du secret, instrument primordial de la civilisation supérieure. En 1627 (soit dix ans avant Descartes), il rédigea une proposition en treize points en vue d'une « réorganisation rationnelle du gouvernement ».

L'État-nation moderne, dépendant de la technocratie rationnelle, fut créé dans une large mesure par ces quatre courtisans, aussi désagréables qu'impitoyables, et un philosophe timide, bien intentionné, qui prenait toujours grand soin de ne pas offenser les détenteurs de l'autorité. Quatre siècles et demi plus tard, les classes moyennes et supérieures d'aujourd'hui se composent en grande partie d'employés contraints de survivre dans une société de courtisans. Nier qu'il y ait un rapport entre les deux tient de l'amnésie.

Voir **Mémoire.**

BANQUIERS. Piliers de la société, qui irons en enfer si Dieu existe et si Ses propos nous ont été rapportés correctement.

De tout temps, les trois grandes religions occidentales ont condamné le prélèvement d'intérêts en cas de prêt. Au XVIIIe siècle, Samuel Johnson donna au banquier une définition on ne peut plus claire : « Celui qui fait trafic de l'argent [2]. » Le péché véniel de l'usure figure toujours en bonne place sur les listes de méfaits bibliques, ce qui incite à se demander pourquoi les banquiers – à l'exclusion de l'espèce qui sévit sur le marché monétaire – vont si communément à la messe le dimanche. Le respect dont ils bénéficient depuis deux siècles coïncide avec l'essor d'une économie basée sur l'endettement à long terme qui s'est propagé dans tous les coins de la société, des gouvernements aux pauvres, en passant par les entreprises. Plus la dette est élevée, plus le prêteur est respecté, dès lors que l'emprunteur est déterminé à la rembourser.

Mais quel effet cela a-t-il sur la moralité des employés de banque ? Rares sont les banquiers modernes propriétaires. Ils ne bénéficient pas des versements des intérêts, si ce n'est par le biais de leur salaire. Dès lors, font-ils partie des damnés ? Peut-être devrions-nous les considérer comme des victimes de l'usure, puisqu'ils sont bien obligés de prêter leur vie au processus usurier pour pouvoir nourrir leur famille. Aux yeux de l'emprunteur, pourtant, ces employés incarnent bel et bien l'usure.

La situation serait certainement plus claire pour les banquiers si Dieu n'existait pas. Ils seraient moralement affranchis et pourraient aller à l'église dans un état d'esprit plus détendu.

Voir **Endettement.**

BARONS (d'industrie, de presse, etc.). Individus opérant en dépit, ou peut-être à la faveur, d'un grave complexe d'infériorité métamorphosé en mégalomanie.

Andrew Carnegie et John D. Rockefeller l'ont démontré : l'espèce appartenant au milieu de l'industrie peut retrouver certaine paix intérieure grâce à une thérapie semi-physique consistant à faire faire des choses à d'autres. Une poignée d'entre eux en arrive même à ressembler à ces barons médiévaux qui forcèrent le roi Jean à signer la Grande Charte. La presse n'autorise pas de telles améliorations chez ses sujets. Faute d'instruments thérapeutiques pratiques, elle ne laisse pas d'autre alternative à des êtres mentalement instables que de pontifier publiquement tout en usant de leur pouvoir pour intimer silence aux autres. Tant que les organes de presse ne sont pas concentrés dans les mêmes mains, ces malheureux n'ont pas les moyens de limiter la liberté de parole dans l'opinion publique et fournissent à leurs semblables une distraction pittoresque et bienvenue.

Voir **Complexes d'infériorité.**

BÉBÉ PHOQUE. Forme de vie animale supérieure exerçant un pouvoir animiste sur l'imagination des Européens.

Bon nombre de peuples s'enveloppaient dans des peaux de bête afin de s'approprier les qualités d'un animal particulier. Chefs guerriers et même des rois d'Europe endossèrent souvent les peaux d'animaux puissants et courageux, comme le lion, le loup ou le buffle. Les lièvres et les hyènes les attiraient nettement moins.

Un bébé phoque se caractérise par la pureté de sa fourrure blanche, un visage rappelant étrangement celui d'un nouveau-né et un manque total de prétention intellectuelle. Les Européens semblent admirer leur propre intelligence et n'ont jamais nourri un culte fétichiste pour les phoques bruns, gris ou noirs, force est donc de présumer qu'ils s'identifient avec la blancheur infantile de cet animal.

L'adoration vouée au bébé phoque nous rappelle que la couleur est davantage qu'un artifice. La défense d'autres espèces, généralement en voie de disparition, n'a mobilisé qu'une élite restreinte. Seul le bébé phoque – qu'on trouve aujourd'hui encore en quantité – a ému des millions de gens de tous âges et de toutes origines. Ces gens-là croient en la valeur absolue de la vie de chaque membre de cette espèce.

À la question : « À n'en point douter, tous les animaux, comme tous les humains, sont-ils égaux ? », la réponse qui convient est celle du cochon Napoléon de Orwell : « Tous les animaux sont égaux, mais certains sont plus égaux que d'autres [3]. »

Ces hommes, femmes et enfants anglais dont les yeux se remplissent de larmes devant la photographie d'un bébé phoque resteront indifférents face à la manipulation génétique du poulet, jadis sacré, dont les entrailles décidaient de la politique de nos ancêtres. La science, dans le seul but de produire des poitrails plus volumineux, a créé des volatiles handicapés, qui pourraient gagner leur vie dans des bars de strip-tease s'ils n'avaient pas un torse si volumineux et une cervelle si réduite qu'ils arrivent à peine à marcher, sans parler de danser. Que dire des Français, qui déplorent le sort des bébés phoques en s'empiffrant de foies gras d'oies gavées ? La divine oie de notre héritage grec a désormais un gros tube en bois enfoncé dans la gorge et on la force à se nourrir jusqu'à ce qu'elle en crève. À la décharge des Italiens, il faut reconnaître qu'en enfermant de jeunes veaux dans des enclos si petits qu'ils deviennent des invalides ensanglantés, ils ont tourné le dos à la tentation du Veau d'or de l'Ancien Testament. En d'autres termes, ils ont rejeté l'idolâtrie en faveur du *fegato alla veneziana*. Les amateurs de veau l'aiment blanc. Or ce blanc-là, on ne peut l'obtenir qu'en rendant les animaux anémiques.

Pourtant, un doute tenace demeure : l'idolâtrie ne reste-t-elle pas de l'idolâtrie, qu'il s'agisse d'adorer un veau ou un phoque ? L'important, pour l'objet de cette adoration, est de bien établir la différence entre le dieu, la nourriture ou le vêtement. Le bébé phoque y est parvenu. Il se pourrait donc qu'il soit beaucoup plus intelligent qu'il n'y paraît.

BIEN OU MAL. Tôt ou tard, les sociétés se cristallisent au point que la justification des structures devient un devoir social tandis que le discours public se réduit à une formule absolutiste liée au concept du bien et du mal.

L'idée même de zone médiane entre les deux devient ennemi de l'ordre public. Or c'est précisément là qu'on peut envisager un changement constructif. Car c'est bien le seul endroit où les individus peuvent admettre l'existence du doute afin de reconsidérer la société sans la rejeter pour autant.

À un certain niveau – conscient ou inconscient – ceux qui se sentent contraints de défendre le bien contre le mal savent que leur attitude ne prouve pas automatiquement qu'ils ont raison. Ils se rendent compte qu'ils confondent les concepts éthiques du bien et du mal avec une approche absolutiste des détails pratiques de la vie quotidienne. Mais à ce stade pratique du quotidien, où carrières, réputations et revenus se font et se défont, ils comprennent que l'erreur est punie et la certitude récompensée.

Notre société respecte la fausse stabilité; elle fonctionne en admirant le pouvoir et en niant la réalité. La codification juridique soignée de la fin du XXe siècle, conçue pour protéger le citoyen contre les fautes professionnelles, favorise le déni professionnel de cette zone médiane. Si les experts et les détenteurs du pouvoir savaient que leurs mauvaises actions leur valaient d'être punis, le débat public deviendrait impossible. Il en résulte un *statu quo* irréaliste. Nier les problèmes devient un devoir. Cette illusion tient bon, tel un barrage bien construit, jusqu'à ce que les eaux de la réalité montent suffisamment pour le déborder.

Mais si la réalité ne resurgit qu'à l'occasion de ces crues inattendues : la question du bien et du mal, savoir si l'on a raison ou tort, sera toujours écartée. Seule une société qui admire, voire récompense, la reconnaissance de l'erreur éviterait cette faiblesse en se concentrant sur le juste milieu.

BIG MAC. Hostie de la consommation. Ce n'est pas vraiment un mets, mais une promesse de nourriture. Quel que soit son goût, quels qu'en soient les ingrédients, dès qu'il est porté à la bouche le Big Mac est transsubstantié en ce mythique hamburger.

À l'instar du Perrier, c'est l'un des objets sacrés de l'école philosophique dominante en cette fin du XXe siècle : les relations publiques. Les cyniques prétendent souvent – à tort – que ladite école préfère les apparences au contenu. Si cela avait été le cas, les relations publiques auraient échoué. Après tout, la plupart des gens font aisément la différence entre les apparences et la réalité.

Un Big Mac n'est pas gros. Il n'a pas beaucoup de goût. C'est mauvais pour la santé. On dirait que c'est sucré. On se demande pourquoi, puisque le fabricant affirme qu'il n'y a pas d'adjonction de sucre.

En réalité, la philosophie des relations publiques propose un contenu théorique (sex-appeal, divertissement, individualisme, complexité ou, au contraire, simplicité) à la place d'un contenu véritable (une banale eau gazeuse ou un hamburger médiocre). Telle est la métaphysique moderne.

Dans la mesure où les relations publiques sont bâties sur l'illusion, elles ont tendance à éliminer toute possibilité de choix. C'est l'une des caractéristiques importantes du capitalisme moderne. Un Big Mac, comme la majorité des créations des relations publiques, est un symbole de conformisme passif. Selon la formule de Mac McDonald : « Si on laissait le choix aux gens, ce serait le chaos [4]. »

Voir **McDonald (Ronald)** et **Cannibalisme.**

BIOGRAPHIE. Pornographie passant pour respectable et grâce à laquelle le lecteur, devenu un voyeur, découvre avec délectation la vie intime d'un personnage célèbre.

De plus en plus, c'est la lecture sérieuse la plus populaire, elle remplace le roman. Si au XVIIIe et au XIXe siècle le roman offrait au lecteur, ou à la lectrice, un reflet de lui-même ou d'elle-même, la biographie d'aujourd'hui encourage les plaisirs gratuits et l'illusion du voyeurisme.

Voir **Autobiographie.**

BIOGRAPHIQUES (films). Dans la mesure où on coule un film en accordant trop d'attention à l'exactitude historique, les films biographiques de qualité ont pour caractéristique essentielle de cacher la vérité.

Qu'il s'agisse de la vie d'un Président américain, d'un criminel, d'un général français ou d'un monarque russe, ces films sont indiscutablement les principaux bénéficiaires du « grand mensonge ». Ils ont donc contribué à l'élaboration d'une mythologie moderne, qui oblitère la notion occidentale de recherche intellectuelle en retournant à la tradition pré-intellectuelle des dieux et des héros mythologiques. C'est dans ce contexte que des portraits de personnalités telles que John Kennedy, James Hoffa, Al Capone et Napoléon seront le plus compréhensible.

BLANC (pain). Les citadins de l'ère postmoderne, qui passent leurs journées enfermés dans des bureaux, se piquent d'être des individus nantis de muscles dignes d'un cheval de labour et habillés en cow-boys. D'où leur rejet du pain blanc en faveur des miches compactes, bourrées de céréales pleines de fibres, à peine moulues, jadis consommées exclusivement par les pauvres.

Le pain blanc est le produit élaboré d'une civilisation parvenue à sa conclusion logique : les denrées essentielles, initialement limitées à leur usage quotidien, ont été continuellement raffinées, au point de se voir retirer toute utilité. L'utilité est une chose vulgaire. Dans le cas qui nous occupe, la nutrition et les fibres étaient les principaux ennemis du progrès. L'utilité envolée, reste la forme, qualité prisée au sein des civilisations les plus avancées.

Partout où préside la forme, elle remplace le contenu ordinaire par la logique et l'artifice. Le pain blanc nord-américain n'a peut-être pas de goût, mais il reste éternellement frais grâce à l'adjonction de produits chimiques. La baguette française devient de la sciure solidifiée deux heures après sa cuisson, ce qui explique l'euphorie collective suscitée par le plaisir de la manger au sortir du four. Les Italiens ont inventé un intrigant mélange de goûts – torchon à l'intérieur et carton pour la croûte. Les Espagnols ont réussi à donner l'impression d'avoir remplacé les fibres naturelles par du sable cuit. Il existe des douzaines d'autres variations sur ce thème. Les Grecs. Les Hollandais. Même les hôtels internationaux ont mis au point leur propre petit pain blanc.

Dans chaque cas, raffiner la farine au-delà de toute utilité est considéré comme raffiné. Ce phénomène n'est certainement pas limité au pain, ni même à la nourriture. Notre société fourmille de succès culturels de ce genre, des cravates aux chaussures pour dames.

BLUE-JEAN. L'un des conformismes visuels délibérés les plus réussis de l'histoire. Paradoxalement, l'attribut primordial de ce vêtement était le rejet revendiqué du conformisme, au nom de l'individualisme.

BONHEUR. Concept fatigué et déformé, devenu petit à petit une cause d'embarras au sein d'une société désorientée.

Au XVIIIe siècle, le bonheur prit, socialement et politiquement parlant, une grande importance lorsque la plupart des philosophes européens en firent l'une des qualités essentielles de la société réformée. Il fut légalement élevé au rang suprême par Jefferson qui, dans la Déclaration d'indépendance américaine, l'inclut dans les droits inaltérables du citoyen : la vie, la liberté et la quête du bonheur.

Par sa position philosophique et juridique privilégiée, le bonheur est resté à l'avant-garde des politiques sociale et économique tout au long du XIXe et du XXe siècle. Toutefois, la signification de ce terme a progressivement évolué.

Dans l'optique aristotélicienne, il faisait référence à l'harmonie spirituelle. Mais Aristote étant le génie justificateur des scolastiques (voir **Scolastique**), l'harmonie spirituelle n'était qu'un concept qui les aidait à maintenir une stagnation intellectuelle et sociale. Ce n'est pas un hasard si l'assaut du siècle des Lumières contre la scolastique a nécessité une réinterprétation de ce terme, laquelle donnait désormais à l'harmonie humaine une acception d'ordre pratique et actif. Au XVIIIe siècle, le bonheur prit en compte le confort matériel minimum dans une société prospère et bien organisée. À mesure que la bourgeoisie et la grande bourgeoisie occidentales atteignaient le bonheur, le sens de ce mot déclina pour évoquer en définitive une quête du plaisir personnel, ou encore un obscur sentiment de contentement intérieur. On en oublia du même coup sa facette spirituelle et le bien-être matériel indispensable. Rares furent les écrivains et les personnalités publiques qui osèrent le souligner ou suggérer que, dans la mesure où le sens du mot avait changé, on n'avait plus à le considérer comme un thème essentiel.

Aux pressions exercées sur lui par ses ministres qui l'incitaient à promouvoir des politiques populaires à court terme bien qu'en essence préjudiciables, le général de Gaulle riposta que « le bonheur, c'est pour les idiots ». Non qu'il défendît le malheur ou le manque de confort matériel. Il passa d'ailleurs le plus clair de ses mandats présidentiels à créer des services sociaux et à engendrer la prospérité. En réalité, il s'élevait contre la confusion des esprits entre la notion de bonheur et un état de contentement béat. Il ne plaidait pas en faveur du bonheur mais de la conscience qui, le monde étant ce qu'il est, incite moins au contentement qu'à la **responsabilité**.

Au cours du dernier quart de siècle, rien n'est venu dissiper cette confusion. À mesure que les conditions économiques et sociales se sont détériorées, le bonheur, et son acception déformée, qui reste le fondement éthique et juridique de notre société, est devenu un concept de plus en plus lugubre et déplacé. Dans un monde pratique, on aurait mis au point un procédé formel pour soustraire ce mot à l'usage courant, le temps qu'il se retrouve.

BOUDDHISME (tibétain). Forme de bouddhisme la plus populaire en Occident, pour la bonne raison qu'elle est la moins bouddhiste de toutes.

Comme le christianisme, le bouddhisme comprend de nombreuses écoles. Certaines ont pour tâche de subvenir aux besoins des prêtres, prédicateurs ou moines, le plus souvent en en appelant aux instincts les moins nobles de la population. La version tibétaine associe le bouddhisme à la pire facette de l'animisme.

La pauvreté a toujours été et demeure la règle au Tibet, où les moines n'ont jamais cessé de constituer une élite privilégiée.

Durant des siècles, la religion a été le seul produit d'exportation de cette nation, sa seule source de devises. Ainsi, génération après génération, des groupes de moines triés sur le volet descendaient-ils de leurs montagnes pour chanter et enseigner en des lieux plus prospères. La Chine fut leur première source de revenus, le seul problème étant que les élites chinoises cultivées n'étaient pas particulièrement intéressées par l'argumentation de Bouddha.

L'aristocratie et les mandarins étaient acquis au système éthique complexe de Confucius, par lequel l'empire était administré. À ces moines montagnards, rustres et mystérieux, ils ne demandaient guère que jeux et divertissements. Tel un gant s'ajustant à la main, les Tibétains se plièrent à leur volonté, tirant parti de leurs souvenirs d'enfance empreints de magie et de superstition.

À l'invasion de la Chine, dans les années cinquante, la plupart de ces moines furent bloqués dans le pays ou dehors. Pour ceux qui se retrouvèrent dehors, la vie suivit son cours, sauf qu'ils voyageaient désormais vers l'Ouest et non plus vers l'Est. Ils découvrirent ainsi qu'à l'instar des élites chinoises d'avant la révolution, nos classes dominantes avaient un goût prononcé pour les jeux du cirque mystique.

Ils s'aperçurent également que les riches Occidentaux, insatisfaits de leur vie au point de consulter des gourous bouddhistes, n'en étaient pas moins attachés à leur argent et à leurs possessions. Ils étaient disposés à financer ces moines sans accepter pour autant de vivre eux-mêmes dans le dénuement. Bien que le bouddhisme exige avant toute chose le renoncement à ses désirs et à ses attaches au monde tangible, ces moines se sont mis en quatre pour prouver que les Occidentaux faisaient exception à la règle. Ils ont conçu une forme de matérialisme antimatérialiste destiné à nous aider à vivre. Dès lors que nous sommes disposés à chanter un peu et à jeûner de temps à autre, on peut avoir le beurre et l'argent du beurre. Vu l'exceptionnel pouvoir d'adaptation de ces saints hommes, on serait tenté de croire que l'industrie des services moderne est une invention tibétaine.

BOURG POURRI. Zone électorale où le représentant est choisi par des intérêts financiers. Ce système sous-entend la corruption systématique de la démocratie électorale.

Ce phénomène d'origine anglaise désignait le cas où un seigneur détenait tous les suffrages locaux. Le scrutin ayant lieu en public, il pouvait vérifier le choix de chacun. La loi de réforme de 1832 élimina les bourgs pourris. Durant la deuxième moitié du XXe siècle, ils refirent leur apparition sous une forme plus complexe et se multiplièrent rapidement dans l'ensemble de l'Occident.

Les élections américaines de 1992 mirent en place un Congrès façonné par plus d'un milliard de dollars de financement provenant d'intérêts privés [5]. Prétendre que des entreprises firent ces investissements afin de servir l'intérêt public reviendrait à dire qu'elles sont gérées par des incompétents.

La manière incroyablement rudimentaire dont l'argent modèle les corps législatifs de Grande-Bretagne, de France, du Canada, d'Italie, et de tout l'Occident, est d'autant plus surprenante que dans la plupart des cas nous préférons continuer comme si de rien n'était. L'exemple de l'industrie pharmaceutique, de ses investissements politiques et de la législation qui en résulte en matière de brevets et de fixation légale des prix est un cas flagrant de la vieille politique des « bourgs pourris ». Le seigneur verse des pots-de-vin, après quoi il surveille la manière dont les bénéficiaires votent. L'assemblée législative se substitue au bourg. L'usage qu'a fait Silvio Berlusconi de l'argent de ses entreprises, de ses chaînes de télévision, de ses journaux et des relations publiques comme substitut à toute politique, lors des élections de 1994, montre jusqu'où les tendances suicidaires de la démocratie peuvent la conduire. Nous continuons pourtant à nous comporter comme au XVIIIe siècle, comme si une telle corruption du bien public était le moyen de faire fonctionner les choses dans un monde réel.

Néanmoins, ce système permet souvent de sélectionner de bons représentants ; nous nous rassurons donc en nous persuadant qu'il s'agit d'un problème secondaire. Au XVIIIe siècle, on choisissait aussi des gens valables dans les bourgs pourris. Certains grands parlementaires de l'histoire de la démocratie moderne siégèrent à Westminster en représentation de régions contrôlées par un seigneur.

Le tort des bourgs pourris n'est pas tant qu'ils éliminent la personnalité ou le **leadership**. N'importe quel système peut promouvoir des individus compétents, voire remarquables. Les dictatures y parviennent d'ailleurs plus aisément que les démocraties. Tout monarque absolu, un Führer, peut choisir les gens les plus intelligents pour leur confier des charges officielles. Le problème est que les assemblées législatives façonnées par la corruption sont incapables de faire le travail qu'on attend d'elles, à savoir servir l'intérêt public. Derrière l'écran d'une masse d'artifices et de quelques politiques utiles, leur principale activité consiste à être à la solde de leurs maîtres financiers.

Si nous hésitons à contrôler ces intérêts particuliers, c'est en grande partie parce que nous avons le sentiment que, même s'ils font un mauvais usage des mécanismes de la démocratie, les contrôler reviendrait à imposer des limites aux citoyens honnêtes. Mais la démocratie n'a jamais eu pour but de garantir des droits individuels illimités.

Il y a toujours eu une division entre ces droits, qui contribuent au bien public, ou tout au moins ne lui font pas de tort, et ceux qui lui sont néfastes, préjudiciables ou franchement destructeurs. La ligne de démarcation n'est peut-être pas parfaitement claire, elle est cependant visible.

Les libertés destructrices sont aisément reconnaissables. Nous n'avons pas le droit de tuer, de voler, d'asservir notre prochain ou de nous battre entre nous. En d'autres termes, il est interdit d'empiéter sur les droits individuels d'autrui. La corruption de la législature tombe dans cette catégorie, parce que le corrupteur confond la suppression de la liberté d'autrui et l'expression de la sienne.

De surcroît, notre système juridique conforte le corrupteur dans son opinion. Il lie son privilège au droit du citoyen à la liberté de parole, même si l'effet réel est de limiter la liberté de parole de la majorité des citoyens. Ainsi nos droits démocratiques fondamentaux sont-ils transformés en une force négative. C'est la raison pour laquelle les sociétés démocratiques ont tellement de mal à neutraliser les individus qui ne respectent pas la liberté de parole. Les chemises brunes, les chemises noires, les bolcheviks ont fait usage de leur liberté de parole pour éliminer celle des autres. Il leur a suffi de crier plus fort.

L'usage de l'argent – comme dans le cas de Berlusconi – pour financer des flots de publicité et de réclames télévisées est une manière nouvelle, plus élaborée, de crier plus fort. Il ne s'agit pas ici de liberté de parole ni de communication. En fait, ce système réduit le débat public à une rivalité corporatiste. Certains groupes ont peut-être des messages éthiques à faire passer – les associations de défense des droits de l'homme ou les écologistes, par exemple. Mais ils seront toujours surpassés en nombre par d'autres lobbies ne servant que leurs intérêts. Dans un cas comme dans l'autre, ce qu'ils occultent, c'est le processus démocratique lui-même, dont la mission n'est pas d'être une compétition entre groupes corporatistes pour le contrôle des représentants élus.

Pour contrôler la corruption, il ne s'agit donc pas de déterminer s'il faut imposer des limites à la liberté de parole, mais d'organiser la société de manière à ce que tout le monde ait un véritable accès à cette liberté. Ainsi, restreindre le volume des contributions des entreprises au financement des campagnes électorales sans limiter le coût réel de ces campagnes, c'est faire gravement entrave à la liberté de parole.

Si on écartait totalement le processus électoral du marché, cette restriction, unique et globale, garantirait une liberté entière à tous les citoyens, quelles que soient leurs opinions. Les moyens de communication modernes ne sont pas nécessairement ennemis d'un débat équitable. Ils permettent aux assemblées législatives de financer les frais électoraux pour l'ensemble des groupes. La suppression de tout financement privé n'écarterait pas seulement les groupes corporatistes qui s'efforcent de dominer les citoyens. Elle réduirait aussi les coûts globaux de la politique et elle recentrerait le débat public sur les vraies questions.

Les lobbies réagiraient à coup sûr en promouvant leurs propres candidats, ce qui présenterait un certain nombre d'avantages. On connaîtrait leur appartenance à ces groupes d'intérêts, ce qui n'est pas le cas aujourd'hui. Ceux-ci seraient libres de tenter leur chance devant l'opinion publique au lieu d'essayer d'acheter les candidats. Pour finir, le bon sens des citoyens déterminerait, dans une situation relativement claire, quels partis politiques, quels candidats se proposent de servir le bien public, ce qui n'est pas non plus le cas à l'heure actuelle.

BRETTON WOODS. Système de gestion propice à la stabilité financière internationale mis en place par les Alliés, sans les Soviétiques, en 1944, et anéanti en 1973 par le Président Nixon sans qu'il ait songé à le remplacer par quoi que ce soit.

Nixon espérait résoudre certains problèmes économiques américains à court terme en réinstaurant le chaos financier dont la plus grande puissance du monde serait la mieux placée pour profiter. On peut dire que ce fut l'acte le plus vil perpétré par un chef d'État depuis la guerre. Les autres leaders ne devraient pas se laisser décourager pour autant. Il est toujours possible de faire pire.

Voir **Dépression.**

BURKE (Edmund). Infortuné prisonnier du prisme idéologique du XXe siècle, confiné de force depuis soixante ans à droite, alors qu'au cours du siècle précédent on le considérait comme une grande voix réformatrice, constamment en quête de justice et d'équilibre social.

Il semble être victime d'une singulière coopération entre intellectuels de droite et de gauche qui réduit les penseurs à une caricature, de manière à les faire cadrer avec une dialectique hermétique fondée sur des extrêmes. Pendant longtemps, les idéologues furent incapable de lui jouer ce tour. Ses idées pratiques sur la justice n'avaient aucun lien avec les abstractions de l'idéologie moderne, qui s'empilent comme des cubes.

Burke n'était pas un observateur isolé des événements de son époque, mais un parlementaire élu, grand stratège de l'opposition réformiste et son plus éloquent orateur. Lorsqu'il prenait la parole, il n'avait pas le privilège que la plupart des philosophes modernes tiennent pour acquis, à savoir la liberté d'exposer des scénarios idéalistes comme autant d'options applicables. La complexité du message de Burke procède non de sa position philosophique mais de longues années d'assiduité au Parlement sans jamais cesser d'affronter la réalité. Dans ce sens, son parcours s'apparente à celui de Thomas Jefferson.

En sélectionnant soigneusement un certain nombre d'événements politiques, n'importe quel groupe politique peut dénaturer la ligne constante de la carrière de Burke afin d'en faire son ancêtre spirituel. Quant à ses ennemis, ils ont concentré leur attention sur les aspects pratiques de sa vie politique, de manière à insinuer que pour ce qui est des grandes questions philosophiques il s'était comporté en hypocrite.

Dès le début du XXe siècle, la réduction des idées politiques occidentales à une oppostion entre deux extrêmes se réfléchissant l'un l'autre était pour ainsi dire achevée. Soudain, on pouvait ignorer les longues luttes passionnées menées par Burke en faveur de la justice en Amérique, en Inde et en Irlande, se concentrer sur ce qui intéressait vraiment les idéologues : sa position « antirévolutionnaire » durant la crise française qui débuta en 1789.

La Révolution française était et demeure l'événement orgasmique qui déflora la gauche et la droite modernes. S'y opposer, c'était se dresser contre l'idée qu'un seul acte dévastateur – une révolution – pouvait résoudre les problèmes sociaux. En 1790, les idéologues découvrirent que l'opposition de Burke s'interposait continuellement dans leur projet. De toutes les voix qui s'étaient élevées à l'époque en une forme de résistance désintéressée, la sienne était peut-être la seule à avoir eu un véritable poids intellectuel. Au cours des décennies suivantes, tandis que les philosophes s'efforçaient de définir leurs interprétations contradictoires de cet événement et ses implications à long terme, le souvenir des accents antagonistes de Burke se fit de plus en plus tenace et agaçant. Au plus fort du schisme idéologique occidental, dans les années trente, ils lui clouèrent le bec une fois pour toutes en faisant de lui le porte-parole antirévolutionnaire de la droite.

C'était nier l'essentiel de ce qu'il avait dit et écrit. Un sale tour à jouer à un homme dont l'existence et le pouvoir considérable se fondaient entièrement sur ses propos. Selon Conor Cruise O'Brien, « il n'existe qu'une seule manière de faire d'Edmund Burke un autoritariste : ignorer tout ce qu'il a dit, décider qu'il n'en pensait pas un mot [6] ».

Si Burke considérait les Américains comme des victimes du pouvoir exercé abusivement par Londres, et s'il dirigea le parti britannique qui leur était favorable, il s'éleva aussi contre l'opposition des colons américains à l'Acte de Québec, que les Américains rejetaient parce qu'il conférait des droits civiques aux Canadiens français catholiques. Ils ne pouvaient souffrir l'idée qu'on puisse consentir le moindre pouvoir à une religion et une langue rivales.

Par la suite, on a voulu faire passer la révolte coloniale pour une simple revendication de droits civiques ; mais la liste des exigences américaines incluait aussi le retrait de ces droits à un autre groupe de citoyens vivant plus au nord. Burke s'opposa également à une initiative visant à donner aux Américains un droit de représentation à Westminster, car il aurait fallu admettre des propriétaires d'esclaves sur les bancs du Parlement.

Vingt ans plus tard, alors qu'il se comportait, à en croire les idéologues du XXe siècle, comme un homme de droite en s'opposant à la Révolution française, Burke œuvra pour l'abolition de l'esclavage et vota en ce sens, dans le sillage d'un petit groupe de parlementaires d'avant-garde. Durant presque toute cette période, il mena une campagne épuisante pour obtenir la condamnation de l'administrateur colonial Warren Hastings, coupable de violence, d'autocratie, de racisme et de corruption en Inde. Ces efforts valurent à Burke une admiration de façade, mais aussi une forte hostilité dans la plupart des cercles du pouvoir pour avoir osé se dresser contre la raison d'État. Londres voulait contrôler l'Inde par tous les moyens. Or Burke grattait le vernis de respectabilité de la démarche britannique en forçant le Parlement à considérer l'Inde et ses habitants comme un lieu géographique réel peuplé d'individus réels.

Chacune de ses initiatives se caractérise par une opposition à l'abus de pouvoir, en particulier lorsqu'il se déguise en abstraction intellectuelle, et la certitude qu'on peut trouver un certain équilibre dans les affaires publiques. Il ne proposait pas comme alternative à ces défauts des droits individuels illimités ni le culte du marché.

Il suffit de lire certains de ses propos en ayant à l'esprit le concept de marché des **néoconservateurs** ou leur darwinisme social pour réfuter l'idée que Burke serait leur source d'inspiration :

> La Liberté n'est pas le synonyme d'une indépendance solitaire, détachée, individuelle et égoïste. Comme si chaque homme devait régler toute sa Conduite sur sa volonté. La Liberté telle que je l'entends est sociale. C'est cet état de choses au terme duquel la Liberté est garantie par une retenue également répartie [...]. Elle est, de fait, l'autre nom de la Justice [...] mais dès lors qu'il y a séparation entre Liberté et Justice, ni l'une ni l'autre n'est sûre, à mon avis [7].

Ses prétendus descendants spirituels appartiennent à l'espèce qu'il passa sa vie à combattre. Si on le résuscitait pour lui faire rencontrer ses disciples actuels, il y a fort à parier qu'il refuserait de s'asseoir à la même table qu'eux.

Les thèses de Burke – ses définitions de l'éthique et des valeurs – restent au centre des événements qui ont façonné nos luttes pour ou contre le communisme, le capitalisme, la justice, le nationalisme, le colonialisme et la liberté religieuse. Si les arguments standards de notre société nous ont conduits à une impasse, comme beaucoup le pensent, cela tient probablement moins à des circonstances récentes qu'à un mauvais choix intellectuel. Cette campagne qui présente sous un faux jour un penseur non idéologique tel que Burke est une preuve que nous nous sommes effectivement trompés de direction.

Voir **Démocratie directe** et **Électeurs de Bristol.**

C

CADRE. Le cadre d'entreprise n'est pas un capitaliste, c'est un technocrate déguisé en travesti.

La prolifique classe qui gère nos sociétés par actions s'imaginent être constituée de capitalistes et non d'employés. Pourtant, ils ne possèdent pas d'actions, ou seulement un petit nombre, acheté avec de l'argent emprunté à la compagnie à des taux d'intérêt bas ou différé. Ce fantasme grandit chaque année. En 1960, le salaire moyen des P.-D.G. des plus grosses entreprises américaines, toutes déductions faites, était douze fois supérieur à celui de l'ouvrier moyen. En 1990, il était soixante-dix fois plus élevé. Les cadres bénéficient aussi d'avantages sociaux impressionnants, payés par l'actionnaire, ce qui en politique s'appellerait de la corruption. Ils tyrannisent la communauté, les ouvriers en particulier, à propos de l'éthique capitaliste, estimant, semble-t-il, que ces derniers coûtent trop chers, sont paresseux, non compétitifs. Cela doit être vrai, sinon les managers ne s'octroieraient pas des rémunérations tellement plus élevées que leurs employés.

Voir **Manager.**

CALME. État émotionnel surévalué, sauf lorsqu'on fait une retraite. On s'en sert principalement pour contrôler (voir **Contrôle**) les gens mécontents de la manière dont ceux qui sont investis de l'autorité font leur travail. Si des individus manifestent leur insatisfaction, la personne détentrice de pouvoir, d'une information privilégiée ou d'une compétence particulière leur fera sentir qu'ils ne sont pas suffisamment sereins pour faire face à la situation de façon rationnelle. Un manque de calme laisse supposer un manque de courage, d'intelligence ou de professionnalisme.

Le calme était la qualité que les généraux de la Première Guerre mondiale admiraient le plus, en eux-mêmes et chez leurs soldats. Depuis lors, l'incompétence tranquille est devenue la marque d'un grand professionnalisme. Perdre son sang-froid devant une catastrophe est jugé pis encore que la lâcheté. Cela dénote un manque de distinction et un amateurisme inadmissible. Les outsiders sont des amateurs.

Le cliché faisant du calme une vertu fut cristallisé par la formule de Rudyard Kipling : « Si vous gardez la tête froide quand tout autour de vous... » Mais Kipling était beaucoup trop futé pour suggérer qu'on devait accepter l'incompétence, l'entêtement ou l'aveuglement devant une profession ou une classe sociale. Il parlait d'adresse, d'un sang-froid net comme le fil d'un rasoir, d'un esprit rapide, flexible, capable de reconnaître l'erreur et de s'adapter aux circonstances, d'une aptitude à réagir à une situation de crise par une action instantanée ou avec une imperceptible subtilité.

Le capitaine du *Titanic* fut sûrement ravi de constater que les passagers de première classe gardaient leur calme en attendant la noyade. S'ils avaient été moins maîtres d'eux-même, ils auraient peut-être trouvé certaine satisfaction à le jeter pardessus bord, histoire de passer le temps.

Voir **Panique.**

CANADA.

1. Tellement compliqué que personne ne sait comment ça fonctionne. Cette situation qui incite les spécialistes des sciences humaines canadiens à en parler tout le temps, et pousse les étrangers à dire que c'est un pays ennuyeux pour la bonne raison qu'il ne s'y passe jamais rien.

2. Pays le plus décentralisé qui soit, ce qui incite les Canadiens à se plaindre continuellement du pouvoir exercé par le gouvernement central.

3. Administré par la troisième plus vieille constitution du monde, ce qui incite les Canadiens à affirmer que rien n'a jamais fonctionné et qu'il faut que ça change.

4. Seul grand pays où les deux principales cultures occidentales ont réussi à vivre ensemble en paix pendant plusieurs

siècles, ce qui incite les Canadiens à affirmer qu'elles ne peuvent en aucun cas cohabiter.

5. Endure l'élite la plus paresseuse qui soit parmi les nations développées. Des gens qui ont fait fortune en vendant les ressources de leur pays et en travaillant pour des étrangers beaucoup plus énergiques. Particulièrement à l'aise à genoux, en admiration devant les ressortissants de nations plus grandes qui les ont achetés.

6. Pays où 95 % du territoire se situe au nord des grandes villes, ce qui incite les citadins à traiter l'arrière-pays comme une région attardée et embarrassante, tout en feignant de se trouver eux-mêmes à des centaines de kilomètres plus au sud, quelque part entre New York et la **Floride.**

CANNIBALISME. Il y a quelques années, lors d'un dîner à Saint-Tropez, un médecin colonial français à la retraite, nonagénaire, se mit à raconter ses aventures chez des cannibales du Cameroun. Il avait vingt et un ans à l'époque. Nous étions sur une terrasse donnant sur la baie que les lumières des villes avoisinantes auréolaient d'un chapelet de points lumineux.

Son récit portait exclusivement sur les problèmes administratifs suscités par le cannibalisme : était-ce un crime ? Selon quelle loi ? Qui devait-on punir ? Tous les habitants d'un village se partageant une dépouille humaine, étaient-ils tous complices du meurtre, conformément à la loi européenne ? C'était son premier poste dans les colonies et il se retrouvait l'unique représentant de l'autorité civile à des centaines de kilomètres à la ronde. Dans le district, les villages étaient très isolés les uns des autres.

Je finis par l'interrompre pour lui poser une question qui me paraissait essentielle : comment cuisinait-on la viande humaine ? Le vieux docteur me regarda avec des yeux ronds comme s'il n'avait pas compris.

« Grillée ou bouillie ? » insistai-je.

Sur le ton énergique du mépris – ce genre d'énergie qui s'exprimait couramment dans le langage avant que l'électronique ne la refroidisse – il me répondit : « Bouillie, évidemment ! Bouillie ! »

Les civilisations sensées, qui n'ont pas été déformées par les modes urbaines, sont unanimes quant à la manière la plus saine d'apprêter la viande. Certaines la grillent parfois après l'avoir fait bouillir, mais toutes la font bouillir. Cette technique a pour effet d'éliminer l'excès de graisse et autres enzymes malsaines tout en rendant la chair plus tendre. Seuls les sauvages grillent la viande ou la cuisent au barbecue. On constate avec intérêt que ce procédé, universellement connu depuis fort longtemps, a été confirmé par les chimistes modernes. Ceux-ci ont en effet découvert que le fait de griller la viande provoque un réarrangement moléculaire nuisible, qui joue peut-être un rôle dans l'apparition du cancer.

Selon le vieux médecin colonial, aucune mythologie religieuse ou sociale particulière n'était associée à ces incidents, si ce n'est que les villageois ne se mangeaient jamais entre eux. S'ils manquaient de nourriture et si un étranger venait à passer dans la région, il leur arrivait toutefois de le tuer pour le faire bouillir dans leur marmite. Chaque année, on portait deux ou trois cas à son attention. Cela entraînait chaque fois des complications interminables.

Voir **Croissant.**

CAPITALISME. Concept désormais au-delà de toute discussion sensée.

Le capitalisme peut être un outil social utile ou une redoutable arme d'exploitation humaine. Tout dépend de la manière dont il est réglementé. Le capitalisme en soi n'a aucune valeur éthique. Ceux qui s'en servent décident, par leurs actions, s'il s'agit d'une force du bien ou du mal.

N'importe quel système économique est susceptible d'être plus ou moins à l'aise dans telle ou telle circonstance. Le capitalisme, pour sa part, est particulièrement heureux dans une société non démocratique.

Ce qui ne veut pas dire que n'importe quelle bonne vieille dictature lui convient. Deux catégories, notamment, s'avéreront désastreuses. La première est la dictature de type bureaucratique, lorsqu'une nation est dominée par une religion d'État ou une idéologie, comme c'était le cas dans l'ancienne Union soviétique. La deuxième est la dictature personnalisée, où toutes les transactions financières doivent passer entre les mains du dictateur, de sa famille et de ses amis.

Le capitalisme prospère dans le cadre d'une dictature autoritaire évoluée : les rues y sont calmes, on y décourage la dissension, on y réprime tout désordre. On n'y gaspille pas le temps avec la politique, les débats, les élections et des assemblées législatives fatigantes et inefficaces. Pendant des décennies, les mêmes ministres et les mêmes politiques demeurent en place. La main ferme qui tient le tout doit cependant se montrer bienveillante. Les individus doivent être libres de gagner de l'argent et de le dépenser comme ils l'entendent, persuadés que tant qu'ils ne mettent pas le système en cause on les laissera vivre leur vie en paix, conserver leur richesse et la léguer à leurs enfants.

En Angleterre, la révolution industrielle coula des jours glorieux avant qu'une série de réformes parlementaires n'instituent un semblant d'assemblée équitablement élue. Avec la montée de la démocratie de masse, vers la fin du XIXe siècle, le système capitaliste eut des ratés, puis déclina. Il ne s'en est jamais tout à fait remis. En France, la grande époque du capitalisme fut le règne de deux dictateurs bénins : Louis-Philippe et Napoléon III. En Allemagne, il s'épanouit allégrement sous le Kaiser Guillaume.

Aux États-Unis, le système capitaliste fut initialement établi durant l'époque de l'esclavage. Il parvint à son apogée dans le dernier quart du XIXe siècle et le premier quart du XXe siècle, au moment où le marché du travail était envahi d'immigrants qui n'étaient pas encore citoyens à part entière ou restaient passifs sur le plan politique. L'esclavage fonctionnait encore sous sa forme légale : la ségrégation. Le capitalisme se plaignit beaucoup de 1932 à 1968, période durant laquelle la participation publique fut plus équitable et où le gouvernement accorda plus d'attention aux besoins des citoyens. Il retrouva le sourire durant les années soixante-dix et quatre-vingt, quand la participation aux votes tomba à 50 % pour les élections présidentielles, et beaucoup plus bas encore pour celles du Congrès. Cette période coïncida avec un dégoût généralisé pour le processus politique, un déclin de la syndicalisation et une dérégulation intense.

Le capitalisme était plutôt content sous Hitler, content sous Mussolini, très content sous Franco et fou de joie sous le général Pinochet.

Les premiers philosophes du capitalisme n'avaient pas imaginé tout cela. L'adoucissement des mœurs par le commerce n'a pas eu lieu, contrairement aux prévisions d'Adam Smith et de David Hume. La vision, jadis populaire, selon laquelle la démocratie s'épanouirait grâce à la montée du capitalisme peut désormais être reconsidérée dans une perspective plus large. L'essor parallèle de ces deux idéologies n'a rien d'une relation de cause à effet, leurs rapports difficiles le démontrent.

Ces malentendus n'ont rien de surprenant. Les hommes remarquables qui écrivaient au XVIIIe siècle s'efforcèrent de deviner ce que le nouveau tourbillon économique apporterait. Aujourd'hui, nous avons l'avantage de l'expérience.

Au début du XXe siècle, Max Weber lui-même était convaincu que le capitalisme bureaucratique et la bureaucratie nationale seraient des forces propices à l'efficacité, à la célérité et à la précision. Nous savons qu'il s'est trompé. Les grandes entreprises utilisent leurs structures et leurs richesses pour se prémunir de leurs propres échecs, mais comparées aux petites sociétés, gérées par leur propriétaire, elles sont inefficaces.

Ces expériences visibles ont été occultées par les spécialistes des relations publiques des écoles de commerce dont on pourvoit ces structures, et par la récupération de gens comme Edmund **Burke** et Adam Smith par les idéologues **néo-conservateurs**. Ils font de Smith l'apôtre d'un commerce libre et de marchés dérégulés. En fait, sa position était relativement modérée : il prônait une réglementation publique destinée à mettre un frein aux excès du capitalisme.

Nous savons aujourd'hui pourquoi nous avons fait de telles erreurs de calcul. Ainsi, parmi les pères de la nouvelle République américaine beaucoup avaient choisi la république vénitienne comme modèle. Ils considéraient l'organisation économique de **Venise** comme la bonne solution. Ils ne s'embarrassèrent guère de ses principes fondamentaux, faisant exclusion d'éléments tels que l'individualisme, la responsabilité des citoyens, la liberté de parole et la démocratie. Venise était une dictature corporatiste (voir **Corporatisme**) presque parfaite.

Les grands industriels philanthropes américains, tels Carnegie et Rockefeller, étaient à certains égards les descendants naïfs de la tradition vénitienne. Ils promettaient une société que guiderait l'audace économique. En plus de leurs infrastructures économiques, qui devinrent celles de la nation, ils laissèrent de merveilleux monuments à la culture. Mais leur leadership, du type **baron** d'industrie, aussi créatif fût-il, empêchait l'émergence d'un État légitimé par le citoyen.

Ces expériences suggèrent que la démocratie et le capitalisme sont loin d'être des amis naturels. Ce qui ne signifie pas pour autant qu'ils doivent être ennemis. Mais si on le laisse libre de faire ce qu'il entend de la société, le capitalisme tentera de corrompre et de miner la démocratie, qui n'a rien d'un état naturel, reconnaissons-le. La démocratie naquit d'un processus progressif et difficile, à contre-courant du pouvoir naturel (autoritaire, militaire et de classe). La démocratie requiert une participation de tous les instants et ne peut survivre que si les citoyens font preuve de dureté.

Néanmoins, une démocratie qui fonctionne a besoin d'engendrer des richesses. Il lui faut par conséquent une certaine dose de capitalisme. En définissant soigneusement les limites autorisées à ce phénomène, un gouvernement responsable permet au processus de création de richesses de fonctionner. Ce qui ne veut pas dire que la démocratie engendrera un capitalisme éthique. Ce serait mettre de l'éthique là où il n'y en a pas. Toutefois, la démocratie est capable d'établir des règles de procédure fondées sur une éthique. Alors, le capitalisme découvre, surpris, qu'il est susceptible de produire des richesses en se conformant aux règles du jeu démocratique, pourvu qu'elles soient parfaitement claires et qu'elles prennent en compte cette création de richesses.

Voir **Corporatisme** et **Libre**.

CARLYLE (Thomas). On peut éprouver un certain plaisir à attribuer à des personnages historiques les travers de notre temps. Malheureusement, c'est une manière trop légère d'envisager l'Héroïsme de l'**histoire** ou l'épopée des Grands Hommes.

Au XIXe siècle, la lutte opposant forces démocratiques et dictature prit de plus en plus d'ampleur. Thomas Carlyle, lui, avait rassemblé toutes les idées antidémocratiques éparpillées dans une société dépendant de grands hommes – idées inspirées pour la plupart par l'aventure napoléonienne – afin d'élaborer une théorie de la civilisation. Son livre *Les Héros et le culte des héros* parut en 1841, l'année où on rapporta en triomphe la dépouille de Napoléon à Paris.

La vision de Carlyle eut presque tout de suite un impact considérable en Occident. Il avait résumé tout ce que les éléments antidémocratiques de la société s'efforçaient d'exprimer. Il ne fut pas le seul à évoquer la théorie du Grand Homme. Hegel l'avait précédé, Friedrich **Nietzsche**, Léon Bloy, Max Weber et Oswald Spengler le suivirent de près. Mais Carlyle définit cette théorie d'une manière intellectuellement respectable et populiste à la fois.

> Car, selon moi, l'Histoire Universelle, l'histoire de ce que l'être humain a accompli dans ce monde, est au fond l'Histoire des Grands Hommes, ces colosses qui ont œuvré sur cette terre. Ils

> furent des meneurs d'hommes, des modeleurs, des guides et dans un sens large, les créateurs de ce que les masses s'évertuent à faire ou à atteindre ; toutes les choses que nous voyons accomplies dans le monde sont à proprement parler le résultat matériel extérieur, la réalisation pratique et l'incarnation de Pensées qui habitaient les Grands Hommes envoyés dans le monde [1].

L'une des ruses de Carlyle était d'amalgamer poètes célèbres, philosophes et martyrs aux généraux et aux dictateurs en une seule catégorie Héroïque. Dans son chapitre sur Dante et Shakespeare, il insiste sur le fait qu' « en l'homme, il y a la *même* admiration singulière pour le don Héroïque, quel que soit le nom qu'on lui donne [2] ». À deux reprises il évoque Napoléon en parlant de Dante. Pour lui ils appartiennent à la même famille Héroïque.

Le poète florentin était bien sûr un génie qui contribua grandement à notre civilisation. Mais Dante n'a jamais cherché à faire l'objet d'un culte. Il aurait détesté l'attitude servile de Carlyle. Il n'y a pas l'ombre d'un sentiment de vénération dans la façon dont il évoque les grands hommes morts qu'il rencontre dans *La Divine Comédie.*

Dans son analyse de Napoléon, Carlyle assimile les défauts du Grand Homme à de « la fumée [3] ». Cette manière d'opposer le Héros à ses faiblesses pour minimiser ces dernières est au cœur des débats sur la « personnalité » aujourd'hui. Elle joue un rôle dans ce processus qui prive le citoyen du droit de juger ses leaders sur les questions importantes.

> À mes yeux, dans ces circonstances [...] le « culte du Héros » devient un fait infiniment précieux, l'élément le plus rassurant qui soit à présent dans le monde. Nous y plaçons à jamais nos espoirs pour la gestion du monde. Si toutes les traditions, les aménagements, les croyances, les sociétés que l'homme a institués devaient sombrer, celui-ci resterait. La certitude que des Héros nous sont dépêchés, notre faculté, notre besoin de vénérer ces Héros brillent comme une étoile polaire à travers des nuages de fumée, de poussière et toute espèce d'avalanches et de conflagrations [4].

Une croyance populaire veut que la dernière guerre mondiale nous ait libérés de ces attitudes Héroïques. Mais une analyse, même succincte, du débat politique moderne, révèle que nous sommes toujours aux prises avec le rêve d'un leadership Héroïque tel que le concevait Carlyle.

Ce terme, **leadership**, figure dans toute analyse sur l'état de notre civilisation. Leadership. Le manque de leadership. Le besoin de leadership. La cause de nos problèmes. La solution à nos problèmes.

Carlyle était un homme rongé d'anxiété. Il perdit sa foi calviniste dans sa jeunesse et passa le reste de son existence à chercher désespérément quelque chose ou quelqu'un à qui se donner. Sa propre incertitude lui faisait horreur et le doute l'effrayait. Vers la trentaine, il écrivait déjà : « Le Doute, quel qu'il soit, ne peut être éliminé que par l'Action. » Or l'action nécessitait un individu autoritaire qui montrerait le chemin. L'action dans quel objectif ? Il ne se posait pas la question : c'était la responsabilité des Héros qui nous prennent en main pour nous guider – « Je dis : trouvez-moi le vrai Könnin, Roi ou homme Capable et il aura sur moi un droit divin [5]. »

Les philosophes qui prônent le culte du Héros sont des hommes pétris de peur et de mépris pour eux-mêmes. Ils vénèrent le pouvoir et les hommes qui l'exercent. Carlyle est rarement présent dans nos conversations, et pourtant c'est lui, et son esprit dérangé, qui insuffla à la société moderne la peur du doute, le culte de l'action et le besoin d'un leadership Héroïque.

Voir **Héros.**

CHICAGO SCHOOL OF ECONOMICS. Grand centre contemporain de **scolastique**. Les économistes qui y travaillent et que cet établissement produit jouent un rôle aussi important dans la stagnation de la pensée utile que les scolastiques de l'université de Paris à l'apogée du Moyen Âge.

Comme pour ces derniers, la maîtrise des spécificités rhétoriques très complexes occulte le grand vide de leur argumentation. Ils partagent aussi avec eux un génie tactique leur permettant d'exporter leurs définitions conceptuelles dans des centres de moindre envergure, éparpillés dans le monde entier. Il en résulte une agréable symphonie d'échos internationaux imitant leurs calculs et leurs cadences et confirmant le bien-fondé de leurs propos, même quand leurs politiques sont à l'origine d'une catastrophe économique. Les percussions de l'orchestre de Chicago sont constituées par le comité Nobel pour l'économie. Chaque médaille d'or s'apparente à un parchemin élogieux décerné à la fin d'un débat théologique élaboré.

Que dire du contenu ? Il n'est pas lourd. Que dire de Friedrich Hayek et de Milton Friedman ? Ces thomistes mineurs ne prônent pas grand-chose, hormis l'inévitabilité ; par conséquent ils préconisent la passivité.

Ce qu'ils appellent économie libertaire représente une formidable revanche des scolastiques sur les philosophes du siècle des Lumières qui les avaient théoriquement anéantis. Dépouillez l'école de Chicago de son enchevêtrement de couches intellectuelles, il ne reste qu'un grand dieu horloger qui a remonté la pendule du monde. Mais la conclusion du siècle des Lumières était que l'indifférence divine laissait les hommes libres d'organiser le monde comme ils l'entendaient. Chicago a dénaturé cette idée au point de l'inverser. La grande horloge a été transformée en un système absolu englobant. Mieux qu'une idéologie, le monde est une vérité économique en soi. Nous devons rester passifs devant sa majesté.

C'est nier toute l'expérience occidentale. Une absurdité qui ne fait que raffermir le pouvoir infiltré dans les structures corporatistes.

Une pensée stratégique peut éviter de gaspiller du temps à concevoir des tactiques. Les problèmes économiques de l'Amérique et de l'Occident pourraient être réglés en fermant la Chicago School of Economics.

Cela n'empêcherait pas les universitaires qui y travaillent de prêcher leurs doctrines fondamentalement antisociales et amorales. Ils seraient récupérés avec bonheur par des centaines d'écoles taillées sur le même modèle. Cette fermeture aurait l'avantage de faire perdre à cette idéologie tendancieuse sa position inattaquable dans les organisations publiques modernes. Le même électrochoc libérateur fut appliqué à la civilisation européenne en 1723 quand la Compagnie de Jésus (les Jésuites) fut démantelée. Ce qui eut pour effet d'affranchir les idées du siècle des Lumières.

Voir **Bretton Woods, Dépression, Libre-Échange, Croissance** et **Régulation.**

CHIRURGIE ESTHÉTIQUE. Tricherie stylistique.

CHÔMAGE. Luxe coûteux.

À telle enseigne que les sociétés industrialisées ne peuvent pas se permettre de garder plus d'un certain pourcentage de leur population adulte au chômage au-delà de quelques années. À savoir entre 5 % et 7 % et moins d'une décennie.

Malheureusement, il n'y a pas de lien réel entre ce petit problème de financement et les politiques économiques menées par l'Occident depuis vingt-cinq ans. À dire vrai, ce sont deux mondes à part.

Il est donc tout à fait possible de suivre fidèlement les stratégies recommandées en matière de croissance, de compétitivité, d'efficacité, d'échanges ou de formation continue, et s'apercevoir en définitive que l'économie est en faillite à cause du taux de chômage. Il faut en conclure que nos politiques économiques sont des idéologies abstraites sans rapport avec les sociétés bien réelles qu'elles sont censées servir.

CHÔMAGE TECHNIQUE. Rien à voir avec le chômage. D'accord, on ne travaille pas. Mais la question n'est pas là. Le chômage, c'est le chômage, à savoir qu'on n'a pas d'emploi et qu'on en cherche un. Le chômage technique, c'est tout à fait autre chose : on a l'impression de ne pas travailler, mais ce n'est qu'une impression *technique*. Tellement forte au demeurant que le seul moyen de la faire passer est de rester chez soi.

CITOYEN. L'individu est en essence un citoyen.

Une réalité héritée d'Athènes, que nous sommes bien obligés d'accepter puisque la démocratie ne saurait fonctionner autrement. Les citoyens peuvent passer leur vie à sauter à cloche-pied si ça leur chante et se contenter de voter de temps à autre tout en refusant de participer à la vie publique et en se dérobant à la plupart de leurs obligations : il en résultera un système superficiel, pour ne pas dire malhonnête, et une population insatisfaite d'elle-même.

Si l'individu n'est pas d'abord et avant tout un citoyen, les obligations et les privilèges inhérents à ce statut sont effectivement perdus et la personne cesse, en tout état de cause, d'être un individu.

Voir **Socrate.**

CIVILISATION. La définition la plus courte, voire la seule, du mot civilisation pourrait être le terme **langage**.

Cela ne veut pas dire que les images ou la musique ont moins d'importance. Mais leur domaine est l'inconscient. D'une certaine manière, elles participent de la métaphysique et de la religion. La civilisation, si tant est qu'elle signifie quelque chose de concret, est le mécanisme conscient, mais non programmé, qui permet aux humains de communiquer. Par le biais de la communication, ils cohabitent, pensent, créent et agissent.

Voir **Doute.**

CIVILISATION APPLIQUÉE. Cadeau offert par les physiquement et économiquement forts aux plus faibles.

Voir **Civilisation.**

CIVILISATION OCCIDENTALE. Défend sa supériorité avec une agressivité toute particulière. Même entre eux, les Occidentaux passent leur temps à affirmer qu'ils ont la meilleure religion, la meilleure langue, les meilleures méthodes de gouvernement ou de production. Ils brûlent de dire au reste du globe comment s'habiller, prier, élever les enfants et organiser les cités.

Au départ, le reste du globe est sous le charme, puis notre confiance obstinée en nous-mêmes finit par le paralyser. Lorsque, au bout de dix ans de réaménagement à l'occidentale, des villes comme Bangkok se retrouvent au bord de la catastrophe, lorsque la plupart des économies africaines réorganisées par nos soins se soldent par la famine et la pauvreté urbaine endémique, ces malheureux sont obligés de demander conseil aux Occidentaux pour se sortir de ce marasme.

Qu'est-ce qui fait de nous ces je-sais-tout, ces mouches du coche ? Le christianisme ? Une défiguration du christianisme ? La Réforme ? La chute du christianisme ? Des douzaines d'explications sont possibles, aussi banales que contradictoires.

Peut-être cela tient-il tout simplement au fait que nous ne nous sommes pas remis de notre statut de Barbares ? Notre problème n'a jamais été la chute de l'Empire romain mais, à quelques exceptions italiennes près, de ne pas avoir été des Romains, ceux-ci ayant du reste éprouvé le même sentiment de ne pas être grecs.

L'histoire occidentale ne cesse de revenir sur la dépendance croissante des Romains dégénérés vis-à-vis des Barbares virils pour pourvoir leur armée. Si virils, d'ailleurs, qu'ils finirent par s'emparer de Rome et mettre la ville à sac. Cette interprétation donne l'impression que Rome était peuplé d'individus obèses passant leurs journées couchés, à forniquer ou dans un état d'ébriété avancé. Nous avons tendance à escamoter le haut degré de civilisation, positive d'un point de vue chrétien, que Rome avait atteint. Un coup d'œil aux mosaïques de Ravenne, du ve siècle, montre une aptitude artistique que nous, les Barbares, vîmes, admirâmes, mais que nous ne fûmes pas en mesure d'assimiler. De telle sorte qu'il fut perdu pendant un millénaire. Nous avons peut-être conquis Rome, mais nous n'en sommes pas moins restés des péquenots. Les élites de l'Empire ne nous traitèrent d'ailleurs pas autrement, comme en témoignent des documents de l'époque.

En se faisant couronner empereur romain par le pape Léon III en la basilique Saint-Pierre le jour de Noël de l'an 800, Charlemagne ne se contentait pas de revendiquer une légitimité historique. Il cédait à ce sentiment d'infériorité du colonisé qui réclame le même statut que celui qui a dominé son peuple. Comme tout *nouveau riche,* il avait réussi, selon ses propres termes, mais se sentait obligé de revêtir les atours de celui qu'il ne pourrait jamais être. Charlemagne était le grand roi d'une vaste tribu arriérée baptisée Francs (voir **Progrès**). Ce n'était pas un empereur romain mais un Barbare.

Les longues batailles qui opposèrent les tribus d'Europe pour l'obtention de la couronne d'empereur du Saint-Empire romain germanique perpétuèrent ce complexe d'infériorité apparemment indigeste. Dans son sillage, les rois allemands et russes se proclamèrent césar (Kaiser, tsar). Même au cours de notre siècle, dictateurs et démocrates ont revendiqué à maintes reprises ce suprême passé romain.

Quoi qu'il en soit, depuis cinquante ans ces chamailleries ont porté sur des apparences. Après tout, la réalité du pouvoir a échappé aux trois tribus européennes pour se déplacer vers l'Amérique du Nord, encore plus loin de Rome. Le complexe d'infériorité a suivi le mouvement, en s'amplifiant d'autant.

Aucun pays n'a davantage imité l'architecture et les maniérismes romains que l'Amérique. L'identification initiale avec l'idéal, honnête bien que militariste, de Cincinnatus, s'est vite dégradé en un goût prononcé pour les « triomphes » et « le pain et les jeux ». George Washington aurait été horrifié de voir que le Congrès fit sculpter son effigie, plus grande que nature, sous les traits de Zeus octroyant à son peuple la liberté[6]. On se demande bien pourquoi Zeus offrirait la liberté, si ce n'est pour fournir une légitimité mythologique.

À mesure que le rêve américain s'effiloche, le sentiment de supériorité nationale s'affirme en s'appuyant de plus en plus sur des atours de pouvoir à la romaine. La manifestation la plus flagrante étant cet empereur affaibli qui s'entoure aujourd'hui de plus d'un millier de conseillers personnels. Ce que les Romains appelaient une garde prétorienne. Il s'ensuit que lorsque les officiels du gouverneur de Washington quittent leur demeure, équipée de systèmes d'alarme et de barreaux aux fenêtres pour les protéger de leurs concitoyens, afin de se rendre à l'aéroport, et de là à l'étranger, c'est pour aller dire aux Barbares, riches ou pauvres, du reste de la planète, qu'il faut vivre à l'américaine.

Voir **Supériorité.**

CLASS et ***WORLD CLASS.*** Expressions utilisées dans les villes de province lors des manifestations sportives ou les divertissements de deuxième ordre, ainsi que par toute une gamme d'individus peu sûrs d'eux, pour affirmer qu'ils ne sont ni provinciaux ni de deuxième ordre, confirmant par là même qu'ils le sont.

CLASSES. Bien que la notion de classes sociales n'ait jamais existé en Amérique du Nord et fasse partie du passé en Europe, un grand nombre d'agences de voyages sélectes n'en organisent pas moins des week-ends payants dans des manoirs de la campagne anglaise où l'on est reçu par un baronnet, et louent des *piani nobile* dans des *palazzi* italiens. Ceci, outre la profusion de romantiques relais-châteaux, nous rappelle que dans une société égalitaire, la duchesse d'aujourd'hui est notre logeuse de demain. Mais Madame Wally Simpson l'a clairement démontré, l'inverse est tout aussi plausible. Nous avons tous droit à l'inégalité. Pour les hommes qui cherchent à s'élever socialement par le mariage, la règle fondamentale consiste à ignorer les titres, les bonnes manières et les domaines tant qu'ils n'ont pas pu déterminer si la dame en question gravit les échelons ou les descend.

CLAUSEWITZ (Carl von). Il est à la stratégie militaire ce que **Descartes** est à la philosophie : un prétexte pour les détenteurs du pouvoir de juger inévitable tout ce que la médiocrité et les idées reçues sont incapables de maîtriser.

Les généraux et commentateurs militaires du XXe siècle imputent souvent à ce stratège du XIXe l'avènement de la guerre totale tout en lui attribuant l'idée que la guerre n'est que la continuation de la politique par d'autres moyens. Que Clausewitz n'ait recommandé ni l'un ni l'autre prouve à l'envi que ces gens-là ont besoin d'un bouc émissaire pour justifier des stratégies qui, faute d'objectif ou de forme, confondent structures administratives, technologie et violence avec résolution.

CNN. Réincarnation de Voice of America version privée, si ce n'est que les fonds gouvernementaux et un engagement officiel en matière de politique étrangère ont cédé la place à un système de financement d'une simplicité admirable.

Le formule CNN consiste à rendre compte des affaires publiques à la manière d'une chaîne de télévision commerciale locale américaine, en diffusant ses programmes sur l'ensemble de la planète. Il s'agit de choisir une poignée d'événements internationaux importants, que l'on réduit à une forme visuelle comparable aux gros titres des journaux populaires en les présentant selon une optique purement américaine. Ces ébauches internationalistes sont entrecoupées de documentaires doucereux sur des thèmes mineurs tels que la fermeture d'une base navale dans le Dakota du Sud ou la propagation d'une nouvelle maladie vénérienne chez les conducteurs californiens aveugles.

Le succès de CNN tient à l'alliance des satellites et du mythe américain – en d'autres termes, la **propagande** moderne. Or la propagande peut être aussi profitable qu'utile.

Voice of America n'était pas sans mérite. CNN ne l'est pas non plus. En un temps de gloire journalistique unique, durant la guerre du Golfe, CNN surprit les journalistes du monde entier en maintenant un reporter à Bagdad, fournissant ainsi le seul contrepoint informatif au conflit le plus médiatiquement contrôlé des temps modernes.

Cependant, dès 1993 CNN était retombé à son niveau naturel : il couvrait la révolte parlementaire moscovite en soulignant solennellement sa propre importance, pour ainsi dire sans quitter ses studios de Moscou. Son message au monde reproduisait fidèlement celui du Président américain.

COLLECTIONNEURS. En 1983, un petit employé de banque parisien manqua à l'appel un matin au bureau. En forçant la porte de son appartement, la police découvrit qu'elle était bloquée par ce qui s'avéra être une masse compacte de détritus qui remplissait tout le logement jusqu'à moins d'un mètre du plafond. L'occupant des lieux gisait sous une couverture dans un petit creux au sommet de cet amoncellement. Il était mort dans son sommeil.

Ce qui fut décrit publiquement comme des ordures se composait en réalité d'habits et de chaussures usagés, de chiffons, de valises abandonnées, de bouteilles vides et de vieux papiers. L'appartement était plein comme un œuf, au point que le collectionneur devait manger, se laver et se changer ailleurs. Pour sortir de chez lui, il lui fallait déplacer le tas.

Chaque article avait été épousseté, lavé, brossé, avant d'être ajouté à la collection. L'homme avait quarante-neuf ans et il était mort de causes naturelles indéterminées. Peut-être des gaz nocifs émanant des monceaux de vêtements et vieux journaux.

L'accumulation d'objets est une obsession positive ou négative, selon les cas. Le collectionneur positif s'imagine faire cela pour le plaisir – le sien ou celui des autres. Le négatif confond sa collection avec l'accession à l'immortalité, donc au pouvoir.

La joie du collectionneur positif est contagieuse. D'une manière presque infantile, il consacre sa vie à la quête de la beauté, comme Nabokov avec ses papillons. Cette obsession fait de lui un détective plutôt qu'un créateur, mais il sait que des objets toujours plus beaux se cachent quelque part. Se cachent parce que l'existence quotidienne peut être cruelle à l'égard de la beauté, de sorte qu'elle est fréquemment perdue ou oubliée. Ces collectionneurs sont les agents de notre mémoire collective. Leur arme n'est pas l'argent (même s'ils en ont généralement besoin). Ils fonctionnent grâce à l'intuition et à un regard sûr. Ce sont les vrais bâtisseurs de nos collections publiques.

Les conservateurs de musée sont parfois des collectionneurs. Mais le plus souvent, ce sont des technocrates et des comptables de la créativité, obnubilés non par l'esthétisme mais par l'identification précise des styles. Leur tâche principale consiste à embobiner des collectionneurs négatifs vieillissants afin que ceux-ci leur lèguent leurs précieux objets. Il s'agit d'une profession macabre dont le but est de solliciter la bonne volonté de vieillards incontinents cachant les plus belles pièces de leur collection sous leur lit comme s'ils pouvaient les emporter avec eux dans l'au-delà, et de vieilles dames qui ne sortent pour ainsi dire jamais de leur appartement où elles vivent entourées des débris d'une beauté historique.

Ces collectionneurs, ces conservateurs clarifient le passé. En révélant la signification et le plaisir des créations, ils révèlent l'utilité de l'histoire. Leurs musées jouent pourtant un rôle de plus en plus ambigu. Toujours plus vastes, leurs caves et entrepôts sont pleins à craquer d'objets qu'on ne montre jamais. Les conservateurs se bagarrent continuellement pour dénicher de nouvelles pièces. André Malraux souligne que le concept même de musée date d'il y a deux siècles seulement, qu'il sert à éloigner l'art de sa fonction en affranchissant la beauté.

Mais la beauté est-elle vraiment libre sans fonction ? A-t-elle même encore une existence ?

Dans la pratique, vouloir à tout prix traiter les objets comme une chose qu'il convient d'apprécier pousse notre société à dépenser beaucoup plus d'argent pour les amasser, les nettoyer, les restaurer, les identifier, que pour les créer. En cédant une part si importante de notre sens esthétique aux collectionneurs et aux conservateurs – des pilleurs pathologiques – nous prouvons que nous ne comprenons sans doute pas très bien ce que la beauté signifie quand elle n'a pas de fonction.

COMÉDIE. L'usage le moins contrôlable du langage et, de ce fait, celui qui menace le plus les détenteurs du pouvoir.

Dans les sociétés de classes, on attache beaucoup d'importance aux accents et aux formules linguistiques. La civilisation est alors réduite à la civilité, c'est-à-dire à la délicatesse verbale suffisante pour éviter tout contact avec les autres. Le langage est de fait conçu pour effleurer les sujets importants, et la comédie réduite à l'élégance inoffensive d'un esprit vif et malicieux.

Dans notre société, la respectabilité est liée à la compétence. Chaque domaine est contrôlé par des experts qui sont seuls à savoir en parler convenablement. Ces **dialectes** de la compétence sont aussi obscurs que **sérieux**. Ils supposent la gravité propre à l'initié. Dans le débat public, ils transforment la légèreté en irresponsabilité. La plupart des gens ont ainsi le sentiment qu'il faut recourir à un langage responsable lorsque la conversation a trait à des questions d'ordre public. Les individus éloignés du pouvoir et du langage spécialisé s'efforcent de débiter les formules des économistes sur l'endettement comme s'ils étaient tous conseillers au gouvernement.

Dans ce contexte, la comédie est exclue, ou réduite à un divertissement simpliste destiné à amuser les profanes, comme le démontrent les feuilletons qu'on nous présente à la télévision. La comédie devient une grosse blague moralisatrice qui renforce l'autorité du langage spécialisé, sérieux et contrôlé.

La vraie comédie, elle, n'a que faire de la respectabilité. Elle n'appartient à aucune classe, à aucun groupe d'intérêts, elle est censée tourner en dérision le pouvoir et ses détenteurs.

Au Moyen Âge, les rois intelligents faisaient appel à des fous chargés de leur rappeler les limites naturelles de leur pouvoir discrétionnaire, mais aussi de les protéger des assauts d'obscures nuées de courtisans serviles. Le roman eut initialement pour mission de mettre en cause le pouvoir établi, les vérités et le langage, à travers la satire, souvent féroce. Swift, Voltaire, Cervantès, Rabelais, Fielding refusaient de se plier aux règles en vigueur. Ils se moquèrent de l'ordre établi en le dépouillant de son armure de dignité.

Salman Rushdie a déclaré qu'au fond, le pire dans tout ce qui lui était arrivé, c'est que tout le monde a oublié que les *Versets sataniques* sont un roman comique. Être pris au sérieux équivaut à ses yeux au baiser de la mort. Il a également souligné que lorsque, en 630, Mahomet prit La Mecque d'où il avait fui huit ans plus tôt, il avait fait preuve d'une remarquable clémence. Peu de gens furent punis et deux écrivains seulement furent exécutés. L'un et l'autre étaient des satiristes [7].

Dans la pensée classique, on imaginait des confrontations entre le sage et le tyran. Le premier recourait souvent à la satire et à l'humour pour sauver sa peau tout en disant ce qu'il avait sur le cœur.

Mais comment les philosophes contemporains pourraient-ils jouer ce rôle, enfermés comme ils le sont dans d'obscures études scolastiques (voir **Scolastique**) ? Cette profession ne s'est jamais remise de la mainmise oppressive d'Emmanuel Kant.

La fonction satirique qui leur revenait jadis a été en partie récupérée par les comiques burlesques, dont certains manient des lames sociales bien aiguisées ; mais la plupart d'entre eux sont isolés des mécanismes du pouvoir. Sans compter que les détenteurs du pouvoir eux-mêmes ont découvert la comédie.

Staline et Mussolini étaient de fieffés blagueurs, de l'espèce la plus virulente. Les faux Héros de la politique moderne ont pris conscience de leurs privilèges d'humoristes. Le Président des États-Unis affuble les sénateurs de galurins ridicules et se fait plaquer à terre sur les terrains de foot par des équipes entières de courtisans. Il s'agit d'une forme de publicité comique, d'un retour à l'humour du royal *noblesse oblige.* La comédie, contrainte de servir les intérêts du pouvoir, s'en trouve dénaturée.

Comment la comédie pourrait-elle avoir le moindre pouvoir dans une société technocratique ? La fadeur du discours intellectuel moderne et l'accent mis sur le savoir spécialisé sont des barrières que les écrivains doivent franchir de manière à libérer le langage et, avec lui, notre aptitude à communiquer. La comédie est l'une des dernières armes à notre disposition. Avant tout, l'écrivain doit résister à l'appel séduisant de la respectabilité qui revêt de multiples atours, des titularisations aux prix, en passant par les titres honorifiques et les médailles, et à la sirène de l'art pour l'art qui nous encourage à nous prendre tellement au sérieux.

Si écrivains et lecteurs estiment devoir se comporter de façon respectable, la comédie est morte. Ce qui est vrai pour l'écrivain l'est pour tous les citoyens. Il n'y a aucune raison que nous ayons l'air responsable chaque fois que nous ouvrons la bouche – à l'exception, peut-être, des chefs de gouvernement et des gestionnaires des finances. La gravité ne sert pas à grand-chose. L'interrogation irresponsable, elle, est utile.

Voir **Existentialisme** et **Sérieux**.

COMMERCE AVEC L'ENNEMI (Traité portant sur le). Arme militaire américaine par excellence.

Après la défaite des forces conventionnelles au Viêt-nam et à Cuba, ce traité, destiné à empêcher tout commerce entre les États-Unis et leurs ennemis, fut consciencieusement appliqué. Étant donné les complexités de l'investissement et du commerce à l'échelle internationale, une nation occidentale ne peut pas faire grand-chose avec un pays que l'Amérique a mis sur liste noire.

Ainsi le gouvernement d'Hanoi survécut-il douze ans grâce à des apports de liquidités venus directement de Moscou. Quand l'Union soviétique s'effondra, et avec elle l'aide qu'elle apportait à ses alliés, le Viêt-Nam n'eut pas d'autre solution que de se convertir à l'économie de marché. Le traité en question reste en vigueur pour ce qui est de Cuba et il finira par l'emporter.

Deux petits détails doivent sans doute être mentionnés. Ce traité vaut, semble-t-il, des victoires très précises au marché libre. Il n'a aucun effet sur les systèmes politiques ou sociaux. Ainsi, les prisonniers politiques restent dans les prisons vietnamiennes, y compris d'inoffensifs moines bouddhistes.

Par ailleurs, ce traité ne concerne pas tous les ennemis des États-Unis. Prenons le cas de la **guerre contre la drogue**, que les présidents déclarent régulièrement. Plus de la moitié de l'héroïne vendue aux États-Unis provient de Birmanie, avec la connivence du gouvernement birman, l'une des deux ou trois dictatures les plus antipathiques de la planète. La mort, la violence et le désordre qui règnent dans les villes américaines à cause de la drogue justifient incontestablement le recours au mot « guerre ». Pourtant, Washington ne fait pas même mine de décourager les entreprises américaines d'investir en Birmanie et n'envisage pas la mise en vigueur du traité en question.

Que doit faire un ennemi pour être traité comme tel ? Le secrétaire d'État serait bien inspiré de publier un manuel d'instruction pour les révolutionnaires, dictateurs et autres étrangers restés dans le brouillard à cet égard.

COMMERCE INTERNATIONAL. Remède miracle qui n'était autrefois qu'une activité d'échanges.

La plupart des économistes, hommes politiques, hommes d'affaires et bureaucrates respectables estiment aujourd'hui que le meilleur moyen de sortir de la dépression est de développer le commerce international parce qu'il crée des emplois et des richesses.

Paradoxalement, le volume de nos échanges a été plus élevé au cours des vingt dernières années. Chaque année, on enregistre des augmentations nettes massives, et pourtant nous sombrons inexorablement dans la dépression. Cela signifierait-il que le commerce international n'engendre pas automatiquement des emplois et des richesses ? Ou que le commerce crée des emplois et des richesses, mais peut aussi les détruire ?

Serait-il plus exact de dire que certains échanges en créent et que d'autres les détruisent ? Notre situation historique, les conditions économiques et notre position géographique jouent apparemment un rôle déterminant. Si tel est le cas, le commerce international est donc un mécanisme potentiellement précieux sans valeur inhérente.

Ce n'est pas du tout ce que pensaient Adam Smith et David Hume. Il est vrai que leur notion des échanges se fondait sur des entreprises locales beaucoup plus petites, gérées par des marchands et des entrepreneurs directement concernés puisqu'ils en étaient propriétaires. Sans entrer dans l'interminable débat sur la question de savoir si le commerce produit de la rationalité et de la modération, on peut dire qu'avec l'essor de la technocratie gouvernementale, qui n'est pas propriétaire, des corporations transnationales amorphes et des valeurs corporatistes, les échanges commerciaux ont radicalement changé.

Emplois et richesses sont engendrés par l'imagination convertie en créativité, par une volonté de prendre des risques eu égard à cette créativité et d'envisager les choses à long terme. Il faut aussi compter sur une stabilité économique suffisante pour que ces risques et cette créativité soient profitables. Dans la mesure où le commerce international encourage ces facteurs, c'est un mécanisme positif. Quand il les décourage, il est négatif.

Dans ce cas, pourquoi sommes-nous obnubilés par l'idée qu'en développant nos échanges, nous engendrerons davantage de prospérité ? Nos experts passent leur temps à répéter qu'il suffit d'un tout petit plus pour nous sauver. Pourtant, dans d'autres discussions, ces mêmes experts affirment que l'avenir de la production industrielle des pays développés est douteux et que le chômage chronique risque fort de perdurer. L'essor du commerce international semble accentuer ces problèmes plutôt que les décourager.

Cela tient peut-être au fait que notre société punit la créativité et récompense la pensée conventionnelle ? Or l'idée la plus conventionnelle, depuis vingt-cinq ans, a été que nous ne prospérerons qu'à travers le commerce international. Si cette conviction linéaire tient bon en dépit d'échecs répétés, le soupçon que nous avons commis une erreur grossit. Et plus nous redoutons de nous être trompés, plus nous nous obstinons à multiplier désespérément les échanges, de la même façon que les anorexiques sont persuadés de faire un régime.

Une approche plus sensée consisterait à traiter les échanges non comme une religion, mais comme une activité commerciale. Cela nous permettrait peut-être d'avoir l'esprit plus libre pour penser aux implications concrètes des mécanismes du commerce aujourd'hui. Qu'échangeons-nous et dans quel but ? Quand quelque chose a un effet négatif, seule une idéologie aveugle ou du masochisme peut pousser à croire que le salut réside précisément dans la continuité.

Voir **Complaisance, Travail.**

COMPÉTITION. Épreuve qui produit plus de perdants que de gagnants. Sinon, ce n'est pas une compétition. Une société fondée sur la compétition est par conséquent d'abord et avant tout une société de perdants.

La compétition est, bien sûr, une très bonne chose. Dans une société complexe nous ne saurions vivre sans elle. Mais si l'essentiel des rapports entre les citoyens est fondé sur la compétition, à quoi la société, et donc la civilisation, a-t-elle été réduite ? La compétition a pour but de déterminer ce qu'il y a de meilleur. Ceci peut être défini selon divers critères : le plus rapide, le moins cher, la plus grande quantité. Voire la meilleure qualité. Malheureusement, plus la compétition joue librement, plus elle tend à éliminer la qualité comme quelque chose de trop complexe pour être compétitif.

L'intérêt de la compétition, dès lors qu'on la laisse imposer ses normes, est que seuls les gagnants en bénéficient. C'est aussi vrai en économie que dans le sport. Or une société qui confère à la compétition une valeur quasi religieuse finira par cantonner la majorité de ses citoyens à un rôle de spectateurs. La démocratie devient dès lors impossible, de même que cette stabilité propre à la classe moyenne. C'est la raison pour laquelle, au cours des vingt dernières années, le retour à une compétition de plus en plus débridée a entraîné une instabilité croissante, tout en creusant un fossé de plus en plus profond entre une élite toujours plus riche et une population démunie de plus en plus nombreuse.

Il semble que nous soyons incapables de déterminer à quel type de compétition nous faisons référence lorsque nous en parlons comme d'une vérité religieuse (voir **Sainte Trinité – fin du XXe siècle**). Il doit s'agir d'un terme relatif, chacun ayant son idée sur ce qu'elle représente.

Dans une société de classe moyenne, la compétition doit prendre en compte le coût des infrastructures nécessaires à ladite classe. Dans un pays du tiers monde, ces coûts secondaires sont pour ainsi dire nuls. De ce fait, si une population issue de la classe moyenne rivalise, sans le bénéfice d'un handicap formel, avec des esclaves (pour prendre un exemple extrême), ceux-ci seront incontestablement plus compétitifs.

Une pléthore d'autres facteurs engendrent une pléthore d'autres niveaux de compétition. C'est pourquoi la compétition sérieuse, dans le cas du hockey ou du football notamment, est régie par des règles strictes qui s'appliquent au temps, au mouvement, aux nombres, à la tenue, au langage. La compétition sans régulation n'est qu'une métaphore naïve de l'anarchie.

Voir **Terrain de jeu équitable.**

COMPLAISANCE. Grâce aux pavillons de complaisance et aux flottes du tiers monde, la marine marchande – non, ne sautez pas ce passage ! – a été la première à atteindre l'idéal utopique du libre-échange.

On continue à transporter en bateau la plupart des cargaisons qui ne peuvent pas être expédiées par route ou par voie ferrée. Seules les informations peuvent être véhiculées par les ondes ; les marchandises doivent être légères, peu encombrantes et onéreuses pour voyager en avion. Peut-on rien imaginer de plus logique ? Le premier secteur parvenu au libre-échange dans le cadre de la nouvelle mondialisation est celui dont la mission consiste à faire fonctionner ce marché global.

Il en est résulté la quasi-élimination des marines marchandes des pays développés. Les nouvelles flottes appartiennent à des entreprises qui naviguent sous pavillons de complaisance ou sont domiciliées dans les grands pays du tiers monde.

Ces drapeaux sont utopiques, parce qu'ils permettent d'éviter tous les règlements nationaux. Ils sont fournis par des petits pays qui ne se soucient pas le moins du monde de ce qui arrive aux navires battant leur pavillon. Les titres de propriété de ces bâtiments sont généralement délivrés à la faveur de dédales financiers délocalisés, de manière à court-circuiter les règlements contraignants.

Les flottes marchandes du tiers monde, désormais énormes, ont des structures simples. Un navire philippin aura probablement un capitaine et un équipage de la même nationalité. Ils peuvent rivaliser avec les pavillons de complaisance parce que le gouvernement philippin les encourage à opérer dans un esprit compétitif et ferme les yeux sur la manière dont ils fonctionnent.

Comment parvient-on à des tarifs de transport compétitifs dans l'un ou l'autre système ? Des normes d'entretien et de sécurité moins élevées limitent les frais. Aucun règlement en bonne et due forme ne protège les équipages. Au mieux, on les traite comme une main-d'œuvre sous-qualifiée qu'on paie à un taux très inférieur aux salaires du monde développé. Le capitaine peut aussi décider de les embaucher ou de les licencier d'un jour à l'autre, selon son bon vouloir. Dans la mesure où un grand nombre de ces équipages se composent d'hommes appartenant à une même nation du tiers monde, dans la réalité ce phénomène crée des petites bandes d'esclaves flottantes. Après avoir progressivement banni des normes socialement inacceptables sur nos propres navires, nous nous sommes empressés de saboter nos flottes en expédiant et en recevant nos marchandises sur des bâtiments qui pratiquent encore des usages du XVIIIe siècle.

Rien ne nous empêche d'instaurer un système d'immatriculation international qui n'accepterait que des navires satisfaisant aux normes communément établies. La concurrence pourrait alors se fonder sur la fiabilité, la vitesse et la qualité des services au lieu de dépendre des coûts les plus bas obtenus par le recours à la servitude. Les bâtiments non enregistrés seraient exclus de nos ports.

Mais nos gouvernements souffrent d'un vieux syndrome que l'on peut résumer par la formule suivante : « Si je ne profite pas de la main-d'œuvre bon marché, d'autres pays le feront. » Cette formule a servi à tout justifier, du commerce des esclaves au travail des enfants, en passant par la pollution et la vente d'armes tous azimuts. C'est l'excuse la plus banale qui soit pour causer du tort.

Nos gouvernements écoutent l'avis des corporations, qui ont tout bonnement des marchandises à expédier et souhaitent le faire au moindre coût. Ceci sous prétexte que le marché doit se charger d'en établir la valeur. Et ils estiment que cela ne peut se faire que par le biais du marché libre, de la concurrence et de l'efficacité. L'industrie des transports maritimes a prouvé que c'était possible. Or ces transports sont essentiels au commerce international et celui-ci apporte la prospérité à tout le monde.

Peu importe que les flottes occidentales aient été anéanties en cours de route et que de vilains systèmes d'exploitation aient été réinstaurés. L'ingérence du gouvernement signifierait un marché artificiel et le retour d'organisations de marins affichant des prétentions de classe moyenne. Quand cela se produisit, entre les années trente et les années soixante, les matelots de la marine marchande s'enrichirent à tel point qu'on aurait facilement pu les prendre pour des play-boys dégénérés.

Voir **Libre-Échange.**

COMPLEXE D'INFÉRIORITÉ. Trait de caractère le plus pernicieux chez un personnage public. À l'origine d'une attitude agressive et d'un mépris d'autrui.

Au début du siècle, Alfred Adler affirmait que nous souffrons tous d'un sentiment d'infériorité [8]. Avant tout il convient de savoir dans quelle mesure celui-ci est ressenti. Aucune règle ne permet de déterminer quel enfant souffrira d'un sentiment d'infériorité insurmontable. Il peut aussi bien s'agir d'un gosse de riches inscrit dans une école privée, héritier de 7 millions de dollars et devenu baron de la presse, que d'un fils de pauvres d'origine et de nationalité douteuses, né à la frontière austro-allemande.

Les individus qui sont surtout stimulés par leur sentiment d'infériorité menacent gravement l'intérêt public. Non content de les inciter à briguer le pouvoir pour s'affirmer, leur insécurité les aide à y parvenir. Une fois en place, ils s'efforcent de démontrer l'infériorité de leurs subalternes. Leur sensation d'avoir été blousés justifie la substitution de leur propre contentement émotionnel à des éléments fondamentaux tels que le bien public ou l'éthique.

Ces gens-là appartiennent à trois grandes catégories. Il y a ceux qui cherchent à s'attirer l'amour des gens importants. Aujourd'hui encore, on les trouve là où ils ont toujours été : cramponnés aux basques de plus puissants qu'eux. Il arrive que, pendant une brève période, ils bénéficient notoirement de toute l'attention du détenteur du pouvoir. Après quoi, ils disparaissent. Oubliés. À un niveau supérieur, il y a ceux qui s'efforcent de s'élever à des positions où ils seront forcément aimés. Ces deux espèces se composent essentiellement de poltrons : ce sont les courtisans naturels, les collabos. L'accès au pouvoir font naître chez eux des trésors d'amour, ce qui a pour effet de les conforter dans leur mépris des autres et d'eux-mêmes.

La troisième catégorie cherche à se venger de l'humiliation

d'une humble naissance. Une fois au pouvoir, ils braillent et rudoient tout le monde, insistent sur la nécessité d'être intransigeants, manifestent aux autres leur dédain et les abaissent consciemment. Ces vexations sont justifiées par la certitude que leurs victimes méritent de souffrir parce qu'elles ne sont pas assez fortes, compétitives ou prospères pour résister.

Les gouvernants les plus dévastateurs sont souvent un amalgame de ces trois catégories.

Ceux qui se laissent gouverner par leur sentiment d'infériorité se servent de leurs dons obsessionnels pour manipuler l'insécurité des autres. C'est ce qui leur permet d'accéder au pouvoir. Ce succès en soi les conforte dans leur mépris des autres et les autorise à prétendre qu'on peut toujours réussir en en appelant aux pires penchants du peuple.

COMTE (Auguste). Inventeur de la sociologie. Il est donc responsable dans une certaine mesure du retour de la théorie du comportement humain quantifiable, comme il l'était au Moyen Âge, par le biais d'une évaluation statistique des péchés. Le comportement peut alors être modifié d'une manière conforme au système de valeurs établi par les quantificateurs, de même qu'autefois on pouvait obtenir rémission de ses péchés grâce au calcul et à la vente d'indulgences.

Voir **Autobiographie** et **Freud.**

CONFESSIONNAUX. Les écoles de gestion, les facultés de droit et de médecine, les écoles d'administration publique se sont mises récemment à enseigner l'éthique avec un certain enthousiasme. Ceci en réaction à une opinion répandue au cours des années quatre-vingt, et selon laquelle nos élites ont un comportement immoral, notamment celles de l'entreprise. Le scepticisme de l'opinion publique et l'empressement des écoles élitistes à donner l'impression qu'elles s'améliorent sont les signes d'une crise de confiance généralisée dans les classes dirigeantes rationnelles.

L'essentiel de ce qui est enseigné dans ces établissements n'en reste pas moins immoral, ou simplement détaché de l'éthique. Le marché est ainsi présenté comme une forme de compétition pure conservant pieusement des valeurs rationnelles et nécessaires telles que l'efficacité, la productivité et le profit. Telle qu'elle est inculquée dans ce contexte, l'éthique est réduite à un sacrifice non compétitif ou à un problème qu'il convient de régler afin de faciliter la gestion.

À quoi correspond cette heure de cours de morale le vendredi après-midi, sinon à un retour à la visite hebdomadaire au confessionnal propre à encourager le péché ? On enseigne l'éthique afin que les gens, éprouvant un sentiment de culpabilité, se sentent mieux. Sans doute est-ce la raison pour laquelle la chapelle de l'école de gestion d'Harvard fut financée par le spéculateur Michael Milken.

Voir **Éthique.**

CONFIANCE PUBLIQUE. La facilité avec laquelle gouvernés et gouvernants en arrivent à se mépriser mutuellement prouve à quel point cette confiance est une fleur délicate.

Le dédain des gouvernants est un regrettable sous-produit de l'héritage de **Platon.** À ceux qui se cramponnent au pouvoir sans modestie, le mépris pour les citoyens procure un sentiment de supériorité, ainsi qu'un bouc émissaire susceptible d'endosser leurs propres échecs.

On ne peut pas en vouloir aux gens de réagir avec des sentiments similaires. Ils sont encouragés en cela par les faux populistes, les corporatistes et autres ennemis de la démocratie parce que l'anéantissement de la confiance publique est le premier pas vers la destruction d'un système politique.

CONRAD (Joseph). Écrivain moderne important. Il a démontré que le roman pouvait connaître un troisième siècle d'utilité dès lors qu'on transforme le récit en métaphysique déguisée en réalité.

Ceux qui persistent à croire que le roman est essentiel à la communication se sont donné beaucoup de mal pour reconnaître en Conrad leur père spirituel. Ernest Hemingway, F. Scott Fitzgerald, Graham Greene, André Malraux, J. M. G. Le Clézio et Gabriel Garcia Marquez, pour n'en nommer que quelques-uns.

On peut opposer leur conviction à la perpétuation du mouvement de l'art pour l'art, qui s'est développé parallèlement à l'obsession occidentale pour la spécialisation. À la manière de ces médecins qui consacrent leur vie entière à un seul organe, cette école littéraire s'est efforcée de diviser la fiction en un foisonnement de compartiments hermétiques. Son usage du langage suscite la division et favorise ce qu'on pourrait qualifier de dialectes littéraires qui ne sont pas sans rappeler la dialectique scolastique rigide du Moyen Âge.

Incontestablement, Conrad puisa sa force dans le fait qu'il était polonais et qu'il apprivoisa l'anglais à l'âge adulte. Si les autres écrivains se sont démenés avec leur acquis littéraire respectif, Conrad bénéficiait d'une liberté virginale à cet égard. De même que ses voyages en mer l'obligèrent à certain esprit pratique, aussi dramatiques que fussent les circonstances, les eaux inexplorées de l'anglais firent de lui un habile explorateur du langage. Son affranchissement émotionnel vis-à-vis d'une nation et de son inévitable cortège d'intérêts et de préjugés lui permit d'être tout naturellement un universaliste. Lorsqu'il s'exprimait sur le pouvoir, l'ambition, l'hypocrisie ou le courage, il pénétrait jusqu'à leur essence avec un art que peu d'auteurs surent égaler.

CONSOMMATION. « On n'a jamais assez de ce dont on n'a pas vraiment besoin » (Eric Hoffer [9]).

Le problème de la dépendance des marchés vis-à-vis de la consommation tient au fait qu'on ne peut pas compter sur le consommateur pour savoir ce qu'il veut.

Les consommateurs et consommatrices ne sont pas fiables. Le producteur passe son temps à essayer de deviner leurs intentions. C'est un jeu risqué et lassant. Sans compter que dans une société stable fondée sur la classe moyenne, les gens n'ont pas besoin, ni envie, de biens en nombre pour soutenir une économie dépendante de leur désir de consommer. Ils ont déjà beaucoup de choses. Ils ne peuvent pas remplir leur logement à l'infini. Leur famille diminue à mesure qu'ils gravissent les échelons sociaux. La classe moyenne prône inévitablement la modération et recherche des marchandises de qualité appelées à durer, et réparables.

Il est donc plus rationnel de décider tout simplement ce que les gens veulent, de leur dire qu'ils en ont besoin et de le leur vendre. Ce processus en trois étapes s'appelle consommation.

Voir **Propagande.**

CONSULTANTS. Dans l'espoir de discréditer **Socrate**, le **sophiste** Antiphon s'en prit à lui en ces termes :

> Socrate, tu refuses de faire payer ta société. Si tu estimais que ton manteau, ta maison, ce que tu possèdes a une valeur pécuniaire, tu ne t'en séparerais pas pour rien... De toute évidence, si tu accordais une valeur à ta société, tu insisterais pour obtenir le prix approprié pour cela aussi... Sage, tu ne peux donc être, puisque ton savoir ne vaut rien.

Et Socrate de lui répondre :

> Antiphon, bon nombre d'entre nous considèrent qu'il existe une manière honorable et une manière honteuse d'employer la beauté et la sagesse. Offrir sa beauté pour de l'argent aux passants, cela s'appelle de la prostitution... Il en va de même de la sagesse. Ceux qui la proposent à tous les passants contre de l'argent sont connus sous le nom de sophistes, prostitués de la sagesse [10].

CONSULTANTS ACADÉMIQUES. Le seul endroit organisé dans le but spécifique de chercher la vérité et d'enseigner l'art de la compréhension est l'**université**. À la fin du XXe siècle, certains professeurs ont réinterprété le vieux postulat selon lequel la vérité, étant une valeur suprême, n'a pas de prix. Ils considèrent que si elle est suprême, elle doit avoir une valeur marchande.

Les universitaires sont les garants de la mémoire de la civilisation occidentale et de son éthique. Nous avons lutté pendant plus d'un millénaire pour l'indépendance académique ; depuis cent cinquante ans, on assiste à l'essor de la **titularisation**, ultime étape en vue de la protection de la liberté intellectuelle.

Que faut-il conclure quand une partie non négligeable des universitaires modernes – les spécialistes des sciences sociales en particulier – vendent leur compétence à des corporations et des gouvernements ? Au fond, ce qu'ils ont à vendre, en l'occurrence leur aura de compétence autonome, a un usage véritable, partant une valeur quantifiable.

Lorsque avocats et lobbyistes se lancent dans ce genre d'activité publique, la plupart des gouvernements occidentaux se chargent de les superviser et de leur dispenser des licences. On appelle cela trafic d'influence, ou encore lobbying. Les experts en sciences sociales, eux, échappent à cette surveillance précisément parce qu'on considère les universités comme des entités autonomes. Leurs activités commerciales suscitent une question : un professeur est-il moralement habilité à faire son beurre sur l'indépendance de la gent académique et sur la valeur que la société assigne à la liberté de réflexion ?

Depuis l'essor des universités européennes, au début du deuxième millénaire, le statut des professeurs a progressivement évolué. Au départ, ils étaient des prêtres ou des hommes de savoir autonomes et leurs revenus provenaient directement de leurs étudiants. Ceux qui enseignaient autre chose que les programmes admis étaient limogés ou pourchassés. La situation avait certes des inconvénients, mais elle obligeait les enseignants à rester vigilants. Certains, comme le philosophe Giambattista Vico, à Naples, souffrirent en dépit de leur génie. C'était un mauvais professeur. Il survécut malgré tout, de même que ses idées.

À mesure que le pouvoir de l'enseignement croissait, les universités intéressaient de plus en plus le pouvoir, déterminé à les contrôler. Au début, les Églises assumèrent cette tâche, à telle enseigne que le principal objectif du siècle des Lumières fut de libérer les universités de cette mainmise ecclésiastique. Les nouvelles élites démocratiques du XIXe siècle proclamèrent les universités gardiennes de la liberté intellectuelle. En réalité, ce jeune ordre politique finançait ces institutions exactement comme l'avait fait le vieil ordre avant et s'efforçait d'y imposer ses « normes ».

En dépit de son auréole hypocrite, l'indépendance académique fut l'un des piliers du nouvel État-nation démocratique. L'éducation supérieure en vint progressivement à proposer le type d'enseignement fondamental requis par tout individu espérant occuper une position de pouvoir, quelle qu'elle fût. En bref, le diplôme universitaire devint un signe d'appartenance à la classe dirigeante.

Avec le déclin de l'influence religieuse, cantonnée à un domaine toujours plus étriqué – excédant rarement les lieux de culte – l'apprentissage public de l'**éthique** et de la morale cessa d'être pris en compte. Ce rôle fut peu à peu conféré aux universités, où penseurs et maîtres indépendants le récupérèrent. L'université devint ainsi la vraie école de perfectionnement du citoyen responsable dans une démocratie.

La plupart des philosophes du XVIIe et du XVIIIe siècle gagnaient mal leur vie et ne s'attendaient guère à être respectés par l'opinion publique; ils se situaient à la périphérie de la loi et bénéficiaient rarement d'une place stable. Ils auraient considéré l'invention du professeur du XXe siècle, bourgeois, spécialiste, titularisé, parangon de respectabilité, comme une grande victoire des Lumières. Ils seraient surpris de voir qu'un nombre croissant de leurs collègues ont l'air de trouver que la liberté de pensée associée à la sécurité de l'emploi et à un respect grandissant n'est pas suffisant. Ce que les professeurs modernes veulent vraiment, c'est davantage d'argent. Ils sont même prêts à sacrifier tout le reste pour parvenir à cette fin.

En toute justice, il faut reconnaître que cette initiative vient des corrupteurs et non des corrompus. La première offensive sérieuse eut lieu après la Seconde Guerre mondiale, avec des hommes politiques en quête de conseillers académiques. Ils n'étaient pas très bien rémunérés et, après tout, ils exerçaient leur droit d'avoir des opinions politiques. Mais à mesure que les programmes sociaux et économiques se multipliaient en réduisant le pouvoir illimité des grandes corporations, celles-ci organisèrent une contre-attaque.

Leur réponse aux arguments pragmatiques et éthiques en faveur d'une société stable et équitable consistait à développer des vérités absolues liées au marché. Très vite, ces grandes corporations comprirent qu'il leur fallait former leurs propres experts indépendants capables de formuler leur vérité. Elles financèrent des fondations « autonomes » vouées à la connaissance. Indépendance et savoir sous-entendaient le développement d'idées qui favoriseraient la position de la corporation. À l'avant-garde de ce mouvement, on trouvait les ***think tanks*** qui produisaient des kyrielles d'études faisant autorité et de rapports annuels destinés à légitimer la hausse du prix du pétrole, la dérégulation, la baisse de la fiscalité, la crise de l'endettement et tout ce qui figurait au programme de leurs financiers issus du secteur privé.

L'ultime étape débuta dans les années soixante-dix, quand les spécialistes des sciences sociales remarquèrent la présence d'un secteur de croissance fort bien rémunéré baptisé conseil en gestion d'entreprise. De plus en plus, ces universitaires se considérèrent eux-mêmes comme des consultants. Et ce phénomène ne se limitait certainement pas aux économistes et aux professeurs des écoles d'administration.

Les grandes entreprises et leurs fondations étaient bien trop complexes pour se borner à une approche aussi étroite et directe. Leur tâche consistait à redéfinir un demi-millénaire d'évolution occidentale en révisant la manière dont les citoyens se jugeaient eux-mêmes, ainsi que leur société. Pour que le révisionisme économique fût logique, il fallait que la philosophie, l'histoire, la sociologie et la culture fussent elles aussi envisagées sous un nouvel angle.

Pendant quelques années, les gouvernements réformateurs rivalisèrent avec les corporations pour s'approprier cette aura de liberté académique. Dès le début des années quatre-vingt, toutefois, la majorité avait disparu et la propagation de la crise économique limitait les investissements. À ce stade, les universités, la presse et l'opinion publique elle-même semblaient avoir accepté sans protester le nouveau rôle assigné aux professeurs.

L'idéal de liberté et d'autonomie académiques en a pris un coup. Pour défaire le système corrompu en place, il faudra probablement se lancer dans une bataille comparable à celle qui se déroula au XVIIIe et au XIXe siècle pour laïciser l'enseignement. Certains problèmes sont relativement simples. L'administration des affaires doit-elle vraiment faire partie de l'enseignement universitaire ? Un professeur mérite-t-il le sceau éthique de l'approbation d'une université s'il vend cette image au secteur privé ?

Les universités modernes ont un besoin criant d'argent et ne demandent qu'à se prostituer. Les présidents et leurs conseils accusent les départements qui n'apportent pas leur obole de fuir la réalité. Mais ont-ils le droit de détruire une création essentielle de la civilisation moderne ? Les recteurs répondront peut-être que le gouvernement les affame en leur fermant sa bourse. Pourtant, le pire approche serait de prétendre que les consultants universitaires sont les descendants de Pierre Abélard, de la Sorbonne du XIIe siècle ou de Giambattista Vico, à Naples, au début du XVIIIe siècle.

Voir **Titularisation** et **Université.**

CONTRÔLE (être sous). Idéal des managers et des ménagères. L'ennemi de la créativité et de la croissance, qu'elle soit économique, sociale ou individuelle. Une des caractéristiques les plus destructrices de la société moderne.

Au fait, qu'est-ce qu'ils essaient de contrôler ?

Voir **Peur** et **Manager.**

CONVENANCES. Le retour en force du pet en public prouve, pour ainsi dire sans l'ombre d'un doute, que la période du changement révolutionnaire initié par la Renaissance, la Réforme et la réintroduction de la raison est parvenue à son terme. Les nouvelles classes moyennes, qui prirent leur essor au XVIe siècle, se caractérisaient par leur sens du décorum. À la différence des paysans et des aristocrates, elles ne produisaient ni sons ni odeurs en public. À la fin du XXe siècle, leur maîtrise d'elles-mêmes est sérieusement entamée.

Cela tient peut-être au lien entre les habitudes alimentaires de la classe moyenne urbaine et le cancer du colon. D'où un engouement pour une alimentation saine, une nourriture de paysans enjolivée, y compris de grandes quantités de haricots secs reconstitués.

Dans le monde entier, des centaines de millions de gens simples n'ont jamais cessé de manger des flageolets sans avoir la réputation d'être des péteurs. Ils changent l'eau plusieurs fois quand ils font tremper leurs haricots secs avant de les cuire dans de l'eau fraîche. Ils s'y prennent ainsi parce qu'ils savent pertinemment que les enzymes responsables des flatulences passent progressivement dans l'eau.

Des centaines de millions d'individus, qui ne sont ni des spécialistes ni des intellectuels, sachant cela, comment se fait-il que cette information n'ait pas circulé ? Est-ce parce que nos élites modernes sont instruites et travaillent à l'écart de la société ? Les technocrates sont-ils autant coupés de la réalité que les aristocrates du XVIIIe siècle ? Leur jogging compulsif et leur consommation forcenée de fibres constituent-ils une simulation paradoxale de la vie normale, assez comparable au désir de Marie-Antoinette de jouer avec des moutons dans sa ferme miniature à un jet de pierre du château de Versailles ?

À moins que ces individus sains de fraîche date soient simplement les victimes de leur passé ? Les livres de cuisine sont autant de symboles de la tournure de la classe moyenne que la bienséance. Il n'est pas étonnant que ces manuels, dans leur forme modernisée, ne prennent pas en compte l'éventualité du pet et mentionnent donc rarement le fait que les paysans changent à plusieurs reprises l'eau dans laquelle ils font tremper leurs haricots secs.

Jamais nous n'avons eu autant d'informations à notre disposition, en particulier sur l'alimentation. Si les classes moyennes se sont mises à péter, c'est probablement parce qu'elles ont décidé, consciemment ou non, que c'était ce qu'elles voulaient.

Voir **Rationaliser** et **Vent.**

CORPORATION. Groupe d'intérêts spécialiste, professionnel, privé ou public, à but éventuellement lucratif. Le seul point commun entre toutes les corporations est que la loyauté de leurs membres va d'abord et avant tout à l'organisation et non à la société dans son ensemble.

Dans un monde corporatiste, la corporation remplace l'individu et supplante la démocratie. Dans leurs rapports avec le monde extérieur, les corporations négocient dans la mesure du possible à leur échelle plutôt qu'avec des individus. La corporation moderne est la descendante directe des guildes de la fin du Moyen Âge.

CORPORATISME. Un des mots les plus importants et les moins employés. Mieux que tout autre, il décrit l'organisation de la société moderne.

Le corporatisme demeure l'école rivale du gouvernement représentatif. À la place du concept démocratique de citoyens appelés à voter, à conférer une légitimité aux institutions et à participer au mieux de leurs capacités, dans un État corporatiste les individus sont limités au rôle de participants secondaires. Ils appartiennent à un groupe d'experts ou de professionnels – leur corporation –, et l'État est géré à travers des négociations constantes entre ces intérêts divers. Ceci est la manière naturelle d'organiser les choses dans une civilisation fondée sur la compétence et vouée à l'exercice du pouvoir par le biais de structures bureaucratiques.

L'une des caractéristiques d'un mouvement fort dans une civilisation est qu'il se prolonge durant de longues périodes historiques. Quand il ne parvient pas à conquérir le pouvoir ou à le conserver, il est submergé par les événements pendant quelque temps avant de resurgir de nulle part sous une nouvelle forme, plus attrayante.

Les premières organisations corporatistes – les guildes du Moyen Âge – servirent de modèle à l'organisation et à la spécialisation des ordres religieux catholiques. Ces deux expériences engendrèrent les États corporatistes originels, la République de **Venise** notamment. Le concept fut développé dans une rivalité intellectuelle croissante entre la démocratie et le corporatisme, et un mouvement intellectuel conscient en faveur du corporatisme.

Hegel, qu'on considéra comme un « philosophe officiel »

durant l'époque où il enseigna la philosophie à Berlin (1818-1831), estimait que « le réel est le rationnel et le rationnel est le réel. » Il considérait « un État corporatif comme plus rationnel que la démocratie [...] les citoyens devraient participer aux affaires de l'État en tant que membres d'ensembles subordonnés, de corporations ou d'États, plutôt qu'en qualité d'individus [...]. Quant aux représentants, ils devraient représenter les corporations ou les États plutôt que des citoyens individuels [11] ». Il n'est pas étonnant que les politiques, pour ainsi dire sociales-démocrates, de Bismarck, en vigueur au cours de la deuxième moitié du XIXe siècle, émergèrent d'une société essentiellement corporatiste.

L'argument superficiel du corporatisme a toujours été que la démocratie est inefficace, sans effet, corruptrice, sujette aux caprices et à l'émotion. Par ailleurs, le corporatisme se présente comme mécanisme professionnel et fiable. Il promet la prospérité en aidant ceux qui savent faire leur travail convenablement et harmonieusement.

Ces allégations refirent surface en Italie dans les années vingt. Et si les organisations corporatistes pesantes de Mussolini ne fonctionnaient pas, le corporatisme, lui, se portait on ne peut mieux. En Italie comme en Allemagne, les seules relations qui fonctionnaient avec relativement de bonheur sous une dictature étaient celles qui liaient entre eux les groupes d'experts. La communauté universitaire elle-même travaillait allégrement sur les structures théoriques de ce nouveau contrat national anti-parlementaire.

Depuis 1945, nous avons minimisé l'aspect corporatiste des nazis et des fascistes. Nous n'avons fait que brosser des portraits démoniaques de ces deux régimes en en faisant de simples manifestations du mal. Cette simplification outrée occulte le fait qu'ils proposaient – ou plutôt reproposaient – une alternative aussi complète que complexe à la démocratie.

La Seconde Guerre mondiale a éclaté pour toutes sortes de raisons, mais il s'agissait fondamentalement d'une bataille entre deux concepts de civilisation : l'un fondé sur l'individualisme et la démocratie, l'autre sur l'autoritarisme corporatiste. Théoriquement, les individualistes démocratiques l'emportèrent. Depuis 1945, pourtant, le corporatisme s'est imposé avec plus de vigueur ; il jouit aujourd'hui d'une véritable emprise sur le pouvoir. Il semble que nous ayons perdu la Seconde Guerre mondiale, en définitive.

Une première résurgence corporatiste superficielle apparut avec les interminables négociations relatives au contrat social dans les années soixante et soixante-dix. Syndicats, organisations patronales et gouvernements se réunirent pour discuter les modalités d'un fonctionnement sans à-coups de la société. On nous présenta les résultats comme une forme de gouvernement efficace et inédite, adaptée au nouvel État industriel complexe. On jugeait les parlements trop pesants et inefficaces pour traiter ces problèmes. La médiation et l'arbitrage étaient particulièrement recherchés. Tout le monde avait apparemment oublié que tels avaient été les arguments utilisés par Mussolini. Ce nouveau procédé efficace aboutit à une conclusion chaotique en Grande-Bretagne, où les gouvernements élus de la gauche comme de la droite furent rançonnés et finalement réduits par ces groupes d'intérêts.

Pendant ce temps, la professionnalisation des élites nationales atteignait une complexité sans précédent. Chaque groupe et sous-groupe, public ou privé, était éduqué et organisé de manière à se protéger. Leur génie était défini conformément à un objectif spécifique. Depuis la fin de la Seconde Guerre mondiale, les gens éduqués, à des postes élevés, incarnent leur profession.

Le vieux concept corporatiste a ressurgi, plus complexe que jamais. Depuis les tentatives maladroites des années trente il a appris à ne pas s'attaquer directement à la démocratie, mais au fonctionnement de la politique et à l'inefficacité du système. Les organisations parlant au nom de groupements d'intérêts se présentent aujourd'hui comme les défenseurs du populisme.

Tout le monde est fasciné par le succès des organisations de cadres de haut vol tels que la ***round table*** américaine, le Conseil canadien des chefs d'entreprise et le CNPF en France, qui expriment haut et fort leurs vues sur la politique nationale comme s'ils parlaient dans l'intérêt du pays. De cette façon, ils contribuent d'ailleurs à la façonner. Beaucoup pensent qu'ils sont plus désintéressés que les élus du peuple. Pourtant, ils n'ont pas fait grand-chose, à part développer des politiques servant leurs propres intérêts, habillées d'arguments désintéressés afin de profiter de l'argent de l'État et de l'oreille des autorités publiques dont ils disposent pour faire valoir leurs programmes.

La force de leurs arguments est telle que les élus qui s'y opposent finissent par donner l'impression d'être intéressés.

Pour être plus précis, on traite les intérêts des citoyens comme une recherche d'avantages personnels teintée de romantisme. Parallèlement, on nous présente désormais les intérêts des groupes corporatistes comme l'aune d'une action sociale efficace.

Les effets pratiques de ce changement sont visibles dans l'ensemble de la société. L'apparente impuissance des autorités élues face au désordre provoqué par la dérégulation du secteur financier est un exemple déconcertant de ces procédés.

La croissance accélérée de la production et de la vente d'**armements** entre 1960 et 1990 a eu une incidence encore plus importante. Durant cette période de paix, les armes occupèrent le premier rang dans le commerce international. Les opposants à cette pure folie parlaient de complexe militaro-industriel. Mais ce faisant ils adhèrent aux vieux mythes du capitalisme et de la conspiration et passent à côté d'un point essentiel : la production et la vente de ces marchandises résultent presque exclusivement de la coopération entre les autorités publiques et les professionnels du privé (corporations) – hauts fonctionnaires, cadres supérieurs, officiers supérieurs et économistes universitaires.

Autre illustration, moins dramatique mais plus insidieuse : le changement des actes constitutifs juridiques de la corporation. Les **juges** ont conféré aux corporations le même statut que l'individu. Dans une société régie par la loi, quand il a été décidé que les corporations sont des personnes, les individus isolés se retrouvent tellement désavantagés que leur seule solution est de devenir eux-mêmes des corporations.

C'est la raison pour laquelle les élites rationnelles se considèrent avant tout comme parties intégrantes de leur groupe corporatiste. Ce processus rend compte de l'essor de l'entreprise individuelle. Les citoyens estimeraient-ils qu'opérer par le biais d'une organisation d'entreprise leur procure une défense inattaquable s'ils ne vivaient dans une société corporatiste ?

Un ultime exemple mettra en lumière l'inévitable mort de toute politique publique désintéressée dans une société dominée par des groupes corporatistes. Les fous ne jouent pas un rôle utile dans une société aussi efficace. Depuis vingt ans, leur situation a nettement régressé, avec une remise à jour des postulats en vigueur au XIXe siècle. James Hillman l'a souligné, on confond une fois de plus « criminalité » et « effondrement psychique » : « Les pauvres, les inadaptés, les malades, les déments et les criminels sont à nouveau enfermés dans les mêmes locaux, comme dans les hospices du Moyen Âge. » Dans l'Idaho, on jette en prison les malades mentaux dont on relève les empreintes avant de les examiner. « Le plus grand hôpital psychiatrique américain est la prison du comté de Los Angeles... » 36 000 de ses détenus sont des malades mentaux [12].

Les méthodes de Ross Perot sont celles d'un corporatiste populiste classique. Il attaque continuellement le système démocratique constitué et se prétend en prise directe avec les citoyens – lien qui, selon lui, peut s'exprimer par le biais de consultations directes, ou **référendums**. Il dit s'en prendre à la démocratie au nom du peuple, tout en se promettant de gouverner par l'intermédiaire d'un Conseil national composé de 100 personnes : c'est-à-dire un groupe d'experts de haut rang représentant toute la gamme d'intérêts – ou plutôt leurs propres intérêts. Perot détestait le Président Bush, qui a édifié toute sa carrière en servant ces différents groupes d'intérêts.

Mais c'est sans doute l'homme politique/d'affaires italien Silvio Berlusconi qui fournit l'exemple le plus pur d'un succès politique corporatiste. Issu d'un milieu financier complexe lié à la Loge P2 déclarée depuis lors illégale, il fit main basse sur les journaux, les chaînes de télévision et les maisons d'édition afin de représenter les intérêts de ses entreprises. Après quoi, il créa un parti politique composé en grande partie de ses employés et se servit de ses groupes d'intérêts pour mener tambour battant une campagne politique extrêmement réussie en 1994.

Au premier abord, le Président Clinton, qui se vante d'avoir réintégré les citoyens dans la politique, semble opérer dans un monde très différent. Cependant, pour gouverner il est obligé de s'appuyer sur les lobbies et groupes d'intérêts.

Ces groupes fonctionnent pour ainsi dire comme des États indépendants. Ainsi, les grandes banques et les corporations industrielles sont des organisations tellement complexes que leurs présidents ne sont souvent que des princes adulés mais sans pouvoir qui ânonnent ce qu'on écrit pour eux et vivent dans un cocon. C'est peut-être en Allemagne que ce processus isolateur est allé le plus loin, où des potentats œuvrent en parallèle à l'État.

S'ils veulent survivre dans les dix ans qui viennent, les systèmes démocratiques seront obligés d'expulser des organismes publics ces centaines de groupes corporatistes. Car tant que les structures étatiques se définissent par leur compétence, le système démocratique ne peut pas fonctionner. Et il ne saurait être question de tourner le dos à ces élites colossales. Il n'y a pas de deuxième équipe prête à les remplacer. Il s'agit de convaincre l'individu que son allégeance doit aller d'abord et avant tout à la société.

Le corporatisme est, depuis quelque temps déjà, la seule véritable menace à la démocratie. C'est pourquoi nos élites corporatistes n'en parlent jamais.

CORPORATISME APPLIQUÉ. Les médiocres arrivent au pouvoir parce qu'ils ont longtemps servi, par la corruption, des manœuvres en coulisse, une erreur ou la chance. De temps à autre, ils y arrivent parce qu'ils sont l'image exacte du pouvoir en place. De sorte qu'à l'occasion, lorsqu'un leader inapte l'emporte, les citoyens devraient être reconnaissants d'entrevoir ne serait-ce que fugitivement la vérité.

George Bush était le reflet exact d'une société corporatiste. Par son expérience et ses attitudes, il alliait les intérêts de plusieurs secteurs du gouvernement et ceux des affaires. Le point de vue idéologique en vigueur, tant à droite qu'à gauche, était que la présidence de Bush offrait aux groupements d'intérêts l'occasion de se remplir les poches. Ce qui fut bien évidemment le cas, certains se retrouvant comblés et d'autres fous de rage. Mais le rôle essentiel d'un leader corporatiste n'est pas d'aider ses amis à faire fortune. Ils y arrivent très bien tout seuls de toute façon. Il n'est pas non plus de s'inquiéter de la gestion d'un groupement d'intérêts en particulier.

La mission d'un président corporatiste consiste à gérer les relations entre ces groupes. En aidant l'industrie de l'armement à travailler avec le Pentagone, les services secrets, l'industrie pétrolière, les organisations écologistes, etc., il favorise la stabilité nationale. S'il réussit, il aura éliminé indirectement toute ingérence du système rival – la démocratie basée sur le citoyen – qui maintient techniquement un contrôle juridique sur les structures constitutionnelles de la République.

Les critiques émises à l'encontre de la présidence de Bush – accusations de corruption, indifférence de la classe supérieure pour les questions sociales, stratégies économiques internes déficientes – tombaient à côté. Les leaders corporatistes n'ont pas plus de stratégies politiques que de valeurs éthiques. En revanche, ils croient en une gestion stable de la coopération entre groupements d'intérêts. Ils sont persuadés que cela permettra à la société d'œuvrer efficacement.

Même si on écarte les contrepoids de l'éthique, de la démocratie et de la justice dans cet argument, l'histoire prouve que les corporatistes se fourvoient. Les groupements d'intérêts n'ont pas suffisamment de bon sens pour voir plus loin que leur propre intérêt immédiat. Si l'intérêt n'était pas leur moteur, ils ne seraient qu'une bande de savants idiots, incapables d'éviter les catastrophes et tout aussi incapables de comprendre pourquoi elles arrivent. C'est pourquoi la stabilité superficielle que Bush établie fut insatisfaisante, voire désagréable, et en définitive inacceptable pour l'électeur. L'inconvénient de cet inévitable rejet par l'électeur d'un président corporatiste est que l'élimination d'un individu seul ne change rien à la réalité.

COURANT DOMINANT. Dans l'idéal humaniste, c'est là qu'ont lieu les débats intéressants, la genèse de la créativité et des idées nouvelles. Dans une société rationnelle, ce courant est incontrôlable, autrement dit marginalisé, le centre du terrain étant de préférence le fief des organisations publiques et des courtisans.

Les administrateurs professionnels du pouvoir – les élites du management, les leaders faussement Héroïques calqués sur le modèle des stars, les stars elles-mêmes et les lobbyistes – ont acquis le contrôle des mécanismes publics. Dans une société saine, démocratique surtout, ce ne serait pas le cas. Les courtisans resteraient dans les coulisses, à faire des commérages sur ce qui se passe sur scène.

Il est plus facile à un roi doté du droit divin ou à un pape intelligent d'identifier ce genre de problème. Dépositaire du pouvoir et point de mire du courtisan, le potentat peut faire la différence entre les courants dominants authentiques et les marges. Ainsi le pape Jules II fit-il appel au talent de Michel-Ange et non de quelque peintre de cour rassurant. Et Louis XIV s'abstint-il de céder une parcelle de pouvoir au duc de Saint-Simon. C'était l'avantage d'avoir des leaders puissants que les penseurs des Lumières appréciaient. Malheureusement, rares sont les monarques ou les papes intelligents. Et quand ils le sont ils se laissent vite engloutir par le raz de marée des insatiables de pouvoir.

La force d'une société démocratique – l'absence de dépositaire unique du pouvoir – est aussi sa faiblesse. Dans l'activité d'une journée ordinaire, ceux qui ont des dons pour le pouvoir passent pour indispensables, ceux qui apportent quelque chose de neuf semblent loin d'une résolution immédiate des problèmes. De sorte qu'on les écarte d'office.

Pour le citoyen, le problème est de déterminer comment maintenir un courant dominant perméable aux impératifs du bien-être public. Le seul moyen est de consacrer beaucoup de temps et d'efforts à la distinction entre contenu et manières.

COURTISANS. Reconnaissables instantanément. Immuables à travers l'histoire. Ces individus vivent dans l'ombre, courent après le pouvoir sans objectif véritable. Prestige sans responsabilité. Ils évoluent dans le sillage des responsables.

La société occidentale contemporaine compte plus de courtisans que jamais. Plus encore que la Chine impériale. Ce ne sont pas simplement les équipes colossales du **personnel de la Maison Blanche** ou ses équivalents entourant les présidents et Premiers ministres d'autres pays. On y trouve aussi des avocats, des consultants, les spécialistes des relations publiques et des sondages. Ils sévissent dans les secteurs publics et privés. Ils ne sont pourtant que des éléments purement décoratifs et superficiels.

Une société corporatiste change tout technocrate désireux de réussir en courtisan. Pour des systèmes aussi puissamment structurés il est presque impossible de récompenser les actions plutôt que les méthodes. Et l'idée de corporation exclut l'idée de responsabilité individuelle. Ce sont des pépinières pour qui cherche à accéder au pouvoir par le biais de la manipulation.

L'image populaire du courtisan le revêt d'une tenue de cour élaborée. Pourtant, les plus remarquables manipulateurs du pouvoir, les jésuites, portent un uniforme anonyme, comparable à celui de nos discrets technocrates modernes.

CRITIQUE POLITIQUE. Réponse favorite des détenteurs de l'autorité à ceux qui mettent en doute leurs actions : « C'est facile de critiquer. » Ou encore : « N'importe qui peut critiquer. » Souvent suivi par : « Qu'auriez-vous fait à ma place ? » Sous-entendu : « Vous qui êtes tellement intelligent. » Il existe une variante plus complexe : « Il faut être **dur** pour faire des réformes. Le leadership n'est pas un concours de popularité. »

Ces anticritiques font chorus, à tel point que nous sommes embarrassés, nous nous sentons coupables, quand le besoin se fait sentir de dire quelque chose de négatif.

Pourtant, ceux que nous critiquons librement ont brigué des postes d'autorité. Nous sommes la *raison d'être* de tout le système. Nous sommes aussi les employeurs de ceux qui occupent des fonctions publiques et travaillent pour le service public. Pourquoi accepterions-nous ce discours méprisant à notre égard et pour le système démocratique ?

Sans compter qu'il n'est pas facile de critiquer. C'est même très difficile. Il faut interroger les experts et les initiés dans des domaines où nous ne sommes pas spécialisés. Ceci nous oblige à les prendre continuellement de vitesse, puisqu'ils nous cachent l'essentiel des informations dont nous avons besoin pour décider ce qu'il convient de penser. Le problème étant que n'importe quel idiot doté d'un minimum de pouvoir peut se dispenser de fournir une réponse honnête, en se donnant de grands airs et en protestant que la critique est facile.

Voir **Banalité.**

CROISADE MORALE. Activité publique entreprise par des hommes en proie au retour d'âge et qui trompent leur femme ou fricotent avec des petits garçons.

Les croisades morales sont surtout prisées par ceux qui briguent le pouvoir pour leur plaisir personnel, les hommes politiques qui ne savent quoi faire d'utile durant leur mandat ainsi que les professionnels de la religion qui souffrent d'une incapacité à communiquer avec leur dieu. En termes militaires, tactique de diversion.

CROISSANCE. L'hypothèse selon laquelle la prospérité dépend de la croissance est indissociable de notre obsession de la **concurrence**, de notre embarras quant à l'**endettement** et de nos ornières en matière d'économie.

Le dogme de l'économie en ce XXe siècle présente la croissance comme une divine expression de la santé. Plus la croissance est forte, meilleure est la santé.

On n'en saisit pas très bien la raison. La plupart des civilisations ont défini le bien-être social comme la stabilité ou du moins une croissance modeste. La prospérité elle-même a généralement été considérée en ces termes.

Instabilité, inflation, booms et descentes en flèche, ces phénomènes, plus que celui du progrès utile, ont été associés à la croissance. Cela ne veut pas dire que les cycles flambées/descentes en flèche soient totalement néfastes. Ils laissent souvent derrière eux des infrastructures durables : chemins de fer, réseaux routiers, flottes aériennes, urbanisme. Mais ce serait une preuve de pessimisme congénital de penser que la civilisation puisse seulement progresser en fonçant à la légère.

La croissance moderne naquit à la faveur d'une série de progrès technologiques qui débutèrent au XVIIIe siècle. Ils furent à l'origine d'une instabilité sociale et économique dont la société finit par s'accommoder ; entre-temps, elle avait atteint un niveau de production plus élevé et fort encourageant. Au bout du compte, cette société née dans la douleur s'en trouva plus équilibrée.

La plupart des économistes contemporains soutiennent que ce processus désordonné est le prix inévitable du progrès. Ils parlent rarement de la colère sociale incontrôlable provoquée par chaque poussée de ce déterminisme économique. Sans une augmentation rapide du niveau de vie général, cette rage peut entraîner – et d'ailleurs elle l'entraîna souvent – la chute des élites en place.

Autre donnée souvent ignorée : entre ces poussées, il y avait une phase de stabilité relative. Pendant de longues périodes, au XIXe siècle notamment, les entreprises cherchèrent à avoir des revenus stables plutôt qu'à se développer.

Chaque nouvel emballement pose une question : quelle masse de production une société peut-elle consommer ? Théoriquement, il n'y a pas de limites. Cependant, chaque personne a besoin d'un nombre limité d'objets, un pays d'un nombre limité d'usines, de communications... ou de pommes. Un fossé suffisamment profond sépare les riches des pauvres en Occident pour que l'on puisse faire bon usage d'une production et d'une consommation plus fortes, à la condition que les biens soient mieux répartis dans l'ensemble de la société. Mais dans les faits, les écarts se creusent au même rythme que croît le pourcentage de la population qui constitue la base.

La question des limites de la consommation devient intéressante au stade où il y a consommation. Il semble que nos élites soient capables de ne consommer que des quantités restreintes de produits avant de cesser de fonctionner efficacement – de la même façon qu'une personne peut seulement contrôler, posséder ou porter une quantité donnée de biens, d'objets et de vêtements. Au-delà d'un certain volume, ces éléments inertes ne jouent plus un rôle utile dans la vie de l'individu : ils deviennent un poids.

L'histoire montre que la plupart des sociétés sont finalement détruites non par la paresse, l'incompétence ou le manque de coopération de leurs pauvres, de leurs classes moyennes inférieures, ou même de leurs classes moyennes tout court, mais par l'incapacité des élites à faire leur travail. Notamment à cause d'un déséquilibre entre l'image qu'elles ont d'elles-mêmes et tout l'attirail dont leur civilisation les a chargées – des usines aux investissements, en passant par les maisons et les vêtements, sans oublier le monopole paralysant des bienséances et le sentiment de leur propre importance. L'un des symptômes de leur maladie est la conviction que la seule solution à leur état de confusion et d'inertie réside dans une croissance accrue. Plus elles consomment, plus leur situation leur paraît satisfaisante – tel un droit personnel plutôt qu'un privilège impliquant des obligations vis-à-vis de la société dont la croissance les nourrit.

Après la Seconde Guerre mondiale, la croissance prit une nouvelle forme en associant la révolution technologique en cours à la nécessité de se remettre de la Grande Dépression et de reconstruire l'Europe. À ces trois éléments s'ajouta la brusque conversion de la **propagande** d'État en relations publiques.

Un siècle et demi passé à mettre au point l'art de la vente en matière militaire et politique eut des effets sur tout le commerce. Au cœur de cette nouvelle **publicité** se trouvait la consommation, avec pour corollaire la vertu d'une croissance ininterrompue.

Le processus de reconstruction qui suivit la grande dépression et la guerre commença à perdre de la vitesse au début des années soixante-dix. La crise qui débuta en 1973 remit ce problème au goût du jour et le thème de la croissance commença à s'éclipser mystérieusement. Au lieu d'affronter la réalité, on entreprit d'inventer des mécanismes de croissance artificielle. À cet égard, nos deux illusions les plus réussies furent la production d'**armements** et la spéculation financière. Dans la mesure où on ne pouvait plus alimenter les mécanismes de la croissance utile, on produisit des machines et une paperasse inutiles et toujours plus complexes. Ce fut un retour à l'économie illusionniste, ou inflationniste, du début du XVIIIe siècle – on se souvient de la banqueroute de John Law en France.

Il reste bien sûr de la place pour une croissance véritable. Une révolution dans le domaine des communications et de la technologie de pointe, fondée sur une production accrue par un nombre plus restreint de gens, est actuellement en cours. Jusqu'à présent, elle a eu pour effet de saper l'économie existante. Certains diront que c'est ce qui se produit chaque fois que nous faisons un bond en avant. Cette fois-ci, toutefois, cette nouvelle poussée a lieu à un moment où nous sommes déjà en situation de surproduction et de sous-emploi. Cette efficacité accrue ne fait qu'aggraver les choses.

Une approche plus sensée pourrait tourner cette contradiction à notre avantage. Au lieu d'accroître la production, nous pourrions nous concentrer sur l'amélioration de la qualité et un rééquilibrage de la consommation dans la société. Ainsi, la surproduction agricole a déjà entraîné une baisse catastrophique des prix, d'où la nécessité de subventionner ce secteur. Plutôt que d'augmenter la production en cette ère postmoderne, nous serions plus inspirés en la réduisant au profit d'une amélioration de la qualité (voir **Irradiation**).

Nous n'avons que faire de voitures ou de téléviseurs supplémentaires à des prix plus bas. En revanche, il faudrait employer la main-d'œuvre dont nous disposons dans le but de lui faire gagner suffisamment d'argent pour subvenir à ses besoins et acquérir les marchandises que nous produisons. Tant qu'une société capable de surproduction se considère en termes darwiniens, les nouvelles percées en matière de production ne font qu'aggraver les problèmes – ces mêmes problèmes qui pèsent déjà sur nous.

La disponibilité d'une main-d'œuvre étrangère à bon marché montre de grandes régions du monde sont encore susceptibles de croissance, comme c'était le cas de l'Occident il y a un siècle. L'ancien Bloc soviétique, l'Asie et les pays en voie de développement vivent des situations très différentes de la nôtre. De nombreux économistes pensent qu'à l'avenir, la croissance consistera à vendre nos produits là-bas.

Cependant, mis à part certaines régions d'Asie, ces peuples n'ont pas les moyens de nous payer ces marchandises mythiques, à moins d'en produire et d'en vendre eux-mêmes dans des quantités équivalentes – sauf, bien sûr, si nous continuons à affaiblir nos économies en imprimant de l'argent que nous n'avons pas pour le leur prêter afin qu'ils fassent leurs achats.

Par ailleurs, le besoin de croissance réelle de ces pays ne sera pas satisfait s'ils deviennent dépendants de l'Occident. Ils n'ont pas besoin de nous acheter des marchandises, mais d'en produire eux-mêmes.

Enfin, si dans les faits on peut espérer une croissance au cours des dix années à venir dans certaines parties de l'Asie et peut-être à l'intérieur du Bloc soviétique, le monde en développement sera confronté à long terme à un problème tragique. Durant les années soixante-dix et quatre-vingt, nous avons tenté de faire démarrer leurs économies en les gavant de stratégies industrielles grandioses et de prêts colossaux. Résultat : leurs économies se sont effondrées, leurs populations se sont trouvées déstabilisées, leur production agricole s'est désintégrée, d'où des famines à répétition.

Tout cela nous incite à nous demander s'il est utile, sain et historiquement justifié de fonder nos espoirs économiques sur la croissance. Peut-être la clef de nos problèmes consiste-t-elle à reléguer la croissance, pour un temps au moins, au deuxième ou au troisième rang dans nos plans, et à la remplacer par un concept : la stabilité plus sophistiquée.

CROISSANT. Symbole islamique du paradis en forme de croissant de lune. Durant l'invasion turque de l'Europe, par mesure de dénigrement religieux, les boulangers autrichiens réduisirent ce croissant à un petit pain consommé au petit déjeuner.

En 1683, les Turcs assiégeaient Vienne pour la deuxième fois. À l'intérieur des remparts de la ville, la vie continuait tant bien que mal. Les boulangers, comme toujours, travaillaient toute la nuit. Un soir dans l'obscurité silencieuse, ils entendirent qu'on creusait sous les murs. Ils donnèrent l'alarme, le plan des musulmans fut déjoué et la ville sauvée, ainsi que la chrétienté. Les autorités honorèrent les boulangers en leur passant commande d'une pâtisserie symbolique. On la baptisa Wiener Kifferl.

Cette spécialité autrichienne fit son chemin. Jusqu'à Paris, en transitant peut-être par la cuisine d'une des princesses austro-espagnoles appelées à devenir reines de France. Au fil des siècles, elle se métamorphosa lentement en un symbole du parisianisme. Les victoires de la centralisation politique du XVIIIe et du XIXe siècle diffusèrent le croissant, ainsi qu'un accent du Nord assez abrupt, un certain type d'éducation, une interprétation particulière de l'histoire et un goût pour le pain **blanc** à l'ensemble de la nation, où on les brandit d'une manière insultante comme les emblèmes de la supériorité parisienne sur la province. Très vite, les Français, hommes et femmes, se persuadèrent que le croissant, ou, à défaut, d'insipides baguettes de pain blanc, constituaient la quintessence du petit déjeuner.

Avec l'internationalisation de la culture en tant que bannière du nationalisme, les francophiles du monde entier en vinrent à manger des croissants avec enthousiasme. Parmi eux, les élites musulmanes, du Maroc à l'ensemble du Moyen-Orient, généralement éduquées à Paris ou à Londres, passé colonial oblige. Ces habitudes se sont maintenues. Mais pour la plupart de ces gens-là, c'est la France qui corrobore leur idée de la culture occidentale. En conséquence, ils se sont ajoutés aux Nord-Américains, aux Sud-Américains et aux Japonais aisés qui, à chaque bouchée de croissant au beurre, ont le sentiment de s'adonner aux plaisirs anodins de la vie parisienne, alors qu'en réalité ils s'allient aux Autrichiens pour dénigrer la propre religion des élites musulmanes.

Voir **Dessert.**

CYNISME. Mécanisme social efficace pour faire obstacle à la communication.

On le retrouve chez des gens qui se considèrent avant tout comme les membres d'une classe ou d'un groupe idéologique, et non comme des individus. Il dénote un manque de confiance en soi. En se faisant passer pour un blasé, le cynique voudrait faire croire qu'il possède un savoir d'initié. Il sait, mais il n'a aucune envie de partager ses connaissances avec des ignorants.

Dans la mesure où aucune discussion véritable n'est possible, le comportement du cynique en société ne saurait être mis en cause. Le cynisme est donc une manière de supériorité agressive qui fait échec au débat, de manière à dissimuler une infériorité.

En conséquence, l'idée, propre au XVIIIe siècle, selon laquelle l'ignorance est à l'origine de mauvaises actions s'est trouvée inversée. À la place, on invoque régulièrement la détention d'un savoir d'initié afin de prouver qu'il faut être bien naïf pour ne pas comprendre pourquoi il est nécessaire, pour ne pas dire salutaire, d'agir mal. Cette approche s'est révélée particulièrement populaire au sein du mouvement **néo-conservateur** puisqu'elle permet de justifier des politiques économiques génératrices de souffrances.

D

DAVOS (Conférence annuelle du Forum économique international). Bien à l'abri dans les Alpes suisses, temple sacré des idées reçues de demain matin pour les dirigeants du monde de la politique et des affaires.

Une fois par an, au cœur de l'hiver, 2 000 hommes d'affaires, universitaires, politiciens et bureaucrates se rassemblent là-haut sous l'œil attentif de 300 journalistes. Les consultants s'expriment haut et fort dans l'espoir d'attirer des clients. Les hommes politiques s'efforcent d'impressionner d'éventuels prêteurs. Les hommes d'affaires, tels des collecteurs de gabelle, serrent des mains avec effusion, tout contents d'être là et débordant d'idées susceptibles de sauver le monde.

Davos est l'ébauche plutôt ridicule et franchement inquiétante d'une réunion internationale sur le modèle corporatiste.

Voir **Indolence.**

DÉCONSTRUCTIONISME. Un **déni** général de la **civilisation** est forcément la voix du mal.

Soutenir que le langage est en contradiction avec lui-même, et rien d'autre qu'un système de formules autojustificatrices, qu'il est dénué de sens, c'est dire que les communications humaines n'ont aucune valeur éthique, créative ou sociale. Heureusement, le déconstructionisme peut aussi être considéré comme une école de comédie légère. Après tout, affirmer que le langage n'a pas de sens, c'est éliminer d'office sa propre argumentation. Les déconstructionistes souffrent sans doute d'un manque aigu d'**ironie.**

Jacques Derrida et ses disciples protestent en expliquant que ce qu'ils avancent vraiment, c'est que le langage ne veut jamais dire exactement ce qu'il semble vouloir dire. Si tel est le cas, c'est en venir assez tard dans la vie à ce qui a toujours été une donnée établie entre les auteurs et leurs lecteurs. De plus, la protestation est déloyale, puisque au premier coup d'œil on voit bien que l'intention pratique du déconstructionisme est de réduire les communications de l'écrivain et du citoyen à une naïveté, pour ne pas dire une idiotie, en introduisant le professeur en tant qu'intermédiaire essentiel. C'est un exemple parfait de la manière dont les intellectuels créent l'**anti-intellectualisme**.

Pour être juste, il faut supposer à ces penseurs de meilleures intentions que leurs écrits ne le laissent entendre. Individuellement, les déconstructionistes s'imaginent peut-être être des socialistes, des libéraux, des conservateurs, autre chose encore. Mais dans la mesure où leur argument sape la valeur du discours public, ils sont forcément les suppôts de forces antidémocratiques, quelles qu'elles soient. Par les temps qui courent, l'argument déconstructioniste est un soutien inestimable, tant au **corporatisme** (où le langage est un outil secondaire servant l'intérêt personnel et fragmenté en dialectes obscurs) qu'à ceux qui se situent idéologiquement aux extrêmes de la gauche ou de la droite (où le langage est propagande).

La plupart des déconstructionistes sont des universitaires. Il est remarquable, étant donné qu'ils sont convaincus que le langage n'a pas de sens, qu'ils aient aussi peu de difficultés à assigner des notes à leurs étudiants [1]. Peut-être faut-il en conclure que toute leur argumentation n'est en fait qu'une plaisanterie d'initiés ? Avec le recul, bien sûr, on peut en dire autant des arguments intellectuels utilisés par Hitler ou Staline.

Note : Les déconstructionistes ont tendance à insister sur le fait que le mot qui convient est déconstruction, et non déconstructionisme. En d'autres termes, ils ne veulent pas qu'on les traite d'« ismes ». Ils ont horreur d'être déconstruits.

Voir **Scolastique.**

DÉGRAISSAGE. Terme utilisé par les garagistes et les dirigeants de grandes organisations.

Le moteur est crasseux. Il fonctionne mal. Donc la voiture aussi. Le mécanisme est noyé à cause d'une méchante graisse qui s'infiltre partout, bloque les soupapes et rend le système inefficace. Alors ? Alors on dégraisse les effectifs. Résultat : une mécanique étincelante. Ah, la mécanique ! Il n'y a que ça de vrai !

DÉMOCRATIE. Système existentiel dans lequel les mots ont plus d'importance que les actes. Pas un système catégorique.

La démocratie ne se veut ni efficace ni linéaire, ni logique ni bon marché. Elle n'est pas la source de la vérité absolue, peuplée d'anges, de saints et de vierges. Elle n'est pas rentable, elle n'est pas non plus la justification d'un système économique particulier. Ce n'est pas simplement le règne de la majorité, ni d'ailleurs une simple question de majorités. Ce n'est pas non plus une procédure administrative, patriotique, un écho du tribalisme, un serviteur passif de la loi ou des règles. Elle n'est ni élégante ni particulièrement charmante.

La démocratie est le seul système capable de refléter le postulat humaniste de l'**équilibre**. Son secret réside dans l'engagement du citoyen.

Voir **Référendum.**

DÉMOCRATIE DIRECTE. Idée séduisante qui n'a jamais fonctionné en plus de deux mille ans. Cela en fait un des thèmes favoris des groupes politiques dont les instincts sont fondamentalement antidémocratiques.

Il y a deux mille cinq cents ans, dans l'*agora* et l'*ekklesia* d'Athènes, tous les citoyens pouvaient parler et donner leur avis sur n'importe quel sujet. Abstraction faite des femmes et des esclaves, certes. Mais comparée à toute autre civilisation de l'époque ou d'autres périodes jusqu'à l'ère moderne, c'était indéniablement la société la plus ouverte et la plus propice à la participation. La démocratie athénienne fonctionnait, mieux que ses concurrentes, et elle inspira ce que nous connaissons sous le nom de civilisation occidentale. Il n'y avait pourtant que 40 000 votants, dont 5 000 à 6 000 seulement participaient régulièrement à la vie publique.

Le modèle athénien pourrait encore marcher, dans les petites villes, par exemple, ou dans des domaines spécifiques tels que l'administration des écoles, si les gens étaient disposés à y consacrer tout le temps et l'énergie nécessaires. Ce type de **participation** les obligerait à faire de la politique un élément de leur vie aussi important que leur famille ou leur carrière, et nettement plus important que leurs plaisirs personnels.

Ceux qui prônent la démocratie directe parlent beaucoup des petites villes, mais ne s'y intéressent pas vraiment. C'est le thème mythique de la petite ville qui les fascine. Ils aiment voir les choses en grand – là où le courant de mécontentement sous-jacent concerne des millions d'individus. Ils aiment les grands thèmes – race, langage, liberté, sécurité, dette, efficacité, individualisme. Ces abstractions chargées d'émotion sont pour ainsi dire fermées aux débats publics sensés. Elles peuvent être activées par le biais de l'exploitation de blessures cachées. Après tout, l'histoire nous inflige à tous des blessures émotionnelles. Les tenants de la démocratie directe remuent le couteau dans la plaie de manière à augmenter le sentiment, chez chacun des votants, qu'un tort personnel leur a été fait. Si on peut la faire saigner profusément, la nature sensée, pratique, de la population s'en trouvera déstabilisée.

Depuis cinquante ans, l'argument en faveur de la démocratie directe vient d'une droite de plus en plus étrange, qui parvient inexplicablement à allier une version romantisée de nationalisme local à un soutien aux politiques économiques néoconservatrices (voir **Néoconservateur**). En d'autres termes, son langage évoque un petit groupe naturellement unifié, tandis que ses politiques supposent que la concurrence la plus pernicieuse dominera et sera donc libre de balayer les intérêts dudit groupe. Les contradictions sont si flagrantes que cause et effet se perdent dans la confusion.

La nouvelle droite affirme que le citoyen est exclu des affaires publiques. Elle a raison. Cependant, au lieu de s'en prendre aux causes réelles de cette exclusion, elle l'exploite par le biais d'un faux populisme. Elle condamne les mécanismes au ralenti du débat public dans nos sociétés complexes. Ce procédé de délibération sérieuse est forcément maladroit, il est cause de doute, de temps perdu et d'erreurs. Pourtant, cette inefficacité peut se transformer en une expression de l'intérêt public.

Les faux populistes tirent parti du moindre échec comme s'il représentait une dislocation de la démocratie représentative. Ils tentent de la détourner par la force grâce à des mécanismes plus directs qui, parce qu'ils éliminent d'office toute considération et toute hésitation, sont fondamentalement péremptoires et autoritaires. Ce qu'ils recherchent, ce sont des structures plus aisément contrôlables.

Le **référendum** a toujours été un de leurs instruments favoris.

Les complexités du monde réel et les évolutions à long terme du monde du travail se transforment brusquement en une abstraction impliquant un oui ou un non. La technologie nous a apporté des dizaines de techniques révolutionnaires. Les vieux rassemblements Héroïques se sont métamorphosés, avec le développement des communications modernes, en publicité et propagande ; c'est-à-dire en illusion de débat. La mode américaine des réunions municipales par la voie électronique a vu le jour pour simuler la démocratie directe grâce aux débats télévisés avec des audiences « représentatives » posant des questions « populistes ». La nouvelle technologie permet des votes directs sur une liste interminable de sujets. Nous devons nous attendre à ce que des mouvements autoritaires encouragent activement de tels systèmes. Pourquoi ? Parce que dans la tradition des référendums le vrai débat public est presque impossible, même s'ils facilitent d'amples oscillations émotionnelles dans le genre de celles que les démagogues excellent dans l'art de créer.

Les démagogues de la vieille école ont eu droit à un sursis grâce à leur alliance avec la technologie. Ce qu'ils partagent avec cette technologie des communications, c'est un dévouement au schéma linéaire. On pose des questions, puis on y répond. Les problèmes sont soulevés et résolus. Et quand ils ne sont ni soulevés ni résolus, on en conclut que le système a échoué.

La démocratie directe semble mettre le citoyen en avant en soulignant l'importance du vote. Le vote est bien évidemment essentiel dans un processus démocratique, mais la question n'est pas là. La considération, la réflexion, le doute et le débat, tels étaient les principaux objectifs de l'*agora* et de l'*ekklesia* athéniennes, ainsi que des assemblées de représentants au cours des derniers siècles. Ces quatre éléments constituent la phrase démocratique, le vote n'en étant que la ponctuation. Le corps de la phrase, si elle est exprimée convenablement, fait que presque inévitablement il apparaîtra un point d'interrogation incertain, des points de suspension prudents, voire, à l'occasion, un point d'exclamation résolu. Mais sans le corps de la pharse, ces signes n'ont pas de sens. La démocratie directe n'est que ponctuation. Elle nie la fonction du langage.

Voir **Doute, Électeurs de Bristol** et **Image.**

DÉNI. Réflexe typique du technocrate. Dans la mesure où les actions sont le résultat des solutions auxquelles des experts sont parvenus, il ne saurait être question d'**erreur**. Celle-ci est remplacée par une succession linéaire de réponses justes qui nécessite le déni systématique de l'erreur quand chaque réponse précédente, bien que correcte, ne donne pas satisfaction.

Les scandales du sang contaminé qui ont éclaté à la fin des années quatre-vingt et au début des années quatre-ving-dix impliquaient une série d'erreurs commises dans plusieurs pays occidentaux par diverses autorités médicales qui avaient omis de soumettre les dons du sang à des tests de dépistage du sida. Les méthodes universelles de la profession (ou corporation) médicale firent qu'à l'origine on aborda partout le problème de la même manière. Dans tous les cas, ces erreurs furent catégoriquement niées, de sorte que l'on infligea des dommages supplémentaires aux patients non informés. L'ouverture d'enquêtes publiques aurait pu être extrêmement préjudiciable pour la corporation médicale, et la pousser à reconsidérer son approche générale en matière de communication et d'erreur. Au lieu de cela, elle opta pour le déni caractéristique des situations d'état d'urgence et put ainsi brouiller les pistes, de manière à limiter les dégâts à des torts reconnus mais flous.

La teneur de ces dénis, ou mensonges, fut exactement la même au Canada, en Angleterre, en France, en Allemagne et aux États-Unis. La volonté désespérée d'être publiquement innocenté comptait plus que la vie des patients.

Cette manie du déni a marqué toutes les politiques, de l'économie à la défense. Elle confirme que la compétence et la structure corporatiste l'emportent sur la réalité.

Voir **Dialectes.**

DÉPRESSION (crise). Forme de catastrophe économique courante tout au long de l'histoire. En 1973, ce terme fut éliminé de toutes les langues occidentales et remplacé par **récession** et ce pour trois raisons :

1. Dans l'imaginaire collectif, les dépressions sont liées à des images tirées du krach de 1929. Depuis le milieu du XVIIIe siècle, pourtant, l'Occident a été frappé par une série de dépressions modernes. Celles-ci résultaient de la révolution industrielle et des nouvelles méthodes de financement, mais chacune avait sa spécificité. Il n'y a aucune raison pour qu'elles se mettent tout à coup à se ressembler.

Les structures de la société ont radicalement changé depuis 1929, dans le but d'éliminer, par le biais de la régulation, les graves instabilités économiques à l'origine des crises. Les gens s'imaginaient que la régulation était nécessaire parce que, depuis le XVIIIe siècle, on se rendait compte que le marché était dénué de système d'autorégulation sensé. Il ne pouvait s'ajuster que par le biais de cycles de montées en flèche et d'effondrements successifs, ce qui entraînait non pas un nivelage progressif, mais des dépressions à répétition.

Les réformes entamées dans les années trente avaient aussi pour objectif de supprimer les inégalités extrêmes – ou plutôt les iniquités – provoquées par la crise. Cependant, pour efficaces que soient ces nouvelles régulations, il devait toujours y avoir des hauts et des bas sur le plan économique. Cela ne voulait pas dire que les enfants allaient se retrouver à la soupe populaire. Cette idée d'une réforme sociale par le biais de la régulation était en fait un retour à une vision précapitaliste de la société comme une conscience globale. Désormais, on ne pouvait plus considérer la société comme un simple mécanisme économique abstrait où certains l'emportaient tandis que d'autres sombraient dans le désespoir à chaque fois que le marché l'estimait utile.

Si la dépression commencée en 1973 parut nettement moins dramatique que la précédente, c'est grâce à l'effet équilibrant de la régulation.

2. L'interprétation pseudo-scientifique de la réalité économique conduit les économistes et leurs demi-frères plus puissants, les professeurs des écoles de commerce, à croire qu'ils gèrent en permanence des situations réelles. C'est un fantasme paradoxal. Ainsi les idéologues du marché ont-ils l'impression de gérer les choses en détail dans le contexte du grand flot inévitable de la concurrence. En vérité, pour ce qui est des économistes modernes, leurs macrovisions sont rarement autre chose que des versions « gonflées » de leur microscience. Cela n'a rien d'inhabituel dans une société dominée par les systèmes technocratiques. La stratégie militaire moderne, par exemple, n'est souvent qu'une tactique amplifiée.

Désormais, on considère l'économie comme une série d'opérations de détail, les experts étant persuadés qu'ils peuvent mesurer leur cheminement pas à pas. Ils font songer à des marins qui détermineraient leur cap sans compas, d'après le creux des vagues, en calculant leur trajectoire de crête en crête.

3. Le leadership moderne est fait d'une étrange combinaison d'optimisme mythique (il promet une progression continue vers un monde meilleur) et d'inertie virtuelle due à un asservissement aux systèmes microéconomiques. Ainsi les détenteurs du pouvoir se sentent-ils obligés de faire miroiter des solutions miracles alors qu'en réalité ils dépassent rarement les consignes obscures de leurs experts.

Reconnaître l'existence d'un phénomène aussi incontrôlable qu'une dépression serait un aveu d'échec, ce qui reviendrait à admettre qu'on est inapte à exercer le pouvoir. En conséquence, les élites politiques, administratives et universitaires soutiennent que depuis 1973 nous avons été victimes d'une série de récessions. Les récessions diffèrent des dépressions par leur longueur et leur gravité, de sorte qu'on est persuadé de pouvoir les gérer. On redoute le terme « dépression » parce qu'il sous-entend un profond déséquilibre social ingérable. Si dépression il devait y avoir, les élites seraient contraintes de se livrer à une autocritique en profondeur. Elles seraient obligées de reconsidérer le fonctionnement du système économique. Or elles ne sont ni formées ni choisies pour se penser en ces termes. Elles apparaissent parfois faussement Héroïques mais, en réalité, elles ne sont au fond qu'un microphénomène.

Qu'ils soient de gauche ou de droite, les Occidentaux refusent tout aussi clairement de réagir intelligemment à la crise. Lors de la réunion annuelle de **Davos**, en janvier 1993, l'économiste en vogue Lester Thurow déclara que nous avions affaire non à une grande dépression, mais à une grande récession. Il donnait l'impression – erronée – qu'il suffisait de stimuler l'économie. Or la stagnation caractérise l'acte II de la tragédie de la dépression. L'acte I implique crise et effondrement ; l'acte II stagnation ; l'acte III apporte une régénération soit par le biais d'un brasier cataclysmique, soit grâce à la découverte d'une méthode nouvelle. Cette découverte exige qu'on comprenne les moteurs de la crise – voir acte I.

Pourtant, nous demeurons obstinément à l'acte II. Après tout, une industrie artificielle – l'armement – reste au premier rang des échanges et continue à dominer la haute technologie. Les financements publics, c'est-à-dire la fiscalité, sont toujours dans l'impasse. Une obsession abstraite, idéologique, de l'**efficacité** et de la **concurrence** continue de miner nos structures socio-économiques. Les marchés monétaires internationaux conservent un pouvoir tel qu'ils peuvent mettre n'importe quelle économie sens dessus dessous, quel que soit son état de santé ou sa productivité. Les gouvernements occidentaux ne sont toujours pas disposés à prendre en compte les effets des **transnationales** sur la concurrence, l'emploi et les flux financiers, même si en restant passifs ils font perdre leur sens aux politiques nationales, voire multinationales. Les économistes célèbrent toujours les vertus des industries de services sans se donner la peine d'identifier les contradictions profondes que ce terme sous-entend. Ils ne sont pas disposés non plus à élucider le lien entre leur quincaillerie technique et leurs théories abstraites sur l'endettement et l'inflation. Plus précisément, ils continuent de considérer l'économie comme une abstraction mathématique plutôt que comme un signe de civilisation.

Comment pouvons-nous espérer une reprise économique sérieuse quand les principales écoles économiques omettent de prendre en compte qu'il y a 270 millions d'âmes en Europe occidentale et 300 millions en Amérique du Nord et que tous ces gens-là doivent être engagés dans l'économie d'une manière ou d'une autre ? Si on les ignore, ils deviennent des poids morts onéreux, voire destructeurs. Ces théories désincarnées et abstraites ne peuvent qu'affaiblir la société et, incidemment, l'économie.

On aurait pu s'attaquer à tous ces problèmes avant 1973 déjà, mais on s'en est bien gardé. Pourtant, la crise à peine commencée, on envisagea brusquement la plupart d'entre eux comme les béquilles du fragile système en place. Suggérer à présent que, pour assurer la reprise, il suffirait de stimuler ou de révéler des secteurs de croissance potentielle, c'est se comporter comme si les économies n'étaient qu'apparences.

Avec un petit peu de bon sens et de désintéressement, toutefois, il est possible d'identifier une poignée de phénomènes clefs qui, s'ils n'en sont pas entièrement responsables, rendent tout de même compte en grande partie de la crise :

1. l'échec de nos **élites** gestionnaires, qu'elles soient publiques ou privées, sème le doute sur nos hypothèses concernant l'organisation, le leadership et l'enseignement supérieur (voir **Manager**) ;

2. notre conviction que la technologie a un objectif et une direction en soi et qu'elle n'a donc pas besoin d'être guidée ;

3. l'inaptitude de nos élites à examiner ce qu'il adviendra, doit

advenir ou peut advenir des conceptions traditionnelles sur la **croissance** au sein d'une société industrielle avancée;

4. en conséquence, l'évolution de nos économies vers une dépendance vis-à-vis d'activités inflationnistes, sans rapport avec la croissance, telles que les **marchés monétaires**, la production d'**armement**, les fusions et acquisitions, ainsi que les OPA et la **promotion immobilière**;

5. avec comme autre conséquence une explosion de l'endettement public et privé accompagnée de la certitude simpliste qu'il nous faut vendre notre chemise pour rembourser nos dettes;

6. la réouverture du dossier dix-neuviémiste sur la concurrence non régulée, à l'initiative des **transnationales**, qui profitent de la main-d'œuvre non protégée et bon marché des pays du tiers monde pour saper les **normes de production** des nations développées (encouragées par une approche idéologique du mécanisme pratique du libre-échange);

7. et tout cela aggravé par une détermination à traiter nos maux en nous attaquant aux symptômes de la maladie.

Les dépressions finissent toujours par avoir une fin. Parfois il faut dix ans, mais cela peut tout aussi bien ne prendre que cinq ans. Le plus souvent, elles s'éteignent d'elles-mêmes comme des feux, en brûlant du même coup les problèmes qui les ont provoquées et l'essentiel du tissu de la société. Quelquefois ce feu prend la forme d'une guerre, d'autres fois celle de la pauvreté et de la ruine. Dès lors, la guérison passe par une reconstruction et dépend de la volonté des citoyens. La dépression de 1973 s'achèvera, mais tant que nous la traiterons à coups d'abstraction, de **déni** et de positivisme désespéré, elle continuera à subir des mutations, à louvoyer et à réémerger périodiquement.

Voir **Régulation** et **Soixante-Treize.**

DÉRÉGULATION. L'industrie aéronautique s'est battue pour obtenir ce privilège. C'était une liberté indispensable, à en croire ses responsables, pour consolider la concurrence, partant les compagnies aériennes, ce qui ne manquerait pas d'entraîner la création d'un plus grand nombre de compagnies, et de là un nombre accru de vols vers des destinations plus nombreuses, d'où une baisse générale des prix au profit des usagers.

Il en est résulté le chaos sur le plan de la concurrence, d'où des faillites incessantes, un nombre de plus en plus restreint de compagnies, une concurrence réelle réduite, par conséquent de moins en moins de vols vers des directions moins nombreuses, à des prix plus élevés. Entre 1990 et 1993, les compagnies d'aviation américaines à elles seules ont perdu 11 milliards de dollars [2].

Il convient de noter que deux événements, survenus durant cette phase de dérégulation, auraient logiquement dû garantir le succès à cette industrie. Après deux flambées des prix du pétrole, le coût réel du carburant a baissé progressivement. Par ailleurs, l'explosion du tourisme de masse au cours des quinze dernières années a entraîné une augmentation massive du nombre des passagers.

Les transporteurs aériens ont essayé de se prémunir contre les effets catastrophiques de la dérégulation en concentrant leur attention sur les cadres et leurs voyages. Les technocrates, toujours plus foisonnants, qui voulaient prendre l'avion pour traiter leurs affaires, devaient payer plein pot pour la bonne raison que les grandes organisations fonctionnaient ainsi. On assista donc à l'essor d'une troisième classe, ou classe moyenne, dite Affaires. Les frais supplémentaires nécessaires pour permettre aux cadres supérieurs de voyager en classe Affaires furent pris en charge par les actionnaires et constituèrent un poids mort pour l'économie générale.

La dérégulation eut une incidence particulièrement néfaste sur la clientèle privée. Durant l'époque de la réglementation, voyager était relativement simple pour l'usager. Or la simplicité est une forme réelle d'efficacité. Il y avait deux classes ; la plupart des gens, y compris les employés des entreprises, voyageaient en classe économique. On offrait certaines ristournes, visant principalement les familles dont les projets se décident toujours très en avance.

L'effondrement de la vraie compétition sous l'effet de la dérégulation aboutit à des formes de fausse concurrence, caractéristiques des oligopoles. On a assisté à une explosion des remises, promotions et prix forfaitaires en tout genre. D'où un embrouillamini qui fait perdre leur temps aux voyageurs ainsi qu'aux compagnies aériennes. Cela a entraîné une pléthore de promotions infructueuses, destinées à fidéliser des clients qui voient de moins en moins de raisons d'être fidèles dans un marché sens dessus dessous.

Les voyages gratuits, consentis aux voyageurs réguliers au

bout d'un certain nombre de milliers de kilomètres, ont été l'une des facettes les plus onéreuses de cette fausse concurrence. Ils n'ont évidemment rien de gratuit. Les compagnies aériennes doivent couvrir les frais ainsi encourus en faisant débourser davantage aux clients payeurs. Les principaux bénéficiaires de ce système sont les technocrates, en particulier les cadres d'entreprise, dont les vols sont payés par leur société – une aubaine qui ne favorise pas le moins du monde la concurrence et n'élargit pas l'éventail des destinations. Bien au contraire. Plus le nombre de cadres bénéficiant des voyages gratuits s'accroît, plus les compagnies aériennes doivent élever le prix des billets en classe Affaires achetés par les entreprises. Ce système n'augmente pas le nombre de voyages payés, rogne sur les bénéfices des compagnies aériennes et des entreprises qui font appel à leurs services, sans parler des frais de gestion complexes qu'il nécessite.

Globalement, ces ristournes et autres bonnes affaires ont pour effet de limiter la concurrence à un niveau comparable au bon vieux système du « verre gratuit à la station-service ». Les passagers n'en ont rien à faire d'avoir des verres gratuits, des repas copieux, des étiquettes spéciales, des salles d'attente douillettes et même des brosses à dents ! Ce qu'ils veulent, c'est une manière simple de voyager, une sélection de vols maximale, un confort acceptable, bref voyager dignement avec un minimum de tracas, et tout cela à un prix raisonnable. Telle est la définition de la vraie concurrence qui, l'expérience l'a démontré, ne peut être engendrée autrement que par une **régulation** réfléchie et intransigeante.

DESCARTES (René). Accrédita l'idée selon laquelle l'esprit existe indépendamment du corps, ce qui laisse supposer qu'il ne laissait pas traîner son regard quand il écrivait.

Les certitudes crédibles que cherchait Descartes n'étaient pas celles du corps, mais celles de la méthode. Son obsession du doute n'avait pas pour but d'explorer l'inconnu, comme Socrate aurait pu le faire, mais d'éliminer le doute. D'y répondre de manière absolue.

En cela, Francis Bacon et lui étaient exactement sur la même longueur d'ondes. L'attitude scientifique de Bacon était une source de pouvoir. Ces deux intellectuels, profondément modernes, prétendirent l'un et l'autre avoir échappé à l'*a priori*.

Chacun à sa manière est l'inspiration de la technocratie moderne, dont les vérités *a priori* se cachent derrière des méthodes théoriquement neutres.

Voir **Bande des cinq.**

DESSERT. Il y a des années, on demanda à la merveilleuse Yvonne, du restaurant parisien Tante Yvonne, rue Notre-Dame-des-Victoires, quel était à son avis le meilleur dessert au monde. Elle répondit sans hésiter : « Les chichis ! Deuxième à gauche en sortant de Marseille. »

Les chichis sont confectionnés avec de la farine de pois chiches et de l'eau additionnée d'une goutte d'essence de fleur d'oranger. La pâte, comprimée dans une grande poche à douille, ressort sous la forme d'une grosse boucle comparable à une très longue saucisse avant d'être plongée dans de l'huile bouillante. Après quoi on l'égoutte, on la roule dans du sucre et on la coupe en quatre. Si vous achetez les quatre morceaux, on vous fait cadeau du petit bout qui reste, baptisé *bada*. On enveloppe les quatre chichis individuellement dans des cônes de papier brun. Pas le *bada*. Les *chichis* sont préparés sur commande. Le dimanche après-midi, il y a toujours une longue file d'attente, en particulier au deuxième étal à gauche... qui se trouve d'ailleurs être le troisième depuis l'arrivée d'un nouveau marchand.

Voir **Monarques.**

DESTINÉE. Produit d'une mystérieuse inéluctabilité et de la passivité humaine, présentées l'une et l'autre comme les fondements inébranlables de quelque chose que l'on ne peut pas vraiment identifier.

Il y a cinquante ans, l'idée de destinée paraissait moribonde, sauf chez les communistes et parmi un groupe de plus en plus restreint de croyants. De nos jours, sur les ailes des vérités naturelles de l'**économie** et de la logique linéaire du **corporatisme**, la destinée décide de nos vies une fois de plus.

Il y a quelque deux mille cinq cents ans, la dictature conjointe de la destinée et de la volonté divine fut brisée pour la première fois par des Athéniens tels que Solon et Socrate. Leur ennemi était le mythe homérique selon lequel le cours de la vie était prédéterminé. Au mieux – ou au pire – il pouvait être altéré si les dieux intervenaient. La grande contribution des Athéniens fut d'affirmer que les hommes pouvaient, dans le contexte d'une réalité plus large, réorienter à tout moment leur propre destin. Ils n'y parvenaient pas à partir de rien, ni en dépit de tout, et encore moins en s'isolant du monde, mais ils pouvaient agir. Leur destinée n'était pas arrêtée une fois pour toutes à la naissance. La civilisation occidentale s'édifia sur ce principe. L'idée d'un individu conscient et responsable est née de la défaite du destin et de la passivité.

Deux millénaires et demi plus tard, l'élite la plus vaste et la plus élaborée qui ait jamais existé – 30 % de nos populations environ – en possession d'un savoir sans commune mesure avec ce que les classes dirigeantes de jadis pouvaient imaginer, s'est convaincue, et avec elle sa civilisation, qu'en définitive les Athéniens s'étaient trompés. La plupart des choses sont inévitables. Ils avaient tort. Nous avons tort. Nous avons gaspillé deux mille cinq cents ans.

Cette recrudescence d'une mythologie primitive se fonde sur une modernisation des forces devant lesquelles nous devons nous incliner. Aux dieux et à la destinée se sont substituées les forces de la compétence spécialisée et du marché. Quelle que soit la manière dont elle choisit de se décrire, la dictature homérique est de nouveau en place.

Langage, argument, choix conscient, ces assises de la vraie démocratie en sont réduites à de simples distractions. La colère, la confusion, la frustration du citoyen moderne proviennent du sentiment que ses prérogatives réelles se sont volatilisées et qu'il vit dans une société où il est surtout récompensé pour sa coopération – en d'autres termes pour sa passivité.

DIALECTES. Jadis variations du langage dues à l'isolement géographique, les dialectes sont désormais des variations encouragées par les spécialistes pour empêcher l'accès des non-initiés à leur territoire professionnel.

Pour les membres de ces guildes professionnelles, ou **corporations**, ne pas être compris est l'un des rares pouvoirs dont ils jouissent individuellement. Les règles du professionnalisme – souvent stipulées en toutes lettres dans leurs contrats d'embauche – les empêchent de parler librement. Quel est le seul sujet dont l'ingénieur nucléaire ne puisse pas parler franchement en public ? L'ingénierie nucléaire. Ainsi les experts sont-ils muselés dans le domaine où ils ont précisément quelque chose à offrir à la communauté.

Ils compensent en reconstruisant leur individualisme castré autour du pouvoir de la non-communication. Le pouvoir de rétention. L'obscurité délibérée ne favorise guère le débat public. Il engendre la peur chez les profanes qui s'efforcent de comprendre et une acceptation de l'ignorance hors du sabir de chacun. Si vous ne voulez pas qu'on se mêle de vos affaires, ne vous mêlez pas de celles des autres. Les initiés, selon la formule de Vaclav Havel, finissent par considérer « toute tentative de critique comme du terrorisme pur[3]. »

Ils se défendent en affirmant que l'explosion du savoir a trop compliqué les zones de spécialisation pour que le langage public y fasse référence. Mais aucun d'entre nous ne tient à savoir où il faut placer les boulons dans un réacteur nucléaire. Et nous n'avons pas besoin de le savoir.

Le langage des spécialistes peut être traité de deux manières. Il peut passer progressivement, selon un processus de vulgarisation honnête, des complications inévitables de l'expert aux communications générales. Les citoyens seront libres de s'aventurer aussi loin qu'ils le souhaitent sur la voie de la spécialisation verbale. Ou bien les spécialistes peuvent faire de leur jargon une barrière – une sorte de rite de passage – et réduire le langage public à une cacophonie d'informations et d'opinions divertissantes dont aucune n'est liée à l'usage du pouvoir pratique.

Isolés dans leur dialecte respectif, les experts se coupent de l'imaginaire collective qui alimente pourtant chaque domaine en énergie et en idées nouvelles. Telle une petite aristocratie de province coupée de la métropole par ses propres normes de bienséance, ils sont les victimes par excellence des mariages consanguins.

Voir **Langage oral.**

DICTATURE DU VOCABULAIRE. Dès qu'un mot ou une expression acquiert une valeur publique, une profusion de groupes d'intérêts s'empressent de ruiner sa réputation ou, le plus souvent, de se l'approprier. Dans ce dernier cas, ils n'adoptent pas nécessairement la signification de ce mot ou expression. Ils cherchent simplement à le contrôler afin de pouvoir lui assigner un sens différent qui satisfasse leurs objectifs.

Les mots ne sont donc pas gratuits. Ils ont une valeur. Plus que n'importe quel produit commercial, ils sont sujets à la concurrence brutale du marché politique, intellectuel et émotionnel.

Les croisades morales et idéologiques alimentent ce désir de contrôler les mots. On les kidnappe au profit d'une cause et on les brandit comme des drapeaux. Les autres se sentent alors obligés de les utiliser afin de montrer qu'ils sont en harmonie avec leur temps. **Dérégulation. Efficacité. Libre-Échange. Mondialisation**. La signification de ces mots n'a pas vraiment d'importance. Ce qui compte, c'est que vous ne sortiez pas sans eux. Et puis, comme la transubstantiation et la dictature du prolétariat, ils finissent par avoir fait leur temps, le marché dont ils font l'objet s'effondre ; s'ouvre alors la chasse à un nouveau vocabulaire.

DICTIONNAIRE. Opinion présentée comme une vérité, dans l'ordre alphabétique.

La stabilité sociale qui s'est instaurée en Occident depuis un demi-siècle incite ceux qui définissent le langage à confondre leur puissance d'analyse avec le pouvoir de proclamer la vérité. Sous couvert de décrire, ils prescrivent, et ce d'une façon méthodique, sans passion, comme s'ils se contentaient de rendre compte d'un usage.

Les dictionnaires sérieux offrent pour chaque mot un choix d'acceptions vraies correspondant à son évolution au fil des siècles. Certains semblent oublier les définitions qu'ils fournissaient eux-mêmes dans leurs éditions précédentes. D'autres proposent une sélection relativement exhaustive d'exemples historiques, mais ces options représentent des attitudes.

Est-il vrai, comme la plupart des dictionnaires du xxe siècle l'affirment, que **vérité** est « en accord », ou « en conformité avec », ou « s'accorde avec un fait ou le réel [4] » ? Ou s'agit-il d'une position idéologique ? Si c'est vrai, comment expliquer l'aptitude des faits à produire plusieurs vérités sur le même sujet et l'inaptitude de certaines vérités, ou de toutes, à se conformer à la réalité telle que les gens la voient ? Quelle est donc la relation entre les faits et la vérité, ou les faits et la réalité ?

Les dictionnaires légitimisent ce processus qui a déjà persuadé à demi les citoyens que le langage ne leur appartenait pas parce qu'il ne reflète pas ce qu'ils voient ou ce qu'ils pensent. Les langages qui ne fournissent pas les formes de signification nécessaires aux citoyens sont en passe de devenir des vestiges anthropologiques.

Ceci n'est pas un exercice déconstructioniste (voir **Déconstruc-**

tionisme). On ne peut pas parler d'une conspiration linguistique. Le langage n'est pas toujours l'écho d'intérêts particuliers. Il ne doit pas non plus être une incarnation de l'idéologie temporairement dominante. Bien au contraire. Dans toute société qui n'est pas moribonde, on trouve de grands volcans d'énergie linguistique. Ceux-ci explosent à tout moment, souvent par la voie du **langage oral**, afin de briser ou de réajuster l'ordre établi par les idées reçues. Si un langage n'est pas mort, il doit permettre d'argumenter.

Les premiers dictionnaires étaient des entreprises passionnées d'argumentation sur la vérité. Chambers, Diderot, Johnson et Voltaire n'étaient pas certains d'avoir raison. Mais ils ne doutaient pas un instant que les scolastiques ecclésiastiques (voir **Scolastique**) qui les avaient précédés avaient tort. À l'aube du XXIe siècle, nous sommes de moins en moins nombreux à croire que la vérité est une somme de faits. Cela veut dire que de moins en moins de gens acceptent tout bonnement les idées reçues. En ce sens, notre époque ressemble de plus en plus au XVIIIe siècle. Il est donc tout à fait naturel que les dictionnaires redeviennent des tribunes de débat.

DIEU. Soit Dieu est vivant, auquel cas il disposera de nous comme il l'entend. Soit il est mort, auquel cas il n'a jamais vécu vu qu'il y a peu de chances qu'il soit mort de vieillesse.

Si Dieu a toujours été une création de notre imagination, compte tenu de la méfiance de la société organisée vis-à-vis de l'imagination, alors on a dû l'inventer pour une raison bien particulière. Au mieux, cette invention avait probablement pour but de nous fournir une éthique commune. Au pire, c'était juste un prétexte invoqué par un petit groupe d'ecclésiastiques pour exercer le pouvoir au nom d'un être invisible qui n'avait pas les moyens d'intervenir.

En agissant comme s'il était mort sans opter pour une alternative existentielle, nous avons réuni les conditions nécessaires au règne d'une confusion préjudiciable. Cela a encouragé charlatans et opportunistes à nous proposer des substituts complets de nature idéologique.

La meilleure façon d'éviter une telle confusion et l'exploitation qui en résulte consiste à nous assurer que Dieu est remplacé (si nous partons du principe qu'il n'a jamais existé) non par une théorie ou un jargon, ni par les forces du marché ou une structure, mais par une relation éthique sur laquelle tout le monde s'accorde. Curieusement, c'est là l'objet premier d'une société démocratique. Le citoyen a du mal à s'en souvenir parce que les idéologues et les experts qui ont pris le pouvoir ne cessent de nous répéter que les **éthiques**, bien que nobles, sont naïves. Comment les en blâmer ? En bons prêtres, ils voudraient être Dieu ou, à défaut, parler en son nom sans l'ingérence de valeurs autonomes.

Voir **Idéologie** et **Nietzsche**.

DISCOURS DE REMERCIEMENTS. Triomphe de la banalité sur l'ego.

Voir **Remise de prix.**

DIVIDENDES DE LA PAIX. L'une de ces petites formules amusantes, rabâchées pendant une douzaine de mois environ par ceux qui savent.

Comme la « **guerre contre la drogue** », « la récession est finie » et « la paix pour notre temps », cette expression appartient à la catégorie « utopie à court terme ».

Compte tenu du désordre qui règne dans l'ancien Bloc soviétique et de la crainte qu'une réduction massive de la production d'**armement** n'engendre davantage de problèmes économiques, on a décidé qu'en définitive il n'y aurait pas de dividendes de la paix. Personne n'a annoncé ce changement de programme en bonne et due forme. Cela sous-entendrait que les citoyens se souviennent de ce qu'on leur a dit. Cette formule magique a tout bonnement disparu des lèvres de ceux qui sont dans la confidence. Mieux vaut ne pas enquiquiner la population et passer à la prochaine formule amusante.

Voir **Double usage.**

DIVORCE. Déconstruction du **sexe** et de la **jouissance des biens**.

Dans la mesure où l'union de ces deux illogismes par le mariage déforme la réalité, les séparer de nouveau quelques années plus tard est forcément aussi désagréable que n'importe quelle autre facette du mouvement déconstructioniste (voir **Déconstructionisme**). L'idée mystérieusement récurrente selon laquelle le divorce convertira des ennemis contractuels en amis naturels appartient au genre fantaisiste de la fiction.

Voir **Orgasme.**

DOSSIERS PRÉPARATOIRES. Protocoles du pouvoir dans la deuxième moitié du xxe siècle.

La personne qui structure et/ou rédige l'argumentation que chacun de ces manuels présente sous la forme déguisée d'un fait objectif ou d'une analyse désintéressée contrôle en définitive le processus décisionnel. Ces dossiers sont rarement lus par ceux à qui on les destine, mais on y fait référence comme s'il s'agissait des Saintes Écritures. Alors que jadis la Bible en un seul volume suffisait, des milliers d'évangiles paraissent désormais chaque jour dans tous les domaines et dans tous les coins de la planète. Ils deviennent à brève échéance des vérités absolues autant qu'artificielles.

Voir **Faits.**

DOUTE. Seule activité humaine capable de contrôler l'exercice du pouvoir de façon positive, le doute est essentiel à la compréhension.

Les **élites** des sociétés organisées définissent le leadership comme un savoir-faire. Les citoyens, eux, n'en sont pas si sûrs. Leur réaction consiste à douter, à analyser, à délibérer. C'est-à-dire à remettre en cause, à réfléchir et peser soigneusement le pour et le contre.

La plupart des activités humaines comportent trois étapes. Le doute est la deuxième, c'est la seule qui exige l'application consciente de notre intelligence.

La première étape, c'est la réalité à laquelle nous sommes confrontés. Il s'agit toujours d'un mélange confus de situations non maîtrisées, d'attitudes obscurcies par les idées reçues et d'une variété de panacées. La troisième étape est ce que nous appelons la prise de décision. Dans une société rationnelle, cette dernière étape est censée être l'effet d'une solution déterminée grâce à l'obtention d'une réponse correcte. En réalité, la prise de décision est un processus surestimé qui se limite le plus souvent à un mécanisme. Elle est suivie à son tour par un processus passif, de moindre importance, qui consiste à gérer la décision prise. Compte tenu de nos obsessions du **leadership** et des

réponses justes, compte tenu aussi de notre phobie du doute, nous en sommes arrivés progressivement à traiter cette phase de gestion comme si elle était vitale.

Le doute est donc l'espace entre la réalité et l'application d'une idée. Espace qui devrait être comblé par l'évaluation de l'expérience, l'intuition, la créativité, la morale, le bon sens, la raison et, bien entendu, le savoir, en vue d'une estimation équilibrée de ce qu'il convient d'entreprendre. Plus cette phase se prolonge, plus nous tirons parti de notre intelligence.

Peut-être est-ce la raison pour laquelle nos élites s'empressent toujours de limiter l'intervention du doute et de la réflexion. Ceux qui accèdent au pouvoir cherchent presque automatiquement à sauter d'un seul bond de la réalité à la solution, de l'abstraction à l'application, de l'idéologie à la méthodologie. C'est aussi vrai de la société rationnelle moderne qu'à l'époque où la religion et les monarchies dominaient. Toute délibération, considérée comme une faiblesse, est tournée en dérision. La phase de réflexion est bâclée, ou bien on l'élimine dans la mesure du possible. Cela a pour effet de réduire l'intelligence des citoyens à des idées reçues, des procédures secrètes ou inconscientes et des actions mécanistes.

Les démocraties saines accueillent le doute à bras ouverts, comme un plaisir tranquille, ce qui leur permet de prospérer. Les démocraties malades sont obsédées par les réponses et la gestion, et par conséquent perdent leur raison d'être. Mais, surtout, le doute est la seule activité qui fasse véritablement usage de la spécificité humaine.

Voir **Erreur** et **Humanisme.**

DROITE.
Voir **Gauche.**

DURETÉ. Définie par les présidents et les Premiers ministres comme la qualité essentielle d'un leader. Leur responsabilité la plus lourde.

Ceci suppose une naïveté réelle ou factice quant à la position qu'ils occupent. N'importe qui peut être dur dès lors qu'il détient les leviers du pouvoir. C'est l'attitude la plus facile qui soit, n'exigeant ni courage ni réflexion, et certainement pas d'intelligence.

La compassion est nettement plus difficile. Encore plus si elle est équitable et réelle, et non paternaliste et opportuniste. Ce n'est pas une mince affaire que de résister aux myriades de corruptions offertes. En revanche, engendrer les meilleurs politiques et en faire des actions viables requiert un travail assidu et de l'intuition. Pour établir un bon équilibre entre le long terme et le court terme, il faut faire preuve d'une intelligence et d'un bon sens hors du commun. La dureté, c'est la définition qu'un sergent-major pourrait donner au leadership.

En vérité, le leader qui se flatte de sa dureté exprime le mépris que lui inspire le citoyen. Dans la mesure où il (elle) s'adresse directement à nous, il (elle) dit que nous nous méprisons nous-mêmes.

Voir **Leadership.**

E

ÉCOLES DE COMMERCE. Écoles d'art dramatique qui inculquent aux experts des méthodes de gestion abstraites afin qu'ils puissent faire semblant d'être des capitalistes.

Les diplômés de ces institutions dominent depuis un quart de siècle les affaires occidentales. Cela coïncide exactement avec la grave crise économique qui secoue l'Occident : inflation galopante, un chômage endémique, pour ainsi dire pas de croissance véritable, des niveaux records de faillite et un effondrement de la production industrielle. L'industrie, secteur que les diplômés ont été formés pour gérer, a souffert plus que tous les autres.

Ce qui nous incite à nous poser deux questions :

1. Y a-t-il le moindre indice – d'ordre pratique, statistique, philosophique ou financier – que la formation des futurs leaders des affaires dans des écoles de gestion spécialisées a bénéficié aux affaires ou à l'économie ?

2. Cette nouvelle élite – approximativement un quart des effectifs universitaires [1] – a-t-elle été en mesure de communiquer à la société un programme convaincant pour mettre fin à la crise ?

Une éducation qui enseigne avant tout la gestion de structures ne peut évidemment admettre l'échec. Ceux qui sont dans la structure continuent à définir les besoins de l'économie selon leurs propres termes et recherchent par conséquent les nouvelles générations de diplômés d'écoles de commerce pour leur succéder.

En 1993, la Harvard Business School a réagi aux multiples critiques émises sur ses méthodes en annonçant qu'elle proposerait désormais un nouveau programme. À l'avenir, les étudiants « se concentreront moins sur des disciples spécifiques et de plus en plus sur la combinaison d'aptitudes permettant de résoudre les problèmes [2] ». Or cette obsession de la résolution des problèmes est précisément la source de nos ennuis. Organiser la formation des leaders des affaires du point de vue du cadre d'entreprise revient à peu près à former des athlètes à la compétition dans l'optique du manager des bureaux de l'équipe.

Un observateur non initié en concluera peut-être froidement que ces écoles devraient être fermées ou qu'il conviendrait de révolutionner leur méthodologie. Ce à quoi le diplômé répondra, comme l'officier d'état-major de la Première Guerre mondiale, que l'échec pourrait devenir un succès si seulement on se décidait à créer davantage de postes à pouvoir comme le sien. Une bordée supplémentaire de corps extirpée des tranchées pour un nouvel assaut, et on remportera la guerre !

Voir **Manager.**

ÉCONOMÉTRIE. Combinaison séduisante de faits et de foi. Plus qu'une sous-catégorie de l'économie, c'est une secte schismatique.

L'économie procède des mêmes racines intellectuelles que la **météorologie**. Rarement exacte et privée de mémoire, elle se trompe par conséquent sans le moindre complexe. Quand les économistes confondent le bien-être des humains avec la démonstration de théories (par exemple : le marché a toujours raison ou l'entreprise privée est néfaste), ils sont aussi dangereux que des météorologues fous qui encourageraient la population à traverser un cyclone pour rejoindre son centre, où le calme règne.

Ce phénomène dément est repérable dans le déferlement de vagues d'**optimisme** ou de pessimisme effrénés et se caractérise par la répétition de mantras. « Il faut rembourser la dette » ou : « La récession est finie » seront psalmodiés de la même façon que jadis les prêtres répétaient inlassablement : « Il faut vaincre le mal » ou : « Le Christ est ressuscité », par quoi ils entendaient : « Vous ressusciterez aussi d'entre les morts. »

Face aux véritables besoins sociaux d'individus en chair et en os au sein de vraies sociétés, bon nombre d'économistes intelligents s'efforcent de faire preuve d'esprit pratique et d'imagination. L'imagination joue un rôle important dans la mesure où, si les gens et leurs besoins sont bien réels, l'économie est faite d'illusions – qu'il convient néanmoins de traiter comme des réalités dans la vie de tous les jours. C'est la raison pour laquelle les grandes théories sont particulièrement pernicieuses. Elles confondent illusion et réalité et considèrent les gens et leurs sociétés comme autant d'abstractions.

Malheureusement, les économistes dotés de sens pratique et débordant d'imagination se sentent de plus en plus frustrés par l'essor de l'économétrie, qui part du principe que la société peut se réduire à des éléments comptables. Les chiffres étant comme la face de Dieu, il en découle que tout va bien.

Telle est l'école qui domine depuis les années soixante-dix ; aussi les économistes les plus sensés sont-ils obligés de se conformer aux conventions de la numérologie s'ils veulent être entendus. Ils savent pourtant que, dans le monde réel, les chiffres sont ce que les chiffres *font*. Ils n'ont rien de réel et sont rarement utiles. L'économie fondée sur l'économétrie fait songer au roi danois Canut, assis sur son trône au milieu d'une plage déserte et ordonnant à l'océan de ne pas se soulever. C'est l'une des explications plausibles du morcellement arbitraire de la **dépression** de 1973 en une série de récessions auxquelles on ordonna de s'arrêter les unes après les autres.

ÉCONOMIE. Idée romantique qu'on peut trouver la vérité par les statistiques.

Pour comprendre la valeur de l'économie, mieux vaut recourir à ses méthodes. Dressez une liste des grands problèmes économiques qui ont frappé l'Occident au cours des vingt-cinq dernières années. Déterminez la tendance dominante des conseils proposés dans chaque cas par la communauté des économistes. Calculez le nombre de fois où ces conseils ont été suivis – ils l'ont été le plus souvent. Enfin faites le compte du nombre de fois où ces conseils ont réglé le problème.

Il semble que la réponse soit : zéro. Les échecs répétés provoqués par l'application de la méthode recommandée des spécialistes laissent supposer que les axiomes devaient être faux, de même que les calculs compliqués édifiés sur l'hypothèse que la terre était plate tombaient le plus souvent à côté. Ce qui n'empêche pas les économistes de protester publiquement et à foison qu'on ne les a pas suffisamment écoutés. Que le taux d'intérêt recommandé, leur politique douanière ou relative à la masse monétaire n'ont pas été appliqués jusqu'au bout.

Cette « science » de l'économie se fonde apparemment sur le postulat non scientifique et non mathématique selon lequel les forces économiques sont l'expression d'une vérité naturelle. En leur faisant obstacle, on crée une situation contre-nature. Ainsi, la création et la mise en vigueur de **normes de production** sont considérées comme une limite artificielle de la réalité. Même les économistes qui favorisent ces normes voient en elles des déformations nécessaires et justifiables de la vérité économique.

Celle-ci s'est substituée à d'autres vérités, plus anciennes : Dieu tout-puissant ou Contrat social. L'économie est le nouveau pivot religieux de la politique publique. Mais quelles preuves a-t-on pour démontrer sa suprématie *de facto* sur d'autres valeurs, méthodes ou activités ?

À cela on vous répond généralement que l'activité économique détermine le succès ou l'échec d'une société. Il faut en conclure que les économistes sont des prêtres dont la compétence indispensable permettra de maximiser la valeur de ladite activité. Or l'activité économique est moins une cause qu'un effet – d'impératifs géographiques et climatiques, de structures sociales familiales ou plus larges, d'un juste équilibre entre la liberté et l'ordre, de la capacité d'une société à donner libre cours à son imagination, de la faiblesse ou de la force de ses voisins... À vrai dire, l'importance accordée à l'économie depuis un quart de siècle a plutôt fait obstacle à la prospérité. Plus nous nous concentrons sur elle, moins nous gagnons d'argent.

ECONOMIST *(The).* Magazine qui cache le nom de ses journalistes pour faire croire qu'ils dispensent des vérités impartiales plutôt que des opinions.

Cette technique de vente, qui n'est pas sans rappeler le catholicisme d'avant la Réforme, n'a rien d'étonnant de la part d'une publication portant le nom de la science sociale la plus encline à jouer aux devinettes et à avancer des faits imaginaires sous couvert d'inévitabilité et d'exactitude. Que cet hebdomadaire soit la bible du cadre d'entreprise démontre à quel point les idées reçues constituent le pain quotidien d'une civilisation gestionnaire.

Voir **Mussolini.**

ÉDUCATION DES ÉLITES. Concerne les élites personnellement.

Ceux qui occupent déjà des postes à responsabilité éprouvent le besoin de financer la formation de leurs successeurs. Le pouvoir croissant des groupes d'experts associe de plus en plus cette formation à ce qu'on appelle l'utilité. Dans le but de recueillir de l'argent auprès de ces groupes et à leur intention, les universités se réorganisent désormais de manière à servir directement toute une gamme d'intérêts spécifiques. On fait rarement allusion à la lutte, longue d'un millénaire, destinée à créer des centres d'apprentissage et de libre pensée autonomes.

Les facultés qui ne sont pas en mesure de s'adapter – en particulier pour tout ce qui précède la licence – occupent une place de plus en plus marginale, au même titre que la réflexion, l'investigation, sans parler bien sûr de la science pure. Tout ce qui concerne la formation intellectuelle de base ou l'usage des capacités imaginatives n'est pas jugé très utile.

En d'autres termes, l'éducation des élites réussit à accaparer une bonne partie des fonds administrés par ses diplômés en ne laissant aux écoles publiques et aux facultés des lettres que des miettes à se partager.

Voir **Intelligence.**

ÉDUCATION PUBLIQUE. Pivot du système démocratique.

Plus l'ensemble des citoyens est instruit, plus la participation, les débats publics et la mobilité sociale prennent de l'ampleur. Toute rivalité sérieuse de la part d'institutions pédagogiques privées absorbera les **élites** et amoindrira fatalement la motivation et les financements du système public.

Qu'un système d'enseignement privé soit en mesure d'offrir à un nombre restreint d'étudiants la meilleure instruction du monde est hors de propos. Une élite ultrasophistiquée est la chose la plus facile et la moins originale qu'une société puisse produire. Ce qu'il y a de plus difficile et de plus précieux, c'est une population correctement instruite.

Ce qu'il advient quand les détenteurs du pouvoir se concentrent sur leur propre éducation n'a donc pas lieu de nous étonner. Une étude effectuée en 1993 a montré que près de la moitié de la population adulte américaine était fonctionnellement illettrée [3]. Ceci explique qu'en dépit de leur contribution majeure à l'essor de la démocratie, l'**Angleterre,** les **États-Unis** et la **France** ont de plus en plus de peine à faire fonctionner leur système.

L'apparent échec de l'éducation publique dans l'ensemble du monde occidental reste incompréhensible. Chaque jour, on grince des dents en songeant aux effets des médias modernes et de la dégénérescence des structures familiales. Pourtant, nous nous contentons de remanier vaguement les programmes scolaires et de nous ronger les sangs à propos de nos méthodes d'enseignement.

Les spécialistes de la science de l'éducation ont une influence considérable. Ces consultants sont les gestionnaires de l'esprit de nos adolescents. Or on ne cesse de restreindre le nombre d'enseignants, ainsi que les budgets de l'éducation. Si la télévision et le désordre social rendent fragile l'attention des élèves, la manière dont on les éduque et ce qu'on leur apprend n'ont guère d'importance. Ce qui compte, c'est l'intensité de l'enseignement dispensé.

Nous serions sans doute bien inspirés de réduire les effectifs des classes à dix élèves. Cela obligerait à embaucher davantage de professeurs, mais nos budgets nous disent qu'il n'y a plus d'argent disponible. Il y en aura encore moins dans une société composée de citoyens pour ainsi dire illettrés.

Combien un enseignant au chômage ou un professeur d'université en quête d'un premier emploi coûte-il vraiment à l'État ? Il faut prendre en compte les coûts sociaux directs, l'investissement que représente leur formation. Tout cela représente-t-il vraiment moins qu'un salaire d'enseignant ? C'est une question que nos systèmes de comptabilité publics ne permettent pas de poser, car ils refusent toute évaluation globale de notre situation en matière de pertes et profits.

Notre système complexe en conclut que nous n'avons pas les moyens d'éduquer convenablement nos citoyens. Nous savons qu'il s'agit d'une position suicidaire et démente. Et nous acceptons passivement cette conclusion de déments.

Voir **Éducation des élites.**

EFFICACITÉ. Aptitude d'importance tertiaire qui peut se révéler utile tant qu'elle est maintenue à un niveau et contrôlée de près.

L'efficacité peut évidemment être une très bonne chose. Ce serait idiot de gaspiller inutilement du temps et de l'argent. Mais faisons bien la part des choses entre le nécessaire et l'inutile.

Pour ce qui est de l'efficacité, il faut se demander s'il convient de la considérer comme un moteur pour une civilisation, et même d'une société ou d'une économie, ou si elle n'est pas tout simplement un de ces petits instruments utiles qui peuvent nous aider à mieux faire si on en use convenablement ?

Ceux qui préconisent la **Sainte Trinité** – compétition, efficacité et marché – affirment que seuls les concurrents les plus efficaces l'emporteront dans le nouveau contexte de la **mondialisation**. Or l'expérience nous montre que les obsédés de l'efficacité finissent souvent par faire faillite, et ce pour une raison fort simple. Le marché, dès lors qu'on l'encourage à fonctionner d'une manière raisonnable, s'efforcera de promouvoir de meilleurs produits, fruits, dans une certaine mesure, de la compétition, et assortis, dans une certaine mesure toujours, de bas prix. Mais ils sont surtout le fruit de la créativité et de l'imagination, qui n'ont rien d'efficace.

Les grands capitalistes et les meilleures entreprises font bon usage de l'efficacité, mais d'une manière telle qu'elle est toujours à la traîne. Si on la laisse devenir une forme de leadership, elle sautera aussitôt à la gorge de l'imagination et serrera jusqu'au dernier souffle de vie. C'est là que les problèmes économiques commencent.

Si l'efficacité doit être soigneusement contrôlée pour être utile en affaires, ce principe est doublement vrai dans d'autres domaines tels que le gouvernement et les arts. Dans les secteurs où la réflexion est la fonction première parce qu'il s'agit de définir des solutions – les assemblées législatives, par exemple – l'efficacité n'est ni plus ni moins que l'ennemi du bien public.

Voir **Inefficacité.**

ÉLECTEURS DE BRISTOL (discours aux). Déclaration fondamentale quant à la manière dont la démocratie représentative devrait fonctionner.

Dès son élection à Bristol, en 1774, Edmund Burke définit, dans un discours adressé à ses électeurs, l'équilibre extrêmement précaire qu'il s'efforcerait de maintenir au long de son mandat entre leurs opinions et les intérêts locaux d'une part, et ce qu'il considérerait comme une action responsable au sein d'une assemblée nationale d'autre part :

> Le bonheur et la gloire d'un représentant du peuple passent par une union des plus rigoureuses [...] avec ses électeurs. Leurs volontés devraient avoir un impact considérable sur lui [...], leurs

> affaires faire l'objet d'une attention constante de sa part. Il est de son devoir [...] de privilégier leurs intérêts plutôt que les siens.
> [...] Toutefois, il ne doit en aucun cas sacrifier pour vous [...] ou n'importe quel groupe d'hommes son impartialité, la maturité de son jugement, sa conscience éclairée.
> [...] Votre représentant vous doit non seulement son labeur, mais son jugement ; et il vous trahit, au lieu de vous servir, s'il sacrifie à votre opinion [4].

Il ne s'agit pas d'une recette miracle. Ni même d'un guide structurel. Burke fait là une déclaration d'inspiration humaniste sur l'impossibilité d'appliquer une idéologie ou des formules toutes faites dans une démocratie saine. Il dit que la responsabilité du représentant du peuple, comme celle du citoyen, consiste à maintenir un **équilibre** sensé et conforme à l'éthique.

ÉLITE. Plus courante que le *lumpenproletariat.*

Chaque société a la sienne. Aucune n'a existé sans elle. Cela ne sert donc pas à grand-chose de se préoccuper de la création ou de la protection d'une élite. Ses membres se protègent tout seuls et il y a toujours quelqu'un pour prendre leur place s'il le faut.

Les élites ont une fâcheuse tendance à oublier qu'elles n'ont aucune raison d'être en tant que groupe, à moins d'entretenir une relation saine et productive avec le reste des citoyens. Mis à part les questions de nationalisme, d'idéologie et de remplissage des poches, la principale fonction d'une élite est de servir les intérêts de la communauté. Il y a fort à parier que, ce faisant, elles prospéreront bien plus vite que le citoyen moyen. Elles pourront en tirer toutes sortes d'avantages. Ces petits à-côtés n'ont guère d'importance tant que l'intérêt général est pris en compte. De leur point de vue, ce n'est pas une mauvaise affaire. On s'étonne donc de la facilité avec laquelle elles oublient tout cela et entreprennent de ne plus servir qu'elles seules, même si cela signifie qu'elles, ou la société, finiront par se saborder.

Voir **Éducation publique.**

EMPLOI. Un emploi est un résultat, non une cause. Il procède d'une combinaison de facteurs tels que l'investissement, la recherche, le développement, les marchés, les niveaux de consommation, l'argent disponible, la stabilité politique et un climat économique favorable. On ne peut pas créer des emplois. On crée des économies qui engendrent à leur tour des emplois.

Depuis 1973, les taux de **chômage** ont atteint des niveaux financièrement insoutenables dans l'ensemble du monde industrialisé. C'est ce qu'on appelle le chômage endémique, ou structurel. Au début des années quatre-vingt-dix, il s'élevait officiellement à une trentaine de millions d'individus pour l'ensemble des pays industrialisés. En réalité, il est plus proche des 50. Les autorités ont partiellement occulté la gravité de la crise en redéfinissant régulièrement le terme « chômage » pour empêcher les chiffres de monter.

En Grande-Bretagne, les règles ont été modifiées trente-deux fois depuis 1979. Trente et une de ces révisions sont progressivement restreint la définition du chômeur. Le chiffre officiel au début des années quatre-vingt-dix était d'environ 3 millions. Selon les règles en vigueur onze ans plus tôt, il atteindrait 4 millions [5]. Ce problème de définition peut être formulé de manière plus éloquente en disant que 30 % de la population active mondiale (soit quelque 820 millions d'individus) est actuellement au chômage ou ne gagne pas le salaire minimum vital [6].

Les autorités sont parfaitement conscientes de la situation. Au début des années quatre-vingt-dix, les leaders politiques paniquaient au point de concentrer leur attention sur la création d'emplois. Malheureusement, leurs initiatives sont inapplicables étant donné les politiques économiques fondamentales mises en place par la technocratie du secteur privé et public, et encouragées par ces mêmes leaders. La déréglementation croissante du marché international, des progrès technologiques non contrôlés et un accroissement du travail à temps partiel (forcément précaire et dépourvu de bénéfices) se combinent pour rendre l'idée même d'une politique de création d'emplois passablement risible.

La création d'emplois est continuellement évoquée dans des contextes comme la formation continue ou l'engagement du travailleur dans des projets de production de qualité à long terme, l'un et l'autre supposant une grande loyauté envers l'entreprise.

Or la mondialisation se définit en partie comme la recherche permanente de paramètres pour une production toujours meilleur marché. De ce fait, les entreprises envisagent leurs obligations à l'égard de l'emploi de plus en plus à court terme. Pourquoi investiraient-elles dans une formation à long terme ? Et pourquoi cadres ou ouvriers s'engageraient-ils vis-à-vis de systèmes de production de qualité à long terme ? Quel rôle la loyauté pourrait-elle bien jouer dans une économie qui peut à tout moment inciter l'employeur à abandonner son employé ?

La plupart des théories sur la création d'emplois sont du blabla de consultants qui prennent leurs désirs pour des réalités. Quand les ministres du Travail se réunissent pour parler de la crise, comme ils le firent à Detroit au début de 1994, ils sortent de la salle de réunion l'air effaré.

Ils ont le choix entre des dizaines de stratégies en faveur de l'emploi. Mais si on les examine avec un certain recul, il ne faut pas être un génie pour s'apercevoir qu'elles nécessitent une révision massive des politiques économiques recommandées par la majorité des économistes, acceptées par la quasi-totalité des technocrates des secteurs publics et privés, et désormais bien en place en dépit de leur inaptitude flagrante à engendrer croissance ou prospérité.

ENDETTEMENT (niveaux insoutenables de l'). De nos jours, on traite les dettes nationales comme s'il s'agissait de dieux impitoyables ayant le pouvoir de contrôler tout un pays, de le transformer et, si nécessaire, de le détruire. Ce piège financier nous est généralement présenté comme spécifique à notre époque. Les habitudes prodigues de la population y jouent, nous dit-on, un grand rôle. La réalité est peut-être moins préoccupante.

1. L'endettement insoutenable est une banalité dans l'histoire. Il existe des méthodes courantes pour régler ce problème : exécuter les prêteurs, les exiler, manquer purement et simplement à ses engagements ou renégocier tout bonnement, afin d'obtenir un désengagement partiel et des taux d'intérêt moindres.
2. On n'a jamais vu une nation s'enrichir en payant ses dettes.
3. En revanche, il existe des dizaines d'exemples de pays qui se sont enrichis en manquant à leurs engagements ou en les renégociant.

Cela commença officiellement au VIe siècle av. J.-C., lorsque Solon prit le pouvoir dans une Athènes criblée de dettes. En effaçant toutes les dettes – « secouer le joug des charges » –, il mit la cité sur la voie de la démocratie et de la prospérité. L'Athènes qu'on dit aujourd'hui encore la principale inspiratrice de la **civilisation occidentale** fut le produit direct d'une cessation de paiement. D'une manière ou d'une autre, la plupart des nations occidentales, y compris les États-Unis, en ont fait de même à un moment donné. La plupart des faillites d'État sont suivies de longues périodes de prospérité.

4. Le non-paiement des dettes n'est pas investi d'un poids moral. Les seules normes éthiques reconnues dans la société occidentale comme applicables à l'usure sont celles qui assimilent le profit issu d'un prêt à un pêché. Le prêt lui-même est un simple contrat et ne peut donc avoir la moindre valeur morale.

5. Tous les hommes d'affaires le savent, les contrats doivent être respectés autant que faire se peut. Quand cela n'est pas possible, il existe des réglementations sur la défaillance ou la renégociation. Les hommes d'affaires profitent régulièrement de ces règlements et en sont entièrement satisfaits.

L'effondrement de l'empire financier Reichmann, plus vaste que la plupart des économies nationales, en est un exemple récent. La famille fut en mesure de se relever, de tourner le dos au passé et de recommencer presque aussitôt une nouvelle vie en mettant sur pied la plus grosse affaire immobilière de l'histoire du Mexique.

6. Il n'existe pas de règlements généraux pour résoudre les problèmes financiers des nations, pour la simple raison qu'elles sont elles-mêmes l'autorité réglementaire. On peut cependant se référer à des précédents historiques bien établis. Le Mexique fit plus ou moins faillite en 1982-1983, régénérant ainsi son économie. La réaction des prêteurs occidentaux a consisté à traiter ces crises comme des cas particuliers – le genre de choses qui n'arrivent qu'aux pays du tiers monde. C'est absurde.

7. La seule différence importante entre l'endettement public et privé est que le premier ne peut pas se fonder sur un nantissement véritable. Ce qui fait de la défaillance une solution plus naturelle dans l'éventualité d'une situation sans issue.

La question du nantissement national fut amplement analysée au XVIIIe siècle, lorsqu'il devint clair qu'un peuple endetté ne pouvait pas gager le patrimoine (ses terres et ses biens) à un prêteur. Les droits naturels et concrets du citoyen avaient la priorité sur ceux, abstraits et contractuels, du prêteur.

L'un des aspects les plus singuliers et les plus insidieux du **corporatisme** du XXe siècle a été sa tentative de revenir sur ce principe. L'impératif gestionnaire suggère que les endettements nationaux peuvent être nantis indirectement, de différentes manières. On peut forcer les gouvernements à vendre les biens de l'État pour rembourser leurs dettes **(privatisation)**. On peut aussi les inciter à transférer la propriété de ces biens à des prêteurs, comme on l'a fait dans le tiers monde.

On menace aussi de traiter les nations en cessation de paiement comme des parias à l'échelle internationale. C'est un argument bizarre, dans la mesure où il ne s'applique pas au secteur privé (*cf.* point 5). C'est aussi une menace illusoire, le Mexique l'a clairement démontré (*cf.* point 6).

8. L'endettement, tant public que privé, devient insoutenable dès lors que la marge brute d'autofinancement (MBA) dégagée par l'emprunteur ne couvre plus aisément les remboursements d'intérêts. Quand une économie nationale a perdu ce niveau d'autofinancement, il y a peu de chances qu'elle le récupère. Le poids de la dette sur l'économie rend impossible cet autofinancement.

9. Un État ne peut alléger le poids de son endettement en réduisant son train de vie. Ces coupes peuvent entraîner une épargne marginale, mais économies et marge brute d'autofinancement ne sont pas synonymes. Voilà un autre exemple de la tentation alchimique.

Mme Thatcher a passé dix ans à essayer de réduire radicalement l'endettement national britannique. Elle avait l'avantage de pouvoir utiliser à cette fin les revenus provenant du pétrole de la mer du Nord. Il en est résulté une dégradation du secteur industriel, une stagnation économique et un chômage endémique.

Le remboursement des dettes est un processus négatif, qui puise forcément dans l'investissement et la croissance. Plus les grands programmes de remboursement sont appliqués avec succès, plus l'économie va en souffrir.

10. Les nations fortes affaiblissent leurs économies en forçant les plus faibles à maintenir des niveaux d'endettement insoutenables. Ainsi, en dépit d'énormes efforts de part et d'autre, les dettes du tiers monde continuent à augmenter. En 1993 elles représentaient globalement 1,6 billion de dollars. Les remboursements d'intérêts aux pays occidentaux dépassent largement le montant de l'aide apportée à ces pays par l'Occident. Dans la pratique, la croissance économique devient impossible. Le tiers monde constitue par conséquent un poids mort dans cet état de **dépression** dont nous ne parvenons pas à sortir, un obstacle qui nuit à la constitution de marges d'autofinancement.

11. Les civilisations obnubilées par la nécessité de supporter des endettements insoutenables ont oublié la nature fondamentale de l'argent. L'argent n'est pas réel. C'est un accord conscient, portant sur la mesure d'une valeur abstraite. Les sociétés malades sont souvent hypnotisées par l'argent, qu'elles traitent comme s'il s'agissait de quelque chose de concret, d'où disparition de la valeur pratique de la monnaie.

12. L'obsession de ces fausses réalités et du remboursement de la dette indiquent une approche linéaire, étroite, gestionnaire, de l'économie. Gérer l'économie, c'est le métier des technocrates de la finance, des banquiers et des économistes. Leur méthode vise tout naturellement la continuité. C'est une manière de nier l'échec.

Traiter l'argent, ou l'endettement, comme une affaire contractuelle, en laissant par conséquent la porte ouverte au non-paiement et à la renégociation, reviendrait à considérer la profession gestionnaire comme secondaire et sans rapport avec les vérités fondamentales – ce que des gens sensés jugeraient peut-être comme une marque d'originalité ou d'un esprit pratique. Les experts financiers y voient comme une menace à leur orgueil professionnel.

13. Tout cela signifie-t-il que les gouvernements devraient renoncer une fois pour toutes à rembourser leurs dettes nationales ? Pas exactement.

En tout cas, cela veut dire que nous sommes prisonniers d'une approche linéaire et gestionnaire qui nie la réalité, sans parler de l'expérience. L'argent est d'abord une question d'imagination, et ensuite une affaire d'accords fondés sur un rapport de confiance.

En d'autres termes, il est possible d'aborder le problème de la dette de manières très diverses.

14. Certains changements sont intervenus, qui limitent nos actions en la matière par rapport à celles entreprises par Solon ou Henri IV, qui se tira grâce à la négociation d'une situation d'endettement impossible, rétablissant ainsi la prospérité. Nous devons d'abord reconnaître et protéger l'investissement entrepris par les citoyens directement (obligations d'État) et indirectement (dépôts bancaires) pour financer l'endettement national. Ensuite, il faut compter avec la complexité nouvelle des **marchés monétaires** internationaux déréglementés, important élément corporatiste.

15. Notre principal problème consiste à définir une approche.

Depuis vingt ans, les gouvernements ont donné pour consigne aux économistes et aux responsables des finances de déterminer la manière dont on pourrait s'acquitter de ces dettes et rembourser les intérêts.

Personne ne leur a demandé de proposer des méthodes pour éviter de payer ces dettes et ne pas rembourser les intérêts. Personne ne leur a demandé de mettre leur créativité à profit au lieu d'appliquer une logique *a priori*.

16. Si les membres du Groupe des 7 (G7) rassemblaient leurs meilleurs économistes et leur donnaient un mois pour trouver de nouvelles solutions à la défaillance, nous serions sans doute surpris par la facilité avec laquelle des propositions tout à fait valables verraient le jour.

17. Deux éléments simples peuvent nous guider :

– A. en cas de défaillance, une solution de continuité réside dans les mécanismes d'écriture qualifiés de « rééchelonnement de la dette » ;

– B. ce qui est difficile pour un seul pays dans les circonstances actuelles est facile pour un groupe, en particulier si ce groupe parle au nom du monde industrialisé.

Voir **Éthique.**

ENFANTS.

Voir **Usines** et **Guerre.**

ENFER. L'abolition de l'enfer a créé de sérieux problèmes pour le maintien d'une norme éthique générale. Les philosophes du XVIIIe siècle condamnèrent la menace de l'enfer, estimant qu'il s'agissait d'une arme cynique employée contre plus faibles. Mais ils regrettèrent la perte du véritable objectif de l'enfer, qui consistait à régler le problème des crimes graves, en particulier ceux perpétrés par les riches et les puissants.

Dans son dictionnaire, Voltaire note : « Dès que les hommes vécurent en société, ils durent s'apercevoir que plusieurs coupables échappaient à la sévérité des lois ; ils punissaient les crimes publics ; il fallut établir un frein pour les crimes secrets ; la religion seule pouvait être ce frein [7]. »

Les philosophes pensaient que la loi et une forme d'administration désintéressée résoudraient ce problème. Or plus les lois devenaient complexes et élaborées, plus elles protégeaient les puissants. Quand l'administration fut élevée au rang de valeur morale, les détenteurs du pouvoir entreprirent de convertir le comportement amoral en règlements administratifs.

Ainsi, il est courant, chez les cadres supérieurs, d'augmenter leurs revenus d'un quart, voire d'un tiers, grâce à ce qu'il est convenu d'appeler les « avantages sociaux ». Il s'agit ni plus ni moins d'une fraude légalisée. Il est tout aussi fréquent de dissimuler de graves erreurs commises dans le service public derrière des règlements liés à la sécurité. Autre type de fraude légalisée (voir **Déni**). On justifie tout aussi facilement la pauvreté et l'exploitation en se référant aux règles de la **concurrence** (voir **sainte Trinité – fin du xxe siècle**). Les Encyclopédistes s'en préoccupaient déjà beaucoup au XVIIIe siècle : « Les moyens de s'enrichir peuvent être moralement *criminels*, bien qu'autorisés par la loi. Cela va à l'encontre de la loi naturelle et de l'humanité de refuser le nécessaire à des millions d'individus afin de nourrir le luxe scandaleux d'un petit nombre de citoyens à leur aise [8]. » Là encore, les philosophes partaient du principe que la réforme rationnelle résoudrait le problème. Et on a effectivement vu des améliorations. Récemment, toutefois, la balance a commencé à pencher de l'autre côté. Cette fois, l'exploitation est justifiée non par un droit divin ou un privilège de classe, mais par la compétence et la loi.

Nous n'avons pas été capables de remplacer l'enfer par un code éthique valable, pour la bonne raison que nous avons cédé à une approche rationnelle de la société alors que nous avions l'intention de suivre la route de l'**humanisme**.

ENGRAIS, HERBICIDES, INSECTICIDES DE LA DEUXIÈME GÉNÉRATION. Primauté de la rhétorique sur la réalité.

Pendant cinquante ans, l'industrie chimique a affirmé *mordicus* que ces fertilisants et autres substances à usage agricole n'avaient pas d'effets secondaires, qu'ils étaient inoffensifs et n'apportaient que prospérité. Progressivement, après de vigoureuses campagnes, financées principalement par des groupes de citoyens bénévoles, les gouvernements en sont venus à proscrire certains produits chimiques. Le public se rendit compte qu'on lui avait menti. À aucun moment l'industrie chimique ne changea sa défense, comparable à celle des fabricants de tabac. Mais l'inquiétude croissante du public prouvait qu'on n'accordait plus foi à leurs allégations.

Au début des années quatre-vingt-dix, des paroles rassurantes circulaient. « Les produits de la première génération étaient déficients, mais, grâce à de nouvelles recherches et à des initiatives du secteur industriel, a été mise au point une deuxième génération de produits, qui n'ont plus d'effets secondaires et sont inoffensifs. » Les instigateurs de cette formule n'ont pas été identifiés. Cependant, ceux qui ne sont pas employés par l'industrie en question notent qu'on a rebaptisé de nombreux produits chimiques agricoles dont on a par ailleurs changé les emballages. Désormais, ceux-ci sont couverts de messages écologistes, bien que le contenu des paquets n'ait presque pas changé.
Voir **Sophistes.**

ENNUI. La communauté scientifique parle de son travail avec détachement, estimant sans doute qu'il ne serait pas professionnel d'en dresser un profil exaltant. Tout excès d'émotion suppose un manque de neutralité de la part des scientifiques, partant d'une tendance à interpréter les faits comme bon leur semble au lieu de rapporter fidèlement ce qu'ils voient. L'objectivité scientifique est contrainte de se donner l'apparence de l'ennui.

Les scientifiques sont bien placés pour savoir que leur travail n'est pas plus ennuyeux qu'objectif. Dans le cas contraire, on ne ferait guère de découvertes.

Les sciences humaines, faussement empiriques, sont obsédées par l'obligation de se présenter comme une interprétation objective de la réalité telle qu'on l'observe. Dans la mesure où les limites plus ou moins strictes de la recherche scientifique ne sont pas en cause, les spécialistes de ces sciences sont libres de se montrer encore plus catégoriques pour ce qui est de la vérité, de la réalité et de ce qu'ils qualifient de faits. Ils s'efforcent donc d'être encore plus ennuyeux que les scientifiques.
Voir **Dialectes.**

ÉQUILIBRE.
Voir **Humanisme**

ERREUR. L'erreur est le résultat d'une force humaine particulière : l'aptitude à agir d'une manière non programmée, c'est-à-dire illogique, autrement dit consciente, par le biais de la réflexion et de la communication de pensées originales. Se tromper est un signe d'intelligence.

Dans le domaine de la science, on continue à considérer l'erreur comme un signe de progrès permanent. Pourquoi n'est-ce pas le cas en politique ou en affaires ? Les erreurs qui suscitent des revirements de politique sont des pierres angulaires de la civilisation.

Une société qui punit l'erreur – c'est de plus en plus le cas au sein de la civilisation occidentale – décourage la responsabilité individuelle. Le faux **Héros** dissimule les véritables agissements du pouvoir derrière l'écran d'une activité dénuée de sens, il a ainsi plus de chances de se maintenir à un poste élevé qu'un individu honnête, dont les erreurs sont par conséquent visibles. Mais si ceux qui tiennent les rênes doivent dissimuler leurs erreurs pour conserver le pouvoir, ces erreurs ont d'autant plus de chances de se multiplier.

Prenons le cas des tentatives obstinées faites depuis vingt ans pour relancer l'économie grâce à une hausse réitérée des taux d'intérêt, dans le but de juguler l'inflation. Si cette dernière a effectivement été jugulée à plusieurs reprises, bien que temporairement, cela ne veut pas dire que l'économie ait été relancée. Ça n'a pas marché la première fois, ni la deuxième, ni la troisième. Pourtant, il s'agit toujours de la politique anti-inflationniste officielle. On reproche à ceux qui osent la critiquer d'être favorables à l'inflation. Or la solution à une **croissance** non inflationniste ne passe certainement pas par une hausse des taux d'intérêt. Pourquoi ne pas le reconnaître et étudier une nouvelle approche des problèmes ? Au lieu de cela, à chaque reprise de cette politique démodée et sadique, l'ornière économique dans laquelle l'Occident s'est enlisée se creuse davantage.

L'inaptitude à reconnaître une erreur est un problème à tous les niveaux de la société. En conséquence, les modes semblent faire plus de ravages que jamais dans les industries et les secteurs professionnels. Lorsque la réalité s'impose de nouveau brusquement et que le marché des obligations hautement spéculatives (*junk-bonds*) s'effondre, on ne peut blâmer personne. On arrive peut-être à dénicher quelques boucs émissaires, mais on ne peut pas dire qu'une erreur a été commise, puisque tous les experts étaient d'accord avec la politique choisie, et continuent de l'être.

Le débat intellectuel reste l'unique domaine où l'on fasse un usage productif de l'erreur. Au lieu d'être accueillie avec enthousiasme et de susciter de franches délibérations, toute pensée innovatrice suscite une tentative étrangement désespérée pour la démonter en prouvant qu'elle est truffée d'erreurs. Ainsi, loin d'être utilisée comme un facteur d'amélioration, la critique moderne tend à devenir un pilier des idées reçues.

Notre phobie de l'erreur procède en grande partie de la communauté des experts. L'existence même du spécialiste dépend de son aptitude à montrer qu'il a raison dans le domaine qui est le sien. De cette façon, il nie sa propre réalité, ne risque guère de progresser et fait un mauvais usage des responsabilités que la société lui a confiées.

Le meilleur moyen pour une société d'échapper à cette crise serait de ne plus juger la compétence aussi sévèrement. Les spécialistes – ceux de l'espèce intellectuelle en particulier – risquent moins que quiconque de procéder à ce réexamen libératoire. Leur meilleure chance réside dans la population, qui ne peut s'empêcher de constater l'absence irréelle d'erreurs réelles et passe énormément de temps à chercher le moyen de communiquer son incrédulité d'une manière à la fois pragmatique et agressive.

Voir **Idéologie** et **Intelligence.**

ÉTATS-UNIS.

1. Centre du plus grand empire de l'histoire du monde.
2. Premier grand empire depuis Rome à ne pas se considérer comme la réincarnation officielle de celle-ci, ce qui signifie peut-être qu'à la différence des autres, il *est* Rome.
3. Cible perpétuelle d'attentions obséquieuses de la part de la Grande–Bretagne, empire qui l'a immédiatement précédé, dans le style dégénéré d'une Athènes sur le déclin, ce qui confirme peut-être le point 2.

Les élites romaines trouvaient en Athènes des références culturelles réconfortantes. À mesure que l'empire grandissait, en superficie et en prestige, l'insécurité des braves soldats-paysans romains devint flagrante ; ils se tournèrent de plus en plus vers les brillants hommes de culture athéniens. L'architecture romaine s'inspirait de la Grèce. Rome elle-même était continuellement envahie par des *gentlemen* athéniens ayant fui leur patrie, plus provinciale que jamais, pour venir conseiller les nouveaux riches en décoration, grammaire et rhétorique.

De la même façon, New York, Washington et Los Angeles grouillent d'acteurs grand genre, de journalistes, d'éditeurs et de marchands d'antiquités britanniques. Les élites américaines raffolent du mobilier anglais et des franfreluches, du style *country-house* britannique et (à l'instar des Romains qui se rendaient en troupeau à Athènes pour se cultiver un peu) elles déferlent régulièrement sur Londres.

4. Nation encline à un enthousiasme exagéré, injustifié, et à des coups de sang puérils.

Ces extrêmes spectaculaires sont généralement l'apanage des vrais puissants. Ce qui les distingue outre-Atlantique, c'est la toile de fond sur laquelle ils se déroulent : un admirable **mythe** de liberté individuelle que la vie se charge de convertir en une vision à court terme des meilleurs moyens de servir ses propres intérêts.

5. Civilisation dégénérée. Nation sur le déclin.

Ce sont de grandes questions, difficiles à quantifier tant que l'histoire de l'empire se poursuit. Du reste, que signifient « dégénéré » et « déclin » ? Rome était dégénérée en l'an 100 apr. J.-C., et résolument sur le déclin. Les Barbares se pressaient aux frontières. L'empire lui-même glissait peu à peu dans la révolte. Puis Hadrien arriva au pouvoir. Entre 117 et 138 apr. J.-C., il mobilisa tous ceux qui étaient susceptibles de l'être. L'empire se remit sur pied. En conséquence, la chute de l'Empire romain prit environ trois cent cinquante ans.

6. Pays du **tiers monde** très élaboré.

Le triple contraste entre une élite complexe, civilisée, riche et très éduquée, une classe moyenne fragile et la grande majorité de la population exclue des bénéfices de l'empire et ne participant qu'à travers le grand mythe américain, pour ainsi dire, est ce qui frappe en premier ceux qui viennent de sociétés plus axées sur la classe moyenne. Cet État, dont la mythologie se fonde sur l'égalité, ressemble de plus en plus à une société de classes cloisonnées comparable aux pays du tiers monde.

7. Nation de la fin du XIXe siècle.

Certaines vérités géographiques et historiques sont immuables, même avec un effort de volonté herculéen. Quand des tentatives révolutionnaires sont faites pour changer les « circonstances » d'une nation, on assiste au chaos. L'Amérique semble être essentiellement un produit du capitalisme. Elle est devenue un grand empire grâce à un système capitaliste non réglementé impliquant initialement la présence d'esclaves, puis de semi-esclaves et d'émigrants démunis. Plusieurs initiatives furent prises, au fil du temps, pour enrayer ce système mis en place au XIXe siècle, mais leurs instigateurs n'ont jamais tenu le coup plus de quatre ou huit ans. En conséquence, le capitalisme sauvage a toujours été et continue d'être l'état naturel de cet empire.

8. Nation profondément divisée, condamnée à un état de guerre civile permanent.

Quand une nation s'édifie sur la base de l'asservissement d'une partie de sa population par une autre, il ne peut pas en être autrement. Ceux qui considèrent la société comme un organisme vivant ne peuvent manquer de voir dans l'esclavage organisé des masses une blessure d'automutilation qui ne se refermera jamais. Plus le corps grandit et prend de la vigueur, plus il a mal et plus il saigne. Les hommes apprennent à vivre avec la douleur et la violence. Notre espèce est aussi adaptable que les rats. Mais la violence de l'Amérique doit être, dans une certaine mesure, l'héritage de sa création économique.

9. Nation dont le deuxième produit d'exportation est sa culture et qui, de ce fait, considère le libre accès de ses produits aux quatre coins de la planète comme la caractéristique majeure d'un pays libre.

La domination de petites cultures locales par celle de l'Amérique est considérée comme le résultat inévitable de son attrait irrésistible. Si ces sociétés plus petites en viennent à perdre leur propre culture, on estime que c'est l'expression intelligente de leur liberté. La culture américaine, comme celle du Japon, est structurée de manière à éliminer, ou assimiler, toute pénétration étrangère au-delà de limites symboliques.

10. Plusieurs pays complètement distincts, que deux mécanismes unissent : un marché interne, gigantesque, riche et suffisamment varié pour minimiser l'importance des marchés étrangers, et une mythologie si belle et pure qu'elle ne peut jamais empiéter sur la vraie vie.

11. Patrie du personnage public le plus remarquable jamais produit par l'Occident moderne : Thomas Jefferson.

12. Centre du plus grand empire de l'histoire du monde.

ÉTHIQUE. Souci d'ordre quotidien, défini brillamment en termes universels par des gens qui ont la ferme intention de l'ignorer.

L'action la plus ordinaire soulève un problème moral, qu'il convient de respecter ou de nier. Cela diffère du phénomène du pouvoir qui, même au niveau le plus banal, fait généralement partie intégrante d'un dessein global, beaucoup plus vaste. Ceux qui détiennent un tel pouvoir et l'exercent n'ont peut-être pas l'impression d'appartenir à un mouvement intellectuel formel, mais l'existence d'un tel mouvement est démontrée, notamment par la définition arbitraire donnée à l'**intelligence** et un système de récompenses qui n'a qu'un rapport lointain avec la notion d'accomplissement. Dans la société contemporaine, celui-ci prend typiquement la forme du **corporatisme appliqué.**

Le pouvoir devient ainsi une abstraction appliquée. C'est pourquoi ceux qui le détiennent passent tant de temps à essayer de rendre l'éthique inapplicable en l'élevant au rang d'idéal.

Il faut moins d'efforts pour pousser une petite vieille sur la chaussée, au risque de la précipiter sous les roues d'une voiture, que pour la contourner. Il y a peu de chances que quelqu'un s'aperçoive de ce geste, les risques de châtiment sont donc minimes. Il est plus efficace de la tuer que de s'écarter de son chemin.

Certains n'hésitent pas à choisir cette option. D'autres s'en gardent bien, parce qu'ils ont peur de se faire prendre. Les uns et les autres considèrent la loi comme le mode de contrôle d'une nature humaine désordonnée ou immorale.

Il existe un troisième groupe : les détenteurs du pouvoir qui voient dans la loi, et dans sa mise en vigueur, la principale barrière entre l'ordre et le chaos. Ils redoutent que, sans la loi, tout le monde se mette à pousser les petites vieilles sur la chaussée. Ce manque de confiance dans leurs concitoyens doit être l'expression de leur propre peur, à savoir que sans contraintes efficaces, eux, ou n'importe qui d'autre, se mettraient à en faire de même. Si on lui en avait donné la possibilité, **Hobbes** aurait probablement poussé une petite vieille sur la chaussée d'un coup de coude.

Un quatrième groupe, comprenant jusqu'à 90 % de la population, voire 95 %, rassemble ceux qui, même sans témoins, s'abstiennent de commettre un tel acte. Ils n'y songent même pas. Ils s'écartent, voilà tout.

Les deux premières catégories pensent que l'éthique est une question de mesure. La troisième ne croit pas en l'éthique et la remplace par un antidote rationnellement organisée de la **peur**.

La quatrième comprend tout simplement que l'éthique est une affaire de responsabilité personnelle, d'ordre pratique, s'exerçant au quotidien. Ces gens-là semblent le savoir intuitivement, quelles que soient leur éducation et leur religion, que la raison soit un fait conscient ou non, qu'ils aient accès aux trottoirs ou pas.

Au cœur du pouvoir moderne réside un structuralisme rationnel qui réduit les rapports humains essentiels à des contrats.

Toute personne travaillant au sein d'une organisation complexe le sait pertinemment : traiter l'éthique comme une réalité pratique, c'est prêter le flanc au châtiment. Être moral, c'est choisir de faire une croix sur sa carrière. Une société corporatiste tient à ses structures, à la fidélité à l'entreprise, aux systèmes d'efficacité. Tout cela est lié par des relations contractuelles, c'est ce que John Rawls illustre par ses écrits [9].

En plus, le culte que nous vouons au secret en tant qu'attribut du pouvoir récompense d'autant plus l'amoralité. Comment pouvons-nous traiter l'éthique comme une qualité essentielle du citoyen si la participation au débat public de ce même citoyen, doté d'un savoir d'expert sur un sujet précis, est effectivement bannie par les contrats d'embauche ?

Voir **Dialectes.**

ÉTRANGER. Individu considéré comme comique ou sinistre, selon les cas. Lorsqu'il est la victime d'une catastrophe – de préférence naturelle, mais parfois politique – l'étranger peut aussi faire l'objet de compassion, de loin, et pendant une brève période.

Voir **Supériorité.**

EXISTENTIALISME. Si on élimine toutes les fioritures, l'existentialisme signifie simplement qu'on nous juge d'après nos actions. Nous sommes ce que nous faisons, et non ce que nous nous proposons de faire. Il s'agit d'une philosophie humaniste. Une philosophie de l'éthique. La responsabilité individuelle est acquise, partant exigée. Ceci est à l'antipode des grandes idéologies rationnelles, où la structure assume la responsabilité et où l'individu est récompensé pour sa passivité.

Ce qui était au départ un argument relativement clair,

lorsqu'il fut introduit sous sa forme moderne par Kierkegaard au milieu du XIXe siècle, devint confus après la Seconde Guerre mondiale, au moment où il connut sa popularité la plus grande, avant d'être discrédité.

Plusieurs problèmes se posaient. Deux des pires furent créés par Jean-Paul Sartre, porte-parole le plus connu de cette théorie. Il essaya d'abord d'assimiler la notion de responsabilité morale individuelle au déterminisme marxiste, incluant obligatoirement la violence politique. Cela n'avait strictement aucun sens. Puis, par une extension aussi amusante que délirante de cette contradiction, il mit en avant l'écrivain et délinquant Jean Genet, dont il fit un exemple d'existentialisme extrême. D'où l'impression que, dans l'existentialisme, l'intensité d'un acte était en soi une valeur – le meurtre, par exemple. Délibérément ou non, Sartre a confondu la responsabilité morale et le **nihilisme**. Pis, il est passé ensuite à une vision de l'existentialisme en tant qu'action pure. Ce genre d'approche ne pouvait manquer d'attirer les jeunes adolescents suicidaires et d'autres faux amis.

Toute cette excitation et ce drame firent oublier que l'existentialisme, sous des appellations distinctes, n'était autre que le prolongement de l'argument chrétien en faveur du salut par de bonnes actions plutôt que par la grâce divine. Dans les religions bouddhiste et musulmane, cela s'exprime encore plus clairement. Dans la société bouddhiste, chacun, mis à part les moines, est jugé par l'univers (et non par les autres) sur la base du mérite qu'il s'est attiré en accomplissant de bonnes actions.

L'existentialisme n'est donc pas une invention de Kierkegaard. C'est pourquoi il connaît tant de difficultés dans la société occidentale. Nous nous sommes organisés de manière à ce que les individus soient jugés non d'après leurs actes, mais en fonction de leur accès à l'information et du contrôle qu'ils exercent sur les structures. Notre place dans le système détermine qui nous sommes. Si nous entreprenons des actions qui peuvent nous être attribuées directement, notre pouvoir risque fort d'en souffrir. Cela n'a rien à voir avec la question de savoir si nous avons raison ou si nous avons réussi. Dans un monde de technocrates et de courtisans, les actions manifestement réussies ont une résonance égotiste dont l'individu finira par faire les frais.

La véritable argumentation de Sartre se perdit en cours de route. Son génie fut mal servi par ses digressions. Cela ne l'empêcha pas d'être un génie, et pour ceux qui voulaient bien ouvrir les yeux il a démontré que l'existentialisme est un argument – que le langage en est un aussi et que l'argument est action. C'est pourquoi la liberté de parole est essentielle à la démocratie. La parole est une action plus concrète que n'importe quelle politique gouvernementale spécifique. En fait, toutes les garanties fondamentales nécessaires à un gouvernement démocratique – la liberté de pensée, de parole, de se réunir, la sécurité individuelle, qu'elle soit liée à la dignité, à la sécurité ou au bien-être – sont des valeurs existentielles.

F

FAITS. Outils d'autorité.

Les faits sont censés établir la véracité d'une proposition. Ils constituent une preuve. Le problème, c'est que les faits susceptibles de prouver à peu près n'importe quoi existent en grande quantité. Ils sont devenus le réconfort et le pilier des idées reçues, la musique de la technocratie rationnelle, la justification de toute sorte de politiques, en particulier celles avancées par les groupements d'intérêts, les guildes d'experts et autres corporations modernes. Des armées confuses de faits contradictoires s'affrontent dans une obscurité toujours plus grande. Servent à étayer des fantasmes idéologiques. Remplissent les dossiers préparatoires des bureaucrates.

Giambattista **Vico**, le premier, identifia ce problème. Il affirmait que l'obsession de la preuve fait long feu à moins d'être analysée dans un contexte beaucoup plus large, prenant en compte expérience et circonstances. Diderot se montra tout aussi prudent quand il rédigea la définition des « faits » pour l'*Encyclopédie* :

> On peut distribuer les faits en trois classes, les actes de la divinité, les phénomènes de la nature et les actions des hommes. Les premiers appartiennent à la théologie, les seconds à la philosophie, et les autres à l'histoire proprement dite. Tous sont également sujets à la critique [1].

Il n'y a guère de place pour tant de prudence au sein d'une société corporatiste. Les faits sont la monnaie de pouvoir pour chaque groupe spécialisé. Comment peut-on en attendre autant de ces innocents fragments de savoir ? Ils ne sont pas capables de pensée et ne peuvent donc être substitués à elle. Ils n'ont pas de mémoire. Ni imagination. Ni capacité de jugement. Ils ne sont guère plus que des jalons intéressants, susceptibles d'éclairer notre cheminement tandis que nous nous efforçons de penser. S'ils sont respectés, ils ne constituent jamais une preuve. Ils ne sont qu'une illustration.

Voir **Jury.**

FAMILLE HEUREUSE. Son existence et son maintien sont jugés indispensables dans le cas d'un homme politique appelé à occuper de hautes fonctions. Selon cette théorie, les citoyens ne se préoccupent pas tant de savoir s'ils sont bien représentés que de s'assurer que les **pénis** et vagins des personnalités publiques sont mis à contribution exclusivement dans des circonstances proprement sanctionnées par la loi.

La procréation est une fonction animale simple, n'exigeant pas d'aptitudes intellectuelles ou morales particulières. Réussir l'éducation de ses enfants, préserver à long terme un mariage satisfaisant sont des mystères si impénétrables qu'ils ont employé à plein temps des générations entières de poètes, auteurs dramatiques, romanciers et travailleurs sociaux.

Le rapport entre d'un côté le mariage et les enfants et de l'autre la mise en application d'une politique publique est un mystère encore plus grand. Rien dans l'histoire n'indique que les leaders heureux en mariage ont été plus sages, plus humains, courageux, productifs ou intelligents, pas plus que leur sagesse dans leur vie privée ou leur respectabilité en soi n'ont donné de meilleurs gouvernements. La liste des menteurs, voleurs, lâches et monstres heureux en mariage ayant sévi à des postes officiels est aussi longue que celle des ivrognes et coureurs de jupons admirables dans les mêmes fonctions. À dire vrai, il semble que, dans l'ensemble, la vie privée des grands leaders ait été catastrophique.

L'importance que nous attachons aujourd'hui à un équilibre entre la respectabilité privée et la politique publique n'a donc strictement rien à voir avec le leadership. Sans rapport avec le processus démocratique, il se peut même qu'elle soit franchement antidémocratique. Soit le leader défend efficacement les intérêts du citoyen, soit il est un modèle dans sa vie privée. Dans ce deuxième cas, nous retombons dans les archétypes dictatoriaux et religieux traditionnels : nobles héros sacrificiels, vestales, épouses de césar, rois saints et reines vierges. Dans le cadre d'une société démocratique, ce sont de fausses normes qui ne manqueront pas d'installer aux plus hautes instances des gens qui n'ont rien à y faire.

FAST-FOOD (philosophie du).
Voir **McDonald (Ronald).**

FAUX HÉROS. La seule chose qui soit pire qu'un **Héros**.
De nos jours, les Faux Héros sont endémiques dans la vie publique. Ils constituent la version relations publiques du Héros de **Carlyle**, devant lequel on nous a fait nous prosterner en adoration orgasmique. Quelle qu'ait été la relation entre l'héroïsme et le héros, elle a été remplacée par un mariage entre la politique et le divertissement populaire. Les personnages publics les plus sérieux se sentent désormais obligés de se travestir de cette façon.

Le Faux Héros le plus consommé produit jusqu'à ce jour n'est autre que Ronald Reagan. Il n'a jamais été une star tragique du football; il joua ce rôle. Il ne se battit pas pour la liberté aux commandes d'un bombardier durant la Seconde Guerre mondiale, mais fit des films d'entraînement pour pilotes. Il ne chevaucha pas dans les immenses prairies de l'Ouest en luttant contre les éléments au nom de l'individualisme. Il se maquilla et attendit sur son canasson de studio que les caméras tournent. Il ne prit part à aucune guerre. Il n'a jamais accompli d'acte de courage personnel au profit d'autrui. S'il a fait preuve de bravoure dans sa vie privée, nous ne le savons pas.

Bon nombre de leaders non héroïques intègres ont été obligés d'exposer des tiers à des risques, voire à la mort. S'ils sont honnêtes avec eux-mêmes, ils manient ce pouvoir avec prudence et font en sorte que leur langage reste modéré. Le Président Reagan s'inspirait de scénarios. Parfois, ceux-ci avaient effectivement été utilisés pour des films. D'autres fois, ils venaient du cinéma de son imagination. Il parlait de guerre et de courage comme s'il avait fait lui-même ce qu'il demandait à ses soldats. On aurait dit que, le cas échéant, il était prêt à prendre les choses en main personnellement.

Le Faux Héros est tributaire de cette cloison étanche qui sépare l'illusion de la réalité. Cette séparation est faite d'un amalgame de technologie et de relations publiques/propagande complexes. Ronald Reagan fut ainsi en mesure d'appuyer sa présidence sur la responsabilité fiscale alors qu'il était l'un des présidents les plus prodigues que les États-Unis aient jamais connus. Il prônait la loi et l'ordre alors que sa politique suscita des taux croissants de violence civile. Il prétendait régner au nom de l'individualisme alors que ses lois servaient d'abord et avant tout quelques groupes de la communauté.

C'était pourtant, aux dires de beaucoup de gens, un homme plein de charme. La question est de savoir quelle valeur il convient d'attribuer au fait qu'un leader soit poli, heureux en mariage, bel homme. Le charme, selon la croyance populaire, permet d'aller loin. Mais jusqu'où et à quel prix ?

FISCALITÉ. Le seul but de cette désagréable affaire est de payer les services dont les citoyens ont besoin, ce qui oblige à imposer une part suffisamment importante des richesses existant au sein de la nation.

On parle souvent de la fiscalité moderne comme d'une « révolution » permettant le financement de vastes programmes publics grâce à des restrictions sur les droits à la propriété privée. Ce n'est pas le cas. Les contributions modernes ne sont que la dernière forme administrative en date d'une procédure vieille comme le monde. Et elles limitent beaucoup moins les droits à la propriété que les systèmes précédents.

La collecte des imptôts a presque toujours nécessité le recours à la force brute. Les monarques dépensaient ces revenus pour leur propre bénéfice, celui de leur aristocratie et leurs armées. Ils louaient souvent le privilège de lever ces impositions à des individus qui devenaient extraordinairement riches. Aux XVIIe et XVIIIe siècles, ceux que nous qualifierions aujourd'hui de spéculateurs irresponsables étaient souvent des collecteurs d'impôts du secteur privé.

Le contribuable s'est toujours plaint des dépenses gouvernementales extravagantes, souvent à juste titre. Ce qui a changé, c'est la définition du citoyen au profit duquel l'argent est censé être dépensé. Pour la première fois, la quasi-totalité de la population mérite le qualificatif de citoyen.

On peut raisonnablement affirmer que les gouvernements, comme toutes les grandes entreprises, gaspillent de l'argent. Cependant cela ne représente qu'une petite partie des fonds publics depuis vingt-cinq ans ; en réalité leur insuffisance est attribuable pour l'essentiel à l'incapacité de l'État à taxer les richesses sur son territoire.

À la fin des années cinquante et au début des années soixante, les grandes sociétés par actions supportaient entre 30 % et 40 % du fardeau des contributions dans la plupart des pays occidentaux. C'était un moyen efficace de prélever des fonds et de financer l'État, parce qu'on ponctionnait ainsi les richesses nationales là où on pouvait les mesurer en tant que facteur de production et là où elles constituaient de grosses sommes. Cette période de taxation théoriquement élevée n'entama pas pour autant la belle prospérité que connaissaient alors les entreprises.

Les gestionnaires de ces corporations entreprirent néanmoins d'exercer des pressions afin d'obtenir une réduction de leurs taux d'imposition. Celles-ci ne supportèrent bientôt plus que 10 % à 15 % du poids fiscal.

Cette nouvelle liberté financière n'entraîna pas de nouveaux investissements, ni croissance, ni prospérité. L'argent n'alla pas davantage aux actionnaires. En revanche, ces fonds eurent pour effet de provoquer une explosion du nombre de managers. On assista à une prolifération des fusions et des OPA inutiles, à la construction de leurs nouveaux palais et à toutes sortes d'autres activités inflationnistes. Les sociétés par actions gaspillèrent plus ou moins les milliards que la réforme fiscale leur avait permis d'épargner et jouèrent un rôle dans le déclenchement et la prolongation des troubles économiques de 1973.

À mesure que la contribution des entreprises diminuait, le poids du financement de l'État se reportait sur les riches et les presque riches, dont une partie des hauts gestionnaires. De fait il n'y avait jamais assez d'argent dans leurs poches pour compenser la contribution perdue des entreprises.

Les riches protestèrent à cor et à cri, aux bonnes portes, en menaçant de transférer leur argent ailleurs. Ainsi le fardeau de l'imposition passa-t-il à l'échelon inférieur. Il pesa de plus en plus sur les classes moyennes qui, même si elles avaient été disposées à payer 100 % de leurs revenus en impôts, n'auraient jamais pu apporter suffisamment de fonds pour rééquilibrer le budget de l'État.

En désespoir de cause, les gouvernements se tournèrent vers diverses sources de revenus indirectes. Ils établirent des loteries et se lancèrent sérieusement dans les affaires du **jeu**. Ils créèrent aussi des taxes à l'achat, telles la TVA, et augmentèrent celles qui existaient déjà.

Gestionnaires et économistes déclarèrent que ces taxes étaient une excellente idée, estimant que la consommation était un secteur efficace où taxer les richesses nationales. Mais c'est faux, pour trois raisons : seule une petite partie de ces richesses transitent par les voies de la consommation. Par ailleurs, financer des opérations publiques s'élevant à des millions, voire des milliards de francs, en ponctionnant quelques centimes à la fois, est aussi inefficace que bête. Enfin, pour les individus comme pour les petites entreprises, la gestion de la TVA prend beaucoup de temps. C'est du temps gaspillé pour une activité non lucrative. Ainsi la gestion de ces taxes est-elle inflationniste.

Mais il n'y avait pas d'autre créneau possible, pour la bonne raison que les gestionnaires d'entreprise protégeaient mieux que jamais leurs organisations de la taxation grâce à la mondialisation. À chaque tentative faite pour les imposer sérieusement, ils invoquaient les impératifs de la concurrence internationale. Si on les menaçait de les taxer, ils menaçaient de s'en aller aussitôt dans d'autres contrées, où les impôts étaient bas et la main-d'œuvre bon marché.

Ce qu'on désigne aujourd'hui sous le nom de crise de l'endettement est en grande partie une crise de la fiscalité. Gestionnaires et consultants académiques répètent inlassablement, parfois fort à propos, que l'État doit rogner sur ses dépenses pour éponger sa dette. Mais ces restrictions ne sont jamais suffisantes. En outre la plupart de ces coupes n'affectent pas l'État, mais les services offerts aux citoyens.

Que l'État-nation ait cessé d'être en mesure de taxer équitablement et efficacement la totalité des richesses nationales n'est pas aussi grave qu'il y paraît au premier abord. Après tout, le problème est fondamentalement celui du citoyen qui, dans l'ensemble de l'Occident, continue à croire en l'existence d'un contrat social de base.

Selon une idée reçue, on ne peut strictement rien y faire, pour la bonne raison que la mondialisation et la **technologie** dominent tout. En réalité il suffirait que les membres du G7 décident de revoir leur système d'imposition pour que la situation change. Le milliard de citoyens des sept grandes puissances du monde ne représentent-ils pas l'essentiel du marché de consommation des produits des grandes corporations ?

S'assurer qu'ils fournissent équitablement leur part de contributions n'est au fond qu'une simple question de coopération entre ceux qui ont droit à un pourcentage des richesses nationales.

FLORIDE. Ancien État américain dont les Latino-Américains et les Canadiens se disputent désormais âprement le contrôle. Les premiers sont poussés par leur besoin de stabilité financière et politique, les seconds sont titillés par leur quête de chaleur et d'un endroit pour mourir. Les armes suprêmes des Latino-Américains sont les groupes paramilitaires à base politique ainsi que le crime organisé financé par l'argent de la drogue. Les Canadiens y ont établi une équipe de hockey professionnelle.

FOI. L'inverse du dogmatisme. Depuis Socrate, la responsabilité individuelle et la réflexion profonde se fondent sur la foi :

> Si je dis que ce serait désobéir à Dieu que de « m'occuper de mes affaires », vous ne me prendrez pas au sérieux. Si, par ailleurs, je vous dis de ne pas laisser s'écouler une journée sans discuter du bien et de tous les autres sujets dont vous m'entendez parler, et que s'examiner, tant soi-même que les autres, est vraiment la meilleure chose que l'homme puisse faire, et que la vie sans ce type d'examen ne vaut pas d'être vécue, vous serez encore moins enclin à me croire. Pourtant c'est ainsi [2].

Le plaidoyer de Socrate face aux juges chargés de décider de son sort c'est que le maintien de sa foi en un système, quel qu'il soit, exige un effort individuel considérable et permanent. Celui-ci est forcément conscient, **existentiel** et sujet à un **doute** angoissant. La recherche scientifique moderne est tout aussi dépendante du mariage de l'incertitude et de la foi en la valeur du savoir.

Le dogmatisme substitue à la foi le pouvoir de la structure. On nous épargne l'effort de la conscience et la tension de vivre avec le doute. Nous pouvons nous laisser aller à croire en une structure ecclésiastique, d'une corporation ou d'une idéologie, chacune dotée d'un dogme établi.

Les défenseurs du dogmatisme, selon une approche qui n'a pas changé d'un iota au fil des siècles – depuis les jésuites jusqu'aux technocrates – ont largement tiré parti du scepticisme et du cynisme. Ils tentent de confondre cette attitude avec une existence conforme aux préceptes de Socrate, mais c'est exactement l'inverse. Si Socrate cherchait à inciter chaque individu à croire que cela valait la peine de tout mettre systématiquement en cause, les sceptiques, pour leur part, s'efforcent de museler l'individu en dénigrant sa foi en la réflexion.

FOURMIS. Les fourmis ne font rien pendant 71,5 % du temps. Elles s'efforcent de réfléchir à ce qu'elles pourraient faire d'utile ensuite, en dépit de leur réputation – partagée par les castors et les **abeilles** – de travailleuses zélées, modèles pour la race humaine.

La plupart des humains occupant des postes à responsabilité travaillent plus de 28,5 % du temps. On pourrait soutenir qu'étant plus intelligents que les fourmis, nous n'avons pas besoin d'autant de temps qu'elles pour réfléchir. Il s'agit là d'un argument techniquement correct et rassurant. Pourtant une étude comparative du pourcentage d'erreurs chez les fourmis et chez les humains ne serait pas en notre faveur. Nous pourrions riposter qu'en prenant le risque de se tromper, la société humaine, ou tout au moins le savoir humain, a progressé, tandis que la société et le savoir des fourmis sont restés stables. Mais si nous sommes si intelligents, pourquoi nous obstinons-nous à passer tant de temps à nous occuper de tâches non intellectuelles tout en économisant furieusement sur le temps passé à réfléchir ? Un observateur extérieur – une fourmi par exemple – se demanderait peut-être si nous avons peur de notre aptitude à penser, ou plus précisément du doute de soi qu'elle implique.

Voir **Travail.**

FRAISE. Interchangeable avec le melon, cette chose, qui a un vague goût de plastique ou de carton acide, est proposée dans tous les hôtels, restaurants et supermarchés du monde tous les jours de l'année sous l'étiquette de fruit frais.

Parmi ses qualités :

1. Modernité : elle est essentiellement le produit de l'irrigation, d'engrais et de pesticides.
2. Pudeur : elle est tout à fait satisfaite de grandir sous un film de plastique.
3. Adaptabilité : cueillie verte, envoyée par avion à l'autre bout de la planète, elle reste aussi imperturbable que si elle était de marbre.

4. Patience : elle restera éternellement sur un rayonnage, sans pourrir.

5. Mythique : elle évoque des chansons, des pique-niques, des tartes, le vin blanc et la chaleur de l'été.

D'aucuns diront que les vraies fraises existent encore, quelque part, pleines de saveur, délicieusement parfumées et n'attendant que d'être cueillies. Mais quelle valeur faut-il attribuer au vague romantisme de la vraie chose par rapport à la fraise transcendentale, la fraise platonique, que le génie de l'organisation rationnelle peut mettre dans n'importe quelle assiette à la demande ?

Voir **Blanc (pain).**

FRANCE. Voir **« La » France**.

FREUD (Sigmund). Homme tellement déçu par son papa et sa maman qu'il consacra sa vie à convaincre tous ceux qui voulaient bien l'écouter – ou, mieux encore, parler – que leurs parents étaient tout aussi mauvais.

En définitive, son mouvement persuada des millions d'individus que, s'ils pouvaient comprendre pourquoi leurs parents et leur enfance les avaient rendus si misérables, ils pourraient vivre plus heureux. Cette théorie a été appliquée à des malheureux depuis trois quarts de siècle ; il ne semble pas qu'elle fonctionne. Par malheur, la conscience est une force humaine bien trop rare. Freud en a malencontreusement découvert une espèce futile, encore plus rare, qui permet essentiellement aux romanciers de développer la voix intérieure dans leurs récits.

Par la suite, Jacques Lacan affina cette théorie freudienne en démontrant que, pour ce qui est des hommes et des femmes français, les père et mère sont réductibles à un système abstrait. Carl Jung se lassa tout bonnement des parents de Freud pour se tourner vers l'**animisme**, une source beaucoup plus riche pour l'examen de la psyché humaine.

Voir **Bonheur** et **Autobiographie.**

G

GALA D'INTRONISATION. Cérémonie religieuse à l'occasion de laquelle chaque Président américain nouvellement élu est consacré comme l'individu le plus célèbre du monde. Ce couronnement du leader des célébrités est désormais plus important que la prestation officielle de serment, qui a lieu le lendemain, avec tous ses discours ennuyeux et ses interminables défilés de moins que rien.

Le gala d'intronisation du Président Clinton et de son consort, le 19 janvier 1993, en fut un exemple parfait. 10 000 personnes payèrent 1 000 dollars par tête pour être là, en grande tenue. La cérémonie fut diffusée en direct et dans son intégralité sur tout le territoire national, toute l'Amérique du Nord même, et, grâce aux nouveaux réseaux américains internationaux, toute la planète.

Parmi les stars présentes : les actrices Goldie Hawn et Sally Field, en minijupes fendues, s'élançant bras dessus bras dessous pour déclarer au nouveau Président qu'elles représentaient des mamans d'Amérique. Michael Jackson, se trémoussant devant une foule de petits danseurs en herbe, représentait pour sa part la jeunesse américaine. Pour finir, Barbra Streisand, grande prêtresse du vedettariat, dont l'apparence tenait à la fois de la Déclaration d'indépendance et de la statue de la Liberté, prit la parole et chanta, au nom de l'Amérique entière, sa mythologie, son individualisme, sa liberté, Los Angeles et New York : « Monsieur le Président, je prie pour votre énergie. Je prie pour votre santé. »

Des courtisans attentifs constatèrent que le Président pleura sept fois au cours de la soirée. Ils s'empressèrent de l'imiter.

Le 19 juin 1981, Nancy Reagan n'avait pleuré qu'une seule fois, quand Frank Sinatra avait chanté une chanson en son honneur lors du gala d'intronisation de son époux. Mais ces moments d'émotion intense ne sauraient se comparer avec celui qui marqua la fin de la cérémonie organisée en l'honneur de John Kennedy (également orchestrée par Frank Sinatra), lorsque le futur Président grimpa sur l'estrade pour déclarer : « Je suis fier d'être démocrate parce que depuis l'époque de Thomas Jefferson, le parti démocrate a toujours signifié la quête de l'excellence. Cette excellence, nous en avons été témoins ce soir [1]. »

Que Jefferson ait pu associer ce terme d'excellence à un groupe de *crooners* et d'acteurs chantant les louanges d'un nouveau Président comme s'il s'agissait d'une fête royale à Versailles sous Louis XIV surprendrait quiconque s'était obstiné à voir dans le troisième Président des États-Unis un personnage public modeste et républicain. Quoi qu'il en soit, Kennedy ressortit sa formule sur Jefferson quelque temps plus tard, à l'occasion d'une visite des prix Nobel à la Maison-Blanche.

Voir **Leadership.**

GARDE PRÉTORIENNE.

Voir **Maison-Blanche** (personnel de la).

GATT.

Voir **Irradiation.**

GAUCHE/DROITE. Résultat d'une regrettable disposition des lieux.

En octobre 1789, la foule parisienne, conduite par des femmes, marcha sur Versailles, envahit le palais et ramena de force le roi en ville. L'Assemblée n'avait pas d'autre solution que de suivre le mouvement. On enferma Louis dans sa cage dorée, le palais des Tuileries. Le seul bâtiment voisin capable d'accueillir dans la même pièce plusieurs centaines de représentants élus était les étables du palais, situées dans ce qu'on appelle aujourd'hui le jardin des Tuileries. La nécessité de loger et de faire faire de l'exercice à un grand nombre de chevaux avait imposé le recours à une structure architecturale particulière.

Cette forme originelle obligea les charpentiers, mobilisés pour convertir l'espace d'urgence, à concevoir un plan semi-circulaire pour asseoir ces messieurs.

Naturellement, ceux qui se détestaient prirent place le plus loin possible les uns des autres, à l'extrême droite et à l'extrême gauche de l'estrade. Ainsi les besoins des chevaux contribuèrent à créer la notion d'oppositions politiques irréconciliables. Si l'architecture avait permis à cet hémisphère de se fermer, réactionnaires et révolutionnaires se seraient retrouvés tout naturellement assis à proximité les uns des autres.

Voir **Néoconservateurs.**

GAULOIS. Groupe ethnique composé principalement de Celtes, Normands, Allemands, Italiens, Espagnols, Provençaux, Basques, Bretons, Vietnamiens, Chinois, et d'autres peuples qui ont été conquis ou ont émigré en France, où ils ont retrouvé quelques Gaulois.

À admirer en toutes circonstances.

Voir **Anglo-Saxons**, **Xénophobie** (passive).

GÉNIAL. « C'est génial ! »

On n'a pensé à rien. On n'a pas besoin de penser. On ne pensera pas. Ou alors on pense à autre chose. Mais il faut bien dire quelque chose.

GOÛT. Le bon goût et le mauvais goût n'existent pas. Il n'y a que le goût, a souligné Coco Chanel. Ce qui sous-entend que les jugements de valeur faisant référence notamment au bien et au mal ne sauraient s'appliquer à la mode. Peut-être la mode n'est-elle rien d'autre que la mode. Qu'il s'agit d'apprécier, d'ignorer, voire de déplorer.

À la fin de l'Empire romain, les grandes familles patriciennes païennes furent horrifiées par la montée au pouvoir de chrétiens appartenant à la petite bourgeoisie, dont les lieux de culte étaient si mornes et si laids qu'on aurait dit des taudis. Ces croyants rustauds ne connaissaient rien aux principes de l'architecture. Ils avaient probablement de forts accents et s'habillaient sans recherche. Des péquenots, disaient ceux qui avaient du goût. Peu à peu, toutefois, les aristocrates eux-mêmes flairèrent le changement de pouvoir ; ils se convertirent. En définitive, la loi ne leur laissait plus le choix. Ceci se passa plusieurs générations avant qu'ils ne se considèrent eux-mêmes comme des chrétiens. Mais entre-temps, ils avaient communiqué leur bon goût à l'Église : architecture, décorations, mosaïques, peintures, liturgie et musique. Les évêques endossèrent des chasubles aussi somptueuses que leurs fonctions. Finalement, prières et cantiques prirent une tournure élégante et imposante. On en arriva vite à confondre le nouveau goût chrétien-païen avec le message chrétien original, d'une éthique limpide. Or ces liens étaient et demeurent purement imaginaires.

Lorsqu'on demanda à la reine Elizabeth II son avis sur le goût, elle répondit : « Je n'ai pas l'impression que ce soit très utile [2]. » Vrai et faux. Cela ne sert effectivement à rien, éthiquement parlant. Cela risque même d'embrouiller et d'affaiblir les principes de la morale. En revanche, cela nous aide indiscutablement à passer une journée plus agréable. « Pour le plaisir des yeux », clamera le marchand du souk pour vous attirer vers son étal. Pourquoi pas ? Nous avons des yeux. Non, comme l'a souligné Ovide, pour débattre du goût : « *De gustibus non disputendum est* » – ce qui prouve que Coco Chanel connaissait bien la poésie latine.

GUÉRISON. L'idée que nous pouvons être guéris est avant tout obsessionnelle. Dans la mesure où les médecins encouragent activement cette obsession, la guérison devient un foyer d'hystérie tacite.

Prenons le cas du traitement connu sous le nom de saignée, technique médicale standard pendant au moins deux mille trois cents ans – depuis Athènes jusqu'au milieu du XIXe siècle. Quand des méthodes de soins plus modernes sapèrent sa crédibilité, au début des années 1800, un médecin français, François Broussais, prouva une fois de plus, grâce à l'usage judicieux de statistiques, que saigner un patient pouvait soigner toute une gamme de maladies, de la peste au cancer, en passant par les maux de tête et les troubles nerveux. L'argument, comme toujours, était fondé sur la théorie qui veut que la maladie est causée par un « excès de sang ». Cet excès peut être éliminé soit en entaillant la peau (phlébotomie), soit en recourant à des sangsues. En 1833, 41 millions de sangsues furent importées en France à cet effet.

En 1850, cette obsession était passée. Les médecins pouvaient alors affirmer que notre civilisation avait progressé (voir **Pro-**

grès) au-delà de ce type de traitement. Mais la popularité de la saignée n'a jamais eu le moindre rapport avec le progrès, tout simplement parce qu'elle n'a jamais marché. Certes, elle procurait souvent un effet bénéfique superficiel à court terme. Quelle que fût la cause de l'agitation du patient, fièvre ou convulsions, l'élimination d'une partie de son sang le calmait pour la bonne raison qu'elle l'affaiblissait.

Des dizaines de milliers de gens furent trucidés de la sorte par des médecins. Entre le 14 et le 15 décembre 1799, George Washington fut effectivement assassiné par son vieil ami, le docteur Cräik. Il fut saigné à quatre reprises. La première fois à sa demande expresse, avant l'arrivée dudit médecin. On saignait les gens de la même façon qu'on débite les seins des femmes depuis cinquante ans. Qu'elles meurent malgré tout du cancer du sein ne décourage apparemment personne.

Cette approche mécanique atteignit son apogée au XXe siècle dans le domaine des médicaments. On trouve aujourd'hui quelque 30 000 remèdes dans les pharmacies. Après les remarquables percées des années quarante et cinquante, les médecins se prirent à dire que le monde était guéri.

« Nous avons remporté la bataille contre les maladies infectieuses », déclara le plus haut responsable américain de la santé publique en 1969 [3]. À peine avait-il prononcé ces paroles que la malaria, le choléra, la gonorrhée, tous trois théoriquement vaincus, se mirent à muer, échappant ainsi au contrôle de la plupart des médicaments existants. Des douzaines de nouvelles infections apparurent sans qu'aucun médicament ne pût en venir à bout, sans parler du sida.

Chercheurs et médecins estiment faire la guerre à la maladie. Même si on accepte cette analogie militaire douteuse, force est d'admettre que leur stratégie est mauvaise. Guérir, c'est éliminer. Un bon général sait qu'en essayant d'éradiquer l'ennemi on ne fait que provoquer la prochaine guerre. La maladie, comme la guerre, n'est jamais plus qu'une parcelle d'un réseau d'imbrications sans fin. C'est la raison pour laquelle toute victoire stable n'est qu'une sorte de coexistence pacifique.

Les maladies, comme les malades, n'existent pas dans l'isolement. C'est l'isolement de nos spécialistes, enfermés dans leurs secteurs étroits, qui leur fait croire qu'une maladie est un phénomène doté de limites naturelles.

Voir **Humanisme** et **Mort.**

GUERRE. Les enfants adorent la guerre, surtout la guerre civile.

En temps de paix, les parents pensent qu'on peut dire aux enfants ce qu'ils doivent faire ou ne pas faire. Les guerres civiles sont géniales parce que, tout à coup, les enfants deviennent des adultes. C'est une bonne occasion de se débarrasser de ses parents, parfois pour de bon. Au lieu de se laisser soudoyer avec des jeux et des revolvers en plastique, ils peuvent tirer sur les gens pour de vrai. Et se descendre les uns les autres.

GUERRE CONTRE LA DROGUE. Genre de guerre déclarée tous les six mois par les chefs de gouvernement occidentaux sans qu'il y ait jamais ni victoires ni défaites.

On dépense des centaines de millions de dollars en police, technologie antidrogue complexe, hélicoptères spéciaux, équipements de détection, contrôles frontaliers, largages d'insecticides par avion sur de vastes zones. Il en résulte des coups de filet périodiques, dont tous les journaux parlent en les taxant d'énormes, de gigantesques, d'horrifiants, de fabuleux. Ceux-ci donnent lieu à des séances de photographies solennelles, destinées à la presse, où on montre des piles de sacs de drogue et d'armes capturées.

Pourtant les autorités n'ont jamais réussi à intercepter plus de 10 % de la drogue écoulée chaque année dans le monde.

Ces poudres sont pour ainsi dire indétectables. Elles coulent comme de l'eau le long des barrages gouvernementaux jusqu'aux inévitables ouvertures, de même que les inondations frappent les terrains les plus bas.

Des milliers de réseaux clandestins fonctionnent à tout moment. Pourtant la police met parfois des années à en découvrir un. En l'espace de quelques semaines, un nouveau réseau aura pris la place de celui qu'on aura « démantelé », selon les gros titres. En réalité, on ne peut guère mettre la main sur la drogue qu'au moment de sa production ou de sa consommation. Tous les efforts que nous déployons entre ces deux étapes sont une perte de temps.

Les causes de la production et de la consommation de la drogue sont les mêmes. Il s'agit d'une combinaison de pauvreté, de désespoir, d'instabilité sociale, d'illettrisme et d'absence d'opportunités économiques. Si les autorités voulaient sérieusement lutter contre ce fléau, elles dépenseraient leur argent non à inventer une technologie combative, mais à en éliminer les causes.

Cela les obligerait à intégrer le problème de la production de l'héroïne et de la cocaïne au premier plan de la politique étrangère, ce qui n'est jamais le cas. Bien que la drogue constitue la principale des influences néfastes s'exerçant sur la finance internationale, on ne la considère pas digne d'être mise en balance avec des préoccupations d'ordre stratégique ou la concurrence commerciale.

Quant à la consommation de drogue, les nations occidentales, toujours à court de liquidités, laissent stagner les infrastructures sociales de la population démunie. Même un gouvernement américain enclin à la réforme est obligé de faire des pieds et des mains pour dénicher les fonds nécessaires à l'éducation et à la santé publique. Rien qu'aux États-Unis, 2 milliards de dollars pourraient être récupérés en supprimant les subventions allouées par les autorités à la guerre contre la drogue, de toute façon perdue d'avance.

H

HAPPY BIRTHDAY. Symbole international de la culture anglophone.

Suite au déclin progressif des croyances religieuses et libérales occidentales, fondements de la société moderne, il ne reste que des résidus de civilisation. Une matière riche et complexe, certes, mais qui n'a pas de forme précise.

Les célébrations publiques étant l'épanouissement de traditions incontestées, dans une civilisation faite de vestiges, rares sont celles qui conservent une quelconque validité. La plupart des fêtes et cérémonies du Moyen Âge, de la Renaissance et du début des Temps modernes subsistèrent pendant une bonne partie du XXe siècle, jusqu'au jour où les communications électroniques les condamnèrent à mort. On s'évertua à combler ce vide par des festivités fabriquées de toutes pièces, à l'intention de spectateurs, par cette même industrie des communications, avec l'aide des experts de la publicité. Or le public aspire toujours à une expression de groupe, c'est-à-dire des manifestations auxquelles on participe individuellement et qu'on peut aussi partager avec d'autres. Les spectateurs n'officient pas.

Jusqu'à récemment, les restaurants étaient des refuges pour les gens exclus de la vie normale ou désireux d'y échapper : étudiants démunis, célibataires sur le retour pas assez riches pour se faire servir à la maison ou, plus fortunés, en quête d'une aventure, artistes menant une existence débridée. Au cours des cinquante dernière années, ces établissements ont pris une importance accrue, comblant le vide laissé par le déclin des célébrations publiques ancestrales. Ils sont désormais les grands forums de la participation publique.

L'une des principales fonctions des restaurants consiste à servir de cadre aux anniversaires. Au moment même où vous lisez ces lignes, des milliers de serveurs et de serveuses du monde entier se pressent autour de clients un peu gênés en leur chantant « *Happy birthday* », en anglais. Ces chœurs de fortune substituent invariablement la formule universelle : « *to you* » aux : « cher Susie » ou « cher Catherine » qui devraient logiquement suivre.

Ils font songer aux pleureuses professionnelles qu'on engageait il n'y a pas si longtemps encore pour larmoyer aux enterrements. Mais pourquoi exclut-on le nom du client, qu'on peut pourtant lire en toutes lettres de sucre sur le gâteau qui trône sur la table ? Si ce chant n'était qu'un geste mercantile destiné à satisfaire le client, clamer son nom serait un moyen facile de le contenter, et par conséquent de l'inciter à débourser davantage. Seulement cette célébration n'a rien d'individuel. Étant donné notre incapacité à faire face à la **mort**, ces serveurs-chanteurs sont en réalité des pleureuses professionnelles d'un genre nouveau. La chanson *Happy Birthday* est devenue une incantation, reprise inlassablement dans l'ensemble de l'Occident et au-delà, de même que jadis les messes chrétiennes en latin célébraient à tout moment, vingt-quatre heures sur vingt-quatre, les naissances, les vivants, les mourants et les morts.

Lorsque en 1983 le sénateur Benigno Aquino fut assassiné dans des circonstances douteuses à son retour d'exil à Manille, le gouvernement philippin s'efforça de laver l'outrage en procédant à une enquête. Mme Imelda Marcos fut appelée à témoigner, car on soupçonnait son mari d'être impliqué, directement ou indirectement, dans cette affaire. Il se trouva que la date de sa comparution coïncidait avec le jour de son cinquante-cinquième anniversaire. Au moment où elle entra dans la salle d'audience, tout le monde se leva pour chanter *Happy Birthday*.

HAPPY HOUR. Commentaire déprimant sur le reste de la journée et victoire pour la vision dionysiaque la plus limitée de la nature humaine.

HARVARD BUSINESS SCHOOL.
Voir **Chicago School of Economics** et **Taylorisme.**

HÉROS. Une illusion de leadership.

Le Héros moderne est le descendant de Napoléon Bonaparte. Avec le développement de la technologie des communications, il est désormais impossible de faire passer les attitudes Héroïques pour plus importantes que l'héroïsme lui-même.

Le Héros est le substitut rationnel du leadership démocratique. Pour contourner toutes les complexités de la place publique, on a allié la compétence technocratique à l'image, aussi excitante que divertissante, du leadership à cheval. Vers la fin du XXe siècle, ce symbole napoléonien avait atteint un grand raffinement, comme en témoignent certaines attitudes telles que les récits de guerre reaganiens inspirés par le cinéma, le ton **dur** de nos leaders, le fait de vendre leur « personnage » par le biais d'un mécanisme de relations publiques, ou encore de confondre l'idée du Héros avec celle de la célébrité.

L'un des rôles dévolus au Héros et au **Faux Héros** étant de faire oublier aux citoyens leur rôle à eux, l'apparence est d'une importance extrême. De 1800 à 1945, les faux populistes revêtirent des uniformes militaires. Ils se conformaient au modèle napoléonien, bien que peu d'entre eux fussent des soldats. Après Hitler et Mussolini, l'uniforme n'était plus possible.

Une période de confusion s'ensuivit, au cours de laquelle on chercha un nouveau modèle. Celui-ci commença à se dessiner dans les années quatre-vingt, amalgame d'entrepreneur et d'acteur de série B. Il fallait se concentrer sur un rôle monolithique. Le général coriace, déterminé, se transforma en un homme d'affaires tout aussi coriace et déterminé. L'uniforme militaire en un costume croisé, lourd, foncé et cher.

Reagan et Mulroney en furent les prototypes. L'image fut perfectionnée en Italie. Le nouveau Premier ministre, Silvio Berlusconi, ancien chanteur de night-club portant des talons de cinq centimètres, les cheveux transplantés, se produisait en public maquillé en permanence, même lorsqu'il accueillait des enfants affamés à peine débarqués du Rwanda. C'était clairement un Héros du type entrepreneur, avec le costume approprié.

HISTOIRE. Réseau inextricable liant le passé, le présent et le futur.

La société occidentale moderne voudrait limiter l'histoire au passé, comme s'il s'agissait du rebut de la civilisation. Les détenteurs du pouvoir tendent à considérer l'histoire comme un mythe manipulable destiné à distraire le public, sans utilité propre.

Des divers domaines de l'éducation humaniste, l'histoire a, mieux que les autres, survécu à la réduction pseudoscientifique de l'apprentissage non scientifique à des normes théoriquement objectives. Les autres pierres angulaires de l'humanisme – la littérature et la philosophie – ont été gravement endommagées par cette fâcheuse tendance à tout quantifier et objectiver. La comptabilité intellectuelle n'est pas synonyme de pensée. Aiguillonnées par cette vaine quête d'objectivité, la littérature et la philosophie finissent par ressembler à l'obscure et aliénante scolastique médiévale.

Si l'histoire a mieux résisté, c'est peut-être parce que les structures du pouvoir nécessitent une toile de fond mythologique rassurante, et que le mythe fait table rase des détails historiques. Ainsi acceptons-nous l'histoire comme une généralisation superficielle, vue à travers un brouillard.

Notre technocratie tremble à la pensée qu'idées et événements puissent faire partie d'un grand mouvement, car alors ils seraient moins contrôlables que les experts ne sont prêts à l'admettre. À leurs yeux, l'histoire est une force conservatrice qui entrave le changement et les réponses nouvelles. En réalité elle ne devient une puissance active qu'à partir du moment où les individus la déforment en en faisant une arme destinée à manipuler le public. Par ce processus même, elle cesse d'être l'histoire.

Le XXe siècle a été dominé par une explosion catastrophique d'idéologies, dont le communisme et le fascisme ne sont que les plus spectaculaires. Le **néo-conservatisme** en est un exemple récent de moindre envergure. Le succès éphémère de ces idéologies a été rendu possible en partie grâce au **déni** de l'histoire, ou plus exactement en la figeant, selon des créneaux étroits de logique dont l'unique but était de justifier une idéologie spécifique.

Cela ne signifie pas pour autant que l'histoire devient un flambeau de vérité dès qu'on la distingue de l'idéologie. L'histoire n'est pas une question de vérité, mais de continuité ; il ne s'agit pas d'une dialectique limitée, mais d'un mouvement infini. Tant que l'**éthique** demeure au premier plan, l'histoire ne peut pas faire l'objet d'une déformation grossière. Les principes éthiques que la civilisation occidentale s'est efforcée d'imposer depuis deux millénaires et demi sont loin d'être des secrets. Bien au contraire, ils sont restés d'une pénible évidence, tandis que les unes après les autres les structures du pouvoir se sont ingéniées à les marginaliser ou à les manipuler. C'est dans ce contexte que l'idéologie cherche le plus souvent à fixer notre attention sur un schéma unique, définitif, qu'on peut présenter comme inévitable, et qui par conséquent porte en lui une déformation de l'éthique.

Ces expériences destructrices illustrent la valeur de l'histoire en tant que garante de la stabilité autant que du changement. Ce n'est ni une force conservatrice ni une force révolutionnaire. L'histoire est une mémoire constante et sa valeur réside dans notre aptitude à en faire un élément très conscient de nos vies. À une époque qui présente l'analyse abstraite – une technique niant la continuité et la mémoire – comme la seule méthode respectable d'exercice du pouvoir, l'histoire est peut-être le seul mode de pensée linéaire encore intact.

Voir **Humanisme.**

HOBBES (Thomas). Il avait raison sur un point : il existe une relation incontestable entre l'autoritarisme et la difficulté que les humains éprouvent à affronter leur **peur** de la **mort**.

Les théories qu'il avança au XVIIe siècle, dans *Léviathan* – la démocratie est synonyme de désordre et les sociétés ne peuvent fonctionner qu'avec des leaders forts tirant profit de l'angoisse de la mort chez leurs sujets – sont devenues un thème récurrent. Chaque fois que nous entendons une description pessimiste de l'humanité ou un appel en faveur d'un **leadership** fort, ou encore une interprétation obscure de notre conversion imminente en poussière, il s'agit là d'échos du discours anti-démocratique de Hobbes.

Nous autres, citoyens, garants de notre propre démocratie, en sommes arrivés à utiliser un langage suggérant que nous avons toutes les raisons d'être pessimistes quant à notre aptitude à choisir judicieusement des politiques et des leaders, à contrôler nos impulsions et à prendre part intelligemment à notre civilisation. Ce pessimisme nous fait continuellement désirer des leaders, c'est-à-dire des leaders « forts », des gens à même de gérer la situation à notre place. Curieusement, il semble que ces impulsions autodestructrices fassent partie intégrante d'une société qui, plus qu'aucune autre dans l'histoire, a été édifiée avec soin, de manière à ce que chacun d'entre nous puisse éviter d'affronter la réalité de sa mort prochaine.

Nous avons tendance à croire que l'ennemi est dans la place. Nous imaginons toujours qu'un bon citoyen est celui qui demeure vigilant, sur le qui-vive, contre un éventuel ennemi autoritaire. Mais nous sommes nous-mêmes devenus l'ennemi en question, en oubliant les implications de nos propres arguments.

HUMANISME. Exaltation de la liberté, mais une exaltation limitée par notre besoin d'exercer la liberté comme part intégrante de la nature et de la société.

Nous sommes capables de liberté parce que nous sommes en mesure de chercher l'équilibre qui nous intègre dans le monde. Cet équilibre au sein de la société dépend de notre reconnaissance du **doute** comme élément positif. Par conséquent la dignité de l'homme est une marque de modestie, non d'orgueil et de présomption vaniteuse.

Ces notions simples sont au fondement de l'idée occidentale de civilisation. Elles s'opposent clairement aux certitudes étroites, mécanistes, de l'idéologie, ces convictions proclamées destinées à dissimuler la peur du doute.

L'humanisme moderne a fait son apparition en Italie au XIVe siècle, avec Dante, Boccace et Pétrarque. Il fut élevé au rang de philosophie durant la deuxième moitié du XVe siècle. Parmi ceux qui se chargèrent de réimaginer sa forme figurait Pic de La Mirandole, qui, dans son *Oraison solennelle sur la dignité de l'homme*, fait dire à Dieu à l'adresse d'Adam : « Je t'ai placé au centre du monde afin que de là tu puisses voir tout ce qu'il contient. »

La plupart des historiens de la **philosophie** définissent aujourd'hui l'humanisme en des termes très techniques, comme un mouvement qui exhuma les textes grecs et romains classiques et se consacra aux études détaillées du langage et de la traduction. Ils ramènent ainsi une révolution à leur propre niveau de **scolastique** moderne. Or les premiers humanistes s'attaquaient surtout aux scolastiques de leur époque. Ils s'intéressèrent aux textes classiques non dans le but scolastique d'étudier le passé, mais avec la ferme intention de se servir des idées classiques pour lutter contre une rhétorique médiévale oppressive.

La voie humaniste était portée par des écrivains en quête de nouveaux moyens de communiquer, avec des audiences plus vastes, dans un langage clair. Le doute était omniprésent. Au début du XVIe siècle, Érasme apparut comme la seule voix modérée pouvant empêcher les extrémistes religieux, catholiques et protestants, d'étancher leur soif de sang. On retrouvera, au siècle des Lumières, cette même foi en l'équilibre qui portait Érasme. Certes les penseurs du XVIIIe siècle passèrent beaucoup de temps à définir des concepts. Ce qui les intéressait, pourtant, ce n'était pas tant de prouver qu'ils avaient raison que d'être en harmonie avec la réalité.

À l'aube du XIXe siècle, il était évident qu'une nouvelle vague d'idéologies allait rejeter le doute, synonyme de faiblesse, d'ignorance, d'irresponsabilité – pour ne pas dire de subversion. Cela explique peut-être que l'idéologie de la **raison** et ses diverses manifestations mineures, telles que le marxisme et le capitalisme, aient si aisément supplanté l'humanisme. Ces idéologies portent en elles toutes les peurs des idées incontrôlables et se servent de leur absolutisme pour manipuler librement les certitudes et la force. L'équilibre, en revanche, exige du soin et du temps, et, bien entendu, nécessite qu'on admette l'incertitude. L'apparente faiblesse de l'humanisme face à l'idéologie n'a rien d'étonnant. La certitude étriquée semble toujours l'emporter, à court terme, sur l'équilibre et le doute.

Curieusement, les idéologies contiennent une promesse éternelle et globale, qui tient de l'impossible, et génère à tout moment des situations d'urgence. Pour sauver les meubles, le citoyen doit réagir... par l'acceptation passive. Cette passivité est indispensable car on estime que, s'il est libre d'agir comme il l'entend en temps de crise, l'individu fera systématiquement ce qu'il ne faut pas faire.

Pour l'humaniste, les problèmes à court terme ne constituent pas une crise. Il s'agit tout simplement de la réalité, avec toutes les complications et les contradictions qu'elle suppose. Le citoyen n'est pas censé réagir passivement face à la réalité, pour la bonne raison que la nature humaine n'est ni un problème ni une cause de peur. Selon la formule de René-Daniel Dubois,

« nous ne voulons pas d'un monde dans lequel le sentiment d'être humain est une maladie [1] ». La nature humaine est une force positive dès lors qu'elle se trouve en équilibre.

Mais de quel équilibre parlons-nous ? Quelle est cette balance recherchée par les humanistes ?

Dans un récapitulatif des qualités humaines, on peut raisonnablement inclure l'**éthique**, le bon sens, l'imagination ou la créativité, la mémoire, l'histoire ou l'expérience, l'intuition et la raison. L'humaniste essaie de faire usage de tout cela. Mais que signifie être en équilibre ?

Les Athéniens ignoraient tout de la structure de l'atome, au sein duquel plusieurs pôles sont maintenus en un équilibre autonome, non par ce que nous pourrions appeler une structure physique ou logique, mais par une tension. La tension d'opposés complémentaires. Nos qualités, considérées globalement, s'apparentent à un atome. Dès l'instant où l'une d'entre elles se détache des autres et l'emportent sur elles, le déséquilibre fera aussitôt ressortir ses aspects négatifs.

C'est ainsi que l'éthique au pouvoir se change vite en dictature fanatique. Le bon sens ne peut manquer de tomber dans la confusion et le pessimisme, comme s'il se vautrait dans la boue. La créativité vire pour sa part à l'anarchie, la mémoire en la pire espèce de dictature monarchique qui soit, l'intuition en une suprématie de la superstition la plus vile. Et la raison, nous avons pu le constater au cours des cinquante dernières années, en une dictature désorientée et amorale, imposée par la structure.

Mais si ce déséquilibre, que nous appelons idéologie, peut si aisément avoir raison de l'équilibre, l'humanisme a-t-il jamais été autre chose qu'un refuge marginal de l'idéalisme ? Il ne s'agit pas là d'une question, bien évidemment, mais d'une réponse bâtie comme une question et reflétant l'approche idéologique standard face à l'humanisme.

Il est incontestablement plus facile de croire en des absolus, de suivre aveuglément des idées reçues constamment rabâchées. Mais cela s'appelle se leurrer. La question n'est pas de savoir si nous pourrons jamais atteindre un équilibre humaniste, mais si nous tentons d'y parvenir. Cela vaut mieux que de rechercher le déséquilibre aliénant de l'idéologie.

Nous avons toujours su qu'il était plus aisé de gérer Sparte qu'Athènes. Sparte présentait tous les avantages d'une énorme population subordonnée et asservie, une société soudée par l'obéissance militaire et l'absence de tout débat. Il était plus difficile d'être athénien. En définitive, ces mêmes Athéniens échouèrent, même en regard de leurs propres normes. Mais ils connurent longtemps le succès, et leurs normes continuent à jalonner notre chemin. Nous y avons fait des ajouts, en brodant dessus, voire en les améliorant. Ce n'est pas tant que nous avons progressé, mais nous avons une meilleure compréhension de la manière dont il convient d'agir. La plupart du temps, nous ne parvenons pas à accorder nos actes aux normes qui sont les nôtres. Nous manquons à nos engagements vis-à-vis de nous-mêmes. Mais si nous en avons conscience, nous pouvons trouver les moyens de nous sauver. Tel est l'essence de l'humanisme.

I

IDÉAL OLYMPIQUE. Les jeux qui virent le jour en Grèce, en l'an 776 av. J.-C., se voulaient une compétition entre des athlètes amateurs provenant de différentes cités. L'idée consistait à réunir des citoyens de villes rivales en un rassemblement apolitique, dans le but d'apaiser les querelles et de favoriser entre eux l'esprit communautaire.

La classe des marchands, alors en plein essor, finit par dénaturer ce noble objectif en introduisant dans les jeux la notion de rivalité entre cités. Celles-ci entreprirent de subventionner indirectement les participants, souvent en catimini. Ces athlètes amateurs ne tardèrent pas à se livrer à une parodie d'amateurisme. Leurs carrières et leurs revenus futurs dépendaient de cette compétition. Les vainqueurs devenaient des héros, des héros politiques. Ils étaient nourris aux frais de l'État jusqu'à la fin de leurs jours.

Cette corruption discrète se changea progressivement en malhonnêteté pure et simple. On en arriva à verser des pots-de-vin aux athlètes pour qu'ils perdent. En l'an 394 apr. J.-C., les jeux furent abolis parce qu'ils étaient devenus une caricature d'amateurisme, un foyer de corruption et une source de rivalités politiques.

Les jeux Olympiques rétablis en 1896 se voulaient une compétition entre athlètes amateurs. L'un des objectifs était de réunir des citoyens de nations rivales dans le cadre d'un rassemblement apolitique. Ce que les Grecs accomplirent en mille cent soixante-dix années, nous y sommes parvenus en moins d'un siècle.

Voir **Xénophobie.**

IDÉOLOGIE. Arguments tendancieux exposant une vue du monde comme s'il s'agissait d'une vérité absolue dans le but d'acquérir le pouvoir politique et de le conserver.

Un dieu intervenant dans les affaires humaines par le biais de porte-parole qui se font généralement appeler prêtres. Un roi appliquant des consignes reçues de Dieu. Une guerre de classes prédestinées pour que les représentants d'une classe donnée s'emparent du pouvoir. Une structure corporatiste composée d'experts faisant entrer la vérité en vigueur par le biais de conclusions fondées sur des faits. Un groupe ethnique qui, du fait de ses liens du sang, possède une destinée que révéleront des leaders nationalistes. Un marché mondial déterminant, que cela nous plaise ou non, le cours de toute vie humaine selon l'interprétation de cadres d'entreprise. Autant d'exemples d'idéologies – et il en existe beaucoup d'autres.

Les partisans de ces mouvements se laissent berner par les obsessions naïves qui les accompagnent. Celles-ci les vouent à l'échec et engendrent la violence. C'est la raison pour laquelle les intentions décentes du *Manifeste du parti communiste* aboutissent aux goulags et au crime. C'est aussi pourquoi la promesse de prospérité associée au marché se solde par l'exploitation d'un travail au rabais, impliquant souvent des enfants.

Il y a les grandes idéologies et les petites. Elles existent sous des formes locales, nationales ou internationales. Certaines exigent des gratte-ciel, d'autres une circoncision. Comme la fiction, elles gèlent toute possibilité d'incrédulité, parce que Dieu n'apparaît qu'en privé et devant ses porte-parole officiels, parce que les leaders de classes décident eux-mêmes du contenu et de la hiérarchie des classes, parce que les experts choisissent leurs faits méticuleusement. Les liens du sang ne sont pas purs et l'acceptation passive d'un marché déterministe revient à nier deux mille cinq cents ans de civilisation occidentale, depuis Athènes et Rome en passant par la Renaissance, jusqu'à la création des démocraties représentatives.

Comment savoir s'il s'agit d'une idéologie ou non ? Vous les reconnaîtrez à coup sûr, par leur affirmation de la vérité, leur mépris de toute forme de réflexion et leur phobie des débats.

IMAGE. Dans une société en proie à l'illusion, l'image prend trois formes plus ou moins dangereuses.

Il y a l'image que son créateur sait fausse, même s'il espère convaincre le public de sa véracité. C'est le mensonge direct, dont on peut avoir raison parce qu'il est précis. Une épingle plantée au bon endroit, et il se dégonfle ou il explose.

Il y a l'image que son créateur sait fausse sans espérer pour autant tromper le public. Juste le distraire et le désorienter. Ce type de créateurs d'images peut être dangereux, parce qu'il sous-entend que le sens n'a aucune importance. Il est de plus en plus répandu, se nourrit de technologie et tourne en dérision les notions de civilisation et de langage.

Enfin il y a l'image en laquelle le créateur finit par croire. Que le public marche ou non, il s'agit indéniablement de l'espèce la plus pernicieuse, parce qu'elle implique un **déni** de la réalité par ceux-là mêmes qui ont un impact direct sur elle.

Dans ces trois cas, l'image a l'avantage d'apparaître comme vraie, et par conséquent de donner cette impression. Par exemple, dans les sondages sur les niveaux de perception du mensonge, 75 % des personnes interrogées identifieront un mensonge moyen s'ils l'entendent, 65 % s'ils le lisent, et 50 % s'ils le voient [1].

Si on associe souvent les changements révolutionnaires au **langage oral**, c'est parce que ce dernier reste le moyen de communication réel le plus juste. Nous avons beaucoup de mal à mettre en doute ce que nous voyons. C'est l'un des grands risques à courir au sein d'une société de plus en plus dépendante d'images électroniquement manipulables.

Voir **propagande.**

INCONSCIENT. L'introduction de l'inconscient – et de l'inconscient collectif – par **Freud** et Jung ont permis le rétablissement des dieux et de la destinée dans la société moderne.

On a eu recours à la **raison** pour définir chaque acte humain conscient et éliminer ainsi formellement de nos vies le règne de la superstition et de l'ignorance. La *découverte* de l'inconscient a ouvert en grand une porte dérobée et engendré un nouveau pouvoir irrationnel baptisé **mythologie**.

INDIVIDUALISME. L'acquittement de nos obligations vis-à-vis de l'ensemble des citoyens par le biais de la participation aux affaires publiques.

INDOLENCE. Un important **baron** de la presse s'est employé à expliquer ce terme. Selon lui, l'indolence est à l'origine de la pauvreté dans le monde. 10 % des Américains ne seraient pas des indigents s'ils faisaient preuve d'initiative et travaillaient un peu plus dur.

Il a fait cette déclaration justement l'autre jour, à l'occasion de la conférence annuelle de **Davos**, en Suisse. Les gens en question se satisfont apparemment tout à fait de mener une existence oisive grâce aux bons de nourriture et en fraudant le système de la Sécurité sociale. Si seulement ils avaient suivi les conseils de *son* père, ils « les auraient baisés, ces connards », et seraient devenus riches comme Crésus. Ces centaines de millions de millionnaires se baisant les uns les autres, puisqu'il n'y aurait plus d'autre catégorie de citoyens auxquels réserver ce même sort, résoudraient si bien notre problème qu'il serait inutile que d'autres se préoccupent de comprendre la signification de ce terme.

Voir **Myrmecophaga jubata.**

INEFFICACITÉ. Divorce entre la fonction d'une opération et son objectif.

Parfois, la rhétorique de base, qui assimile l'inefficacité à la bureaucratie, se justifie parfaitement. Pourtant il est difficile d'imaginer des opérations plus efficaces que les services publics. Ils nous procurent de l'eau, de l'énergie, récupèrent les eaux souillées et les détritus, entretiennent les infrastructures des transports et permettent à des dizaines de millions de gens de mener leur vie sans problèmes, tout en restant invisibles.

Qui est inefficace, dépassé, conservateur dans ses politiques d'investissement et qui a l'impression de gaspiller quand il s'agit de récompenser ses cadres : le chemin de fer public allemand ou l'industrie textile française ? Les postes américaines ou les compagnies aéronautiques Lockheed et McDonnell Douglas ? EDF ou le secteur bancaire occidental (d'affaires ou de dépôts), qui s'est mis en faillite à plusieurs reprises au cours des trente dernières années en dépensant de manière outrancière et non professionnelle ?

Hors d'un contexte idéologique donné, on ne peut prétendre que l'inefficacité soit une question de propriété publique plutôt que privée. La concurrence peut contribuer à décourager le gaspillage bureaucratique, mais le marché engendre aussi des dilapidations, parce qu'il a une mémoire notoirement courte, du mal à prévoir au-delà de quelques mois et un penchant chronique pour les brusques revirements de la mode – la hauteur des talons par exemple.

La cause de cette prodigalité dans l'un et l'autre secteurs est l'absence de but. Celle-ci peut être imputée à un manque de connexion entre la manière dont une opération fonctionne et son objectif. Plus cet écart est grand, plus est grande l'inefficacité.

Une armée a pour but de prévenir les guerres ou de les gagner. Pourtant, les officiers se laissent facilement distraire par les impératifs de la gestion, les structures de pouvoir internes, les divisions de classe et le prestige lié à l'amoncellement des armes. De ce fait, ils défavorisent ceux d'entre eux qui sont des stratèges compétents (et qui prônent la prise en compte de l'incertitude) tout en promouvant les courtisans, qui raffolent de la gestion, des structures de pouvoir, des divisions de classe et de l'amoncellement des armes, mais ne peuvent pas remporter les guerres.

Le gaspillage et la confusion régnant dans l'industrie automobile peuvent être associés à cette même obsession du management. L'instabilité et les dilapidations outrancières du secteur financier sont attribuables en grande partie au fait qu'il a oublié au cours des vingt dernières années le rôle qui lui incombait dans l'économie, à savoir le financement des infrastructures et de la production.

Ces erreurs sont souvent justifiées par une idéologie brutale, pour ne pas dire barbare, établissant que l'objectif de la société est de maximiser le profit. Cela revient à transformer un mécanisme restreint, mais utile, en un dieu absolu mais abstrait. La quête obsessionnelle du profit est l'exemple par excellence du divorce entre fonction et objectif, et une invitation à l'inefficacité et au gaspillage.

Voir **Nationalisation.**

INTELLIGENCE. Définition donnée de ses propres forces par l'élite dirigeante. Il s'agit donc de l'étalon par excellence de la **supériorité** dans la race humaine.

En cette fin de XXe siècle, l'intelligence supérieure ressemble apparemment aux colonnes du cruciverbiste. Ses forces sont mécanistes, rationnelles, linéaires. Elle tend vers l'étroitesse, redoute toute idée, individu ou événement incontrôlé, tout don intuitif ou créatif, autrement dit l'**humanisme**, préférant l'exclusion à l'inclusion. La médiocrité organisée est une preuve d'intelligence davantage que la pensée originale ou censée, puisqu'elle est responsable envers les structures existantes.

C'est flagrant dans les normes, les examens et les concours contrôlant l'accès aux différents niveaux du pouvoir : notamment les examens dits SAT, qui constituent le premier obstacle à l'entrée dans les universités américaines ou, en France, les concours qui président à l'admission à l'ENA, dont les diplômés constituent l'essentiel des élites politiques, administratives et commerciales.

Les partisans de cette approche soutiendront peut-être que ces élites sont la déformation inévitable de l'idéal par la réalité. Après tout, les origines du mot intelligence remontent clairement au latin *intelligere*, « comprendre », ou littéralement « choisir entre ». En d'autres termes, comprendre afin de choisir parmi les différentes options possibles.

Mais le concept moderne d'intelligence semble associer l'obsession du choix à une hantise de la compréhension. Nous nous concentrons sur la méthodologie, l'information et le contrôle en fuyant l'exercice du doute, pourtant essentiel à la compréhension.

S'agit-il d'une déformation de la notion d'intelligence ? Le langage est une réalité, non une abstraction. Sans doute, si la civilisation occidentale décide de considérer une gamme restreinte d'aptitudes comme les ingrédients l'intelligence, elles le deviennent dans la pratique ; sauf si en cours de route quelqu'un vient à proposer une interprétation plus précise.

La médiocrité, ou ce qui revient à une stupidité fonctionnelle, peut-elle se changer en intelligence ? Pourquoi pas ? Les sociétés disposent d'elles-mêmes comme elles l'entendent. À long terme, leurs définitions de l'intelligence, une fois appliquées, constituent une volonté de vivre ou une forme de suicide. Il semble que cette seconde option nous intéresse de plus en plus.

IRA. La vision que ce sigle évoque aussitôt, c'est celle de femmes et d'enfants sautant sur une bombe en plein Londres alors qu'ils faisaient leurs achats de Noël. Cette scène tragique invite à deux conclusions inexactes. Premièrement, que les Anglais s'intéressent à la question (cette définition sera peu lue en Angleterre). Deuxièmement, que ce massacre d'innocents a fait du tort à l'IRA. Rien dans l'histoire ne prouve que le fait d'être considéré comme du bon côté aide les terroristes ou les nationalistes militants à parvenir à leur fin. Une bonne image n'a jamais aidé les Biafrais ou les Kurdes ; il y a peu de chances pour qu'une mauvaise porte préjudice à l'IRA.

C'est une raison supplémentaire pour que l'Irlande intéresse les Anglais. Pourtant les questions irlandaises complexes – une fracture protestants/catholiques au nord et entre le nord et le sud, des divisions de classe parallèles au nord, la présence de l'armée britannique, pour n'en citer que quelques-unes – sont rarement soulevées en Angleterre dans les dîners ou les déjeuners d'affaires, ou lors de week-ends à la campagne. Un roman ayant pour thème ce sujet, au demeurant très riche, n'aurait presque certainement aucun succès. Le seul film récent qui fit exception *(The Crying Game)* perça parce qu'il était question d'un soldat britannique noir et d'un superbe travesti, et que l'action se déroulait presque entièrement à Londres.

Nonobstant le silence général, on a dénombré 3 000 meurtres en 23 ans, dont 1 800 perpétrés par l'IRA.

L'interprétation professionnelle – politique ou administrative – de cette situation fait référence à des questions spécifiques, telles que l'envoi d'armements par la Libye, la présence d'hommes politiques irlandais ambitieux, la contribution de fonds américains, les liens avec le crime organisé et l'existence de groupuscules fanatiques. Ces groupes s'imaginent que le désir de compromis manifesté par les grandes élites, qui cherchent avant tout à protéger leurs positions, peut être anéanti par des actes de violence qui oblitèrent toute possibilité de débat public. Il ne reste alors aucun terrain viable, hormis les extrêmes. Dans ces cas-là, les professionnels estiment qu'il leur appartient de trouver la solution au problème.

L'analyse professionnelle nécessite généralement une compréhension profonde des structures terroristes. Dès lors, les approvisionnements en armes peuvent être interrompus, le crime organisé dénoncé, les sources financières bloquées et les leaders terroristes messianiques éliminés. Pourtant, inexplicablement, ces victoires, aussi évidentes qu'impressionnantes, n'entraînent presque jamais un déclin du pouvoir des extrêmes. Au bout de quelques mois, les structures terroristes se métamorphosent et on assiste à une nouvelle série d'explosions ou d'assassinats. Dans un premier temps, les autorités sont temporairement découragées, puis elles s'empressent de prendre en compte les nouveaux événements et d'analyser l'ennemi sous un jour nouveau.

En réalité le fournisseur d'armes, la Libye ou n'importe quel autre pays, n'a jamais constitué un problème. Écarter Khadafi et ses armes était sûrement satisfaisant, mais cela manquait totalement d'à-propos. On peut toujours se procurer des armes quelque part. Le monde en est plein. Et le matériel dont les terroristes ont besoin ne coûte pas très cher.

Somme toute, l'histoire pèse plus lourd dans la balance que les structures terroristes. Les professionnels n'en tiennent pas compte, pour la bonne raison que le débat politique, de même que le processus administratif et sa soif de solutions, n'a rien à faire du passé, qui n'est au fond qu'un dépotoir mythique d'où on peut tirer de temps à autre quelques fragments destinés à étoffer la propagande. Les professionnels considèrent la société comme un édifice rationnel composé de trois parties : briques et mortier, systèmes ou structures, et individus.

Avec une telle approche, il est hors de question de traiter la société comme un organisme vivant ayant évolué à partir du passé. De nombreuses possibilités de changement nous attendent. Cependant notre aptitude à réagir face à l'avenir est limitée, et souvent régie par des événements du passé. Les soldats gazés de la Première Guerre mondiale ne participèrent pas aux compétitions d'athlétisme qui se déroulèrent après l'armistice. Rares sont les grands leaders intellectuels qui n'ont pas bénéficié d'une solide éducation au cours des vingt premières années de leur existence. Ceux qui ont vécu des drames dans leur jeunesse sont très différents des autres une fois parvenus à l'âge adulte.

Les sociétés ne diffèrent guère des individus. Elles ne peuvent pas fermer les yeux sur leur passé ni lui échapper. Et si celui-ci comporte des torts graves, alors il faut parfois des générations, et beaucoup de soins, pour en effacer leurs effets.

Même les élites qui se chargent de résoudre les problèmes le savent. Pour quelle autre raison feraient-elles continuellement référence au génie de Frédéric le Grand et de Garibaldi, à la gloire de la France et à la mission de l'Amérique ? Si elles ne croient pas à l'importance du passé, ces évocations de souvenirs positifs ne sont que l'émanation d'un chauvinisme insensé. Si elles y croient, alors elles doivent aussi accepter que l'IRA soit le produit inévitable des massacres de Cromwell et de la proscription religieuse de toute une population au XVIIIe siècle.

Plus les actions d'un groupe extrémiste sont aveugles et se prolongent, plus elles ont de chances d'être l'écho inconscient d'épisodes du passé mal digérés. Cela ne veut pas dire que les Anglais devraient s'apitoyer sur le sort de l'IRA ou faire preuve de clémence. Mais cela signifie qu'ils ne résoudront pas le problème irlandais en lui damant le pion. Cela signifie surtout que cet ennui, ce mépris, cette indifférence manifestés par les Anglais chaque fois qu'on aborde la question irlandaise révèlent beaucoup plus de choses sur les Anglais que sur les Irlandais.

Voir **Solutions.**

IRONIE. Il n'y a pas très longtemps, un Président américain s'adressant au Congrès compara Saddam Hussein et la guerre du Golfe à Adolf Hitler et au deuxième conflit mondial. Personne ne jugea bon d'applaudir ce recours habile à l'ironie. On ne rit même pas !

Comme le **subjonctif**, l'ironie rend l'âme à petit feu. Au sein d'une civilisation vouée à la compétence, les plaisirs de la contradiction ne trouvent pas d'acquéreur. On veut la vérité et des faits.

Les gens sérieux pensent qu'ils doivent tout prendre au pied de la lettre, comme il convient à des professionnels. Les seules formes d'humour fonctionnant de nos jours sont la comédie à grosses ficelles ou les blagues d'initiés, les calembours, comme il convient à une civilisation de spécialistes.

La seule option qui reste aux écrivains sérieux est d'éviter purement et simplement l'ironie et les grandes questions en se concentrant de préférence sur une réévaluation sobre et modeste des mots simples dont nous nous servons tous les jours – par exemple en écrivant un **dictionnaire**.

IRRADIATION. Infligée aux poulets morts pour les maintenir en vie plus longtemps.

Cette méthode est particulièrement populaire chez les Américains. Dans d'autres pays, ce sont plutôt les légumes qui en bénéficient. Grâce à ce procédé de conservation, animaux et végétaux reçoivent ce que la chrétienté n'a pas réussi à offrir aux humains jusqu'à présent : une vie éternelle sur les rayonnages d'un supermarché-purgatoire.

L'irradiation a dressé les scientifiques, les techniciens et l'industrie alimentaire contre la plupart des fermiers et des groupes écologistes. En dépit d'un grand public naturellement favorable aux poulets et aux légumes, ils peuvent peut-être encore s'étonner qu'on pose des questions simples telles que : pourquoi se donner cette peine ? Qu'est-ce qui nous bouscule tant ?

La réponse, apparemment, c'est que l'irradiation tue les bactéries. À l'instar de la Belle au Bois dormant, le produit est figé dans le temps. En cours de route, malheureusement, le poulet devient le fantôme éternel d'un oiseau élevé en liberté et nourri au grain, pour la bonne raison que les bactéries ne sont pas si mauvaises que ça. En les éliminant, on supprime les aspects temporels et intéressants de la vie. Les croque-morts font la même chose aux humains. Les poulets irradiés sont, en gros, l'équivalent de corps momifiés dans des cercueils ouverts.

Pour les affamés, toutefois, le goût n'est que secondaire. Ce qui compte, ce sont les niveaux de production, même si l'agriculture occidentale est en crise depuis longtemps en raison de la surproduction. Cela a fait chuter les prix versés aux producteurs, au point que l'agriculture n'est plus rentable. La vraie question est donc de savoir si nous avons vraiment besoin de produits alimentaires supplémentaires pouvant traîner encore plus longtemps sur les rayonnages.

En termes abstraits, on peut dire que l'irradiation est le produit du progrès ; par conséquent c'est une bonne chose. S'il en résulte que seules les grandes fermes industrialisées s'en sortent, ainsi soit-il. C'est la vérité du marché, et il faut l'accepter comme telle. C'est aussi le fondement idéologique des pourparlers en cours sur le commerce international.

Cependant, plus nous industrialisons l'agriculture, plus la surproduction fait baisser les prix à des niveaux non compétitifs. Comment des produits bon marché peuvent-ils ne pas être compétitifs ? Si les prix sont trop bas pour permettre au producteur de gagner sa vie, l'industrie en question n'est plus rentable, et donc plus en mesure d'entrer en concurrence dans un vrai marché. De surcroît l'agriculture industrielle a de sérieux effets secondaires sur l'environnement qui coûtent cher à la société dans son ensemble. S'ils sont pris en compte, ces coûts rendent ce marché abstrait encore plus irréaliste.

Le vrai marché ne veut pas davantage, il veut moins. Les procédés scientifiques utilisés avant la production, pendant et après, sont très onéreux. Insecticides, herbicides, engrais, hormones, antibiotiques, outre les traitements de conservation tels que l'irradiation, augmentent le coût de la production tout en garantissant une surproduction à l'origine d'une descente en flèche les prix de gros. À eux seuls, les pesticides représentent des frais s'élevant à 20 milliards de dollars par an pour les producteurs [2].

L'idée n'est pas d'ignorer tous ces progrès. Cela entraînerait un retour à la sous-production et des récoltes très incertaines. Mais entre ces deux extrêmes, il y a un juste milieu.

En réduisant soigneusement, et sélectivement, l'usage de ces produits, on amoindrirait les frais de production, ainsi que les surplus. Les coûts globaux resteraient peut-être les mêmes, mais au lieu d'être gonflés artificiellement par les frais généraux industriels et les subventions, ils refléteraient les vraies charges qui pèsent à l'agriculteur. En conséquence, un nombre raisonnable de gens continueraient à travailler la terre, on aurait un volume de production plus approprié, un marché beaucoup plus stable, et on aurait moins besoin de subventions.

Pour ce qui est des consommateurs, ils bénéficient d'une sélection de produits plus grande que jamais. Nous n'en voulons pas davantage et il ne nous en faut pas plus. Ce que nous voudrions, ce sont de meilleurs produits, des aliments savoureux, qui n'auraient pas l'air de sculptures en cire enflées et pourraient même être bons pour la santé. Le miracle postmoderne de la science, la **pomme**, perd rapidement de son attrait.

Les consommateurs s'inquiètent des véritables effets à long terme de l'agriculture industrielle sur leur santé. Ils ne veulent pas vraiment penser aux dizaines de milliers de décès annuels « involontaires » dus aux pesticides ou aux millions de cas d'empoisonnements « graves » dus à ces mêmes substances [3]. Ils savent que les « déchets agricoles » sont parmi les principales causes de la pollution de l'eau. Certaines nappes phréatiques même sont contaminées, et l'on en vient à se poser des questions sur l'eau potable. Il est donc contradictoire d'affirmer que l'agriculture industrielle doit être reconnue parce qu'elle représente un progrès.

Quant à l'irradiation, plus ces poulets morts vivent longtemps, moins ils ont le goût de poulet.

Voir **Progrès.**

J

JOGGING. Sport urbain dont le principal effet à long terme est de handicaper les cadres et les membres des professions libérales. Parmi ses adeptes enthousiastes : les chirurgiens orthopédistes et les fabricants de chaussures de course.

JOUISSANCE DE BIENS. Une des deux définitions du mariage.

JUGE. Version moderne du Prince tel qu'il fut conçu par Machiavel.

Si on leur laisse sélectionner le détenteur de l'autorité par excellence, les technocrates des secteurs public et privé choisiront de préférence un personnage désintéressé, nommé pour une période longue, détaché de la réalité quotidienne, dont le pouvoir sera limité à des interventions passives, dues soit à un désaccord entre experts, soit aux lacunes et à l'opacité des textes juridiques.

La volonté naturelle et inébranlable des technocrates corporatistes est donc de soustraire subrepticement les pouvoirs dévolus aux assemblées élues, gouvernements, **jurys** et autres instances publiques, afin de les transférer aux textes de loi qui dépendent d'abord de l'administration et ensuite des juges, ces derniers arbitrant si nécessaire.

Voir **Leadership.**

JURY. Organe qui démontre la nature fondamentalement imparfaite de la loi et des faits.

La loi guide, les faits illustrent. À partir de là, le jury recherche la meilleure vérité possible. Sa tâche est une illustration de l'équilibre **humaniste**, ce qui explique que la profession des avocats et des juges ne cesse de réduire le nombre de procès où les jurys sont convoqués et les conditions dans lesquelles ces mêmes jurys ont un rôle à jouer.

Voir **Vérité.**

K

KANT (Emmanuel). Marécage qui s'est infiltré dans nos esprits en séparant l'intellect de la réalité.

Génie. Plein de bonnes intentions. Voué au *principe suprême de la moralité.* Et pourtant, cet homme charmant est devenu le Thomas d'Aquin de la Raison.

Kant fut le premier grand philosophe moderne à passer son existence enfermé dans une université. Avec lui naquit la confusion entre pensée et enseignement. Parce qu'il vivait à l'écart des réalités de son époque, il connaissait l'univers des idées sans très bien comprendre d'où elles provenaient et où elles seraient appliquées. En dépit de ses dons d'enseignant, il n'était pas conscient de l'obligation pour le philosophe de communiquer avec l'humanité ; il écrivit donc dans un langage universitaire des plus obscurs. Moins d'un siècle après que d'autres eurent fait un effort concerté et en partie couronné de succès pour libérer la philosophie des entraves de la scolastique médiévale, il la réduisit de force à un dialecte hermétique.

Kant systématisa la raison. La répartit en différentes catégories. S'évertua à défendre l'indépendance de la science et de la morale. Or cette systématisation poussa ses disciples à dresser des barrières infranchissables entre la réalité et l'intellect, retirant à la philosophie tout pouvoir d'arme publique.

Les spécialistes dont la carrière se fonde sur l'enseignement ou l'élucidation des mystères kantiens mettent les autres au défi de les rejoindre dans le marais où dorment les idées essentielles du philosophe. Il y a de fortes chances pour qu'ils fassent un pied de nez méprisant à ceux qui refusent de les suivre. Il s'agit d'une stratégie militaire courante visant à attirer l'ennemi sur un terrain périlleux.

Voir **Philosophie.**

L

« **LA** » **FRANCE.** Vérité évidente qui ne peut être définie par un Anglo-Saxon.

Voir **Anglo-Saxon** et **gaulois.**

LAGOS. Joyau de la couronne de la nouvelle économie internationale.

Il y a vingt ans seulement, cette vibrante métropole nigériane de 9 millions d'habitants n'était qu'une petite ville endormie de 80 000 âmes. Les villageois de tout le pays manifestèrent leur foi en l'avenir en abandonnant leur mode de vie agraire limité pour émigrer vers la capitale. À peine installés à Lagos, ils se rendirent compte qu'une sorte d'hypnose les avait retenus à la campagne en les enchaînant à des sentiments vils sous couvert de stabilité, de continuité, de vie de famille, de sécurité personnelle, outre le désir moutonnier de manger tous les jours. Grâce aux forces dynamisantes et libératrices de la concurrence, ils sont libres désormais de se joindre à la population active moderne.

En refusant judicieusement de devenir propriétaires ou de dépendre des systèmes d'égouts ou d'eau potable municipaux, ils ont des besoins restreints en matière de revenus et apparaissent comme des employés particulièrement compétitifs à l'échelle internationale. Pour régler le problème de la surpopulation d'une façon inventive, quoique réaliste, ils ont réussi à atteindre des taux de mortalité infantile records. Pour finir, en dépit des insistances de leurs employeurs, ils ont rejeté les béquilles telles que sécurité de l'emploi, pensions et prévention des accidents de travail, qui vont à l'encontre de la compétitivité.

Les courageux enfants de Lagos, avides d'améliorer leur sort, sont le fer de lance de cette nouvelle main-d'œuvre orgueilleuse.

Avant l'épanouissement du système de marché, les Nigérians devaient souvent se contenter de faire du troc, comme au Moyen Âge. Les experts économiques mondiaux pouvaient à peine sentir battre le pouls industriel de ce pays, et encore moins le mesurer. À présent, les planificateurs sont en mesure de placer catégoriquement ce pays sur la liste des PNB, avec les autres nations modernes : 315 dollars par personne et par an. Les efforts des Nigérians leur permettront bientôt de se hisser encore plus haut, cela ne fait aucun doute. Le ciel est la seule limite, dit-on à Lagos. Les branches nigérianes des grosses sociétés internationales sont d'ailleurs en plein essor, par conséquent tout à fait disposées à continuer à payer leurs efficaces employés.

Certains Occidentaux de gauche dénigrent ce peuple fier, taxent leur capitale prospère de « ramassis de taudis » et leur gouvernement de dictature militaire. Ce ne sont que des babillages de la part de gens jaloux et paresseux. L'ambition des travailleurs de Lagos est un exemple pour nous tous, dans notre monde prétendument développé. Si nous tenons à conserver notre emploi, il nous faut nous aussi devenir compétitifs. Quant aux affirmations de jeunes et naïfs marxistes en herbe et de chefs syndicalistes bien en chair selon lesquelles on maltraite les ouvriers nigérians, elles prouvent tout simplement que nous, Occidentaux, sommes désormais tellement attachés à notre petit confort indu que nous ne comprenons plus le sens du mot « compétition ». Nos grands-parents, eux, le savaient. Travail et dévouement. Nous sommes devenus fainéants, sybarites, et nous nous raccrochons à des structures qui, dans le dur environnement d'aujourd'hui, ne sont tout simplement pas réalistes.

LANGAGE ORAL. Depuis Dracon et Solon, aux premiers jours d'Athènes, notre don pour l'éloquence verbale a été progressivement remplacé par notre talent pour l'écriture. Il ne fait aucun doute qu'il s'agit là d'une amélioration. Les cultures dépendant entièrement du langage oral en sont vite prisonnières. Nos progrès en matière de supports d'écriture ont suivi une évolution parallèle à l'explosion de l'imagination humaine.

Pourtant, même si l'oral n'avait plus d'utilité quantifiable audelà des échanges courants du quotidien, il n'a jamais perdu son dynamisme. Pour la bonne raison que les détenteurs du pouvoir s'évertuent toujours à contrôler le langage et le savoir [1]. Ils réussissent à maîtriser l'écrit pendant un bon bout de temps. Puis on assiste à une flambée, inévitablement provoquée par la force du langage oral, lui-même incontrôlable.

Parmi ces instants mémorables de franchise fulgurante, il y eut, bien sûr, l'épisode de Socrate, qui refusa de noter quoi que ce soit, les prédications du Christ, la rébellion verbale désarmante d'innocence de saint François. Dante, même s'il écrivait, s'efforçait consciemment d'être « au service de la parole du peuple [2] ». La prose aussi simple qu'élégante d'Érasme avait le même dessein. Écrite, certes, mais de manière à affranchir le processus oral des entraves de la théologie – c'est-à-dire de l'idéologie – et de la **scolastique**. Les pièces de théâtre de la Renaissance nous semblent aujourd'hui très écrites, mais elles répondaient à la censure et étaient rarement publiées, sans compter qu'il y avait toujours des improvisations de dernière minute. Swift et Voltaire l'ont démontré, pamphlets et romans étaient conçus non pour l'étude, mais pour être lus comme s'il s'agissait de textes oraux, compris à haute voix, de façon que ceux qui ne savaient pas lire pussent eux aussi en profiter. Les journaux virent le jour en réaction à la souffrance scolastique. Ficelés à la dernière minute, compte tenu du caractère urgent de l'information, ils présentaient des opinions tellement récentes qu'elles étaient tout juste rédigées. Parlements, assemblées, rassemblements et débats publics donnèrent lieu à un déferlement oral qui nous valut la démocratie et les droits civiques. Pendant longtemps, il n'y eut même pas de rapport écrit officiel à l'issue des débats parlementaires.

Le XXe siècle a vu un changement qualitatif dans cette tension entre l'écrit et l'oral. Le savoir, les informations et les opinions se sont considérablement développés, au point qu'on ne sait plus vraiment quoi en faire. Nous croulons littéralement sous le poids des informations qui, parce qu'elles sont illimitées, informes et rarement applicables, ont fini par devenir en elles-mêmes un moyen de contrôle.

Pour la première fois dans l'histoire, savoir n'est plus synonyme de pouvoir. Le langage public est désormais une forme de divertissement confus. L'essence du pouvoir a été transférée à une autre espèce de langage, composé d'une myriade de dialectes spécialisés. Sa force ne procède pas du fait qu'il est une langue d'usage courant, car ce n'est pas le cas, mais tient au fait que chacun de ces dialectes est étroitement lié à un mécanisme de pouvoir effectif.

Cette langue scolastique est obscure, inefficace, ennuyeuse et dénuée de sens, mais peu importe : elle n'a pas les prétentions du vrai langage et elle n'est, au fond, que le manuel du parfait système corporatiste. Son impuissance à être un outil de communication générale est précisément ce qui lui confère un tel empire.

Pendant ce temps-là, le langage au premier degré inonde la planète par l'intermédiaire de satellites desservant 500 chaînes de télévision et des autoroutes de l'information véhiculant des quantités illimitées de données, avec pour effet de consolider la division entre langage et pouvoir. La masse des informations qui nous sont livrées réduit le citoyen à un rôle de récepteur passif et rend le langage inutilisable comme arme contre l'autorité.

C'est l'une des explications du retour en force de l'inévitabilité dans les affaires publiques, sur une échelle sans précédent depuis que Solon et Socrate entreprirent de briser la passivité imposée par les dieux et le destin du mythe homérique.

Il semble que les progrès accomplis en matière de support d'écriture se passent d'une quelconque utilité linguistique, tout au moins pour le moment. Pour la première fois, un langage écrit incontrôlé est un ferment de passivité humaine. Un grand nombre d'entre nous éprouvent un plaisir innocent à naviguer dans ce labyrinthe. Des millions d'êtres humains plongent chaque année dans leur écran électronique personnel et nagent avidement, pareils à du menu fretin, dans cette mer informe d'informations, comme si savoir nager était en soi une victoire ou un pouvoir. L'idée traditionnelle selon laquelle un équilibre entre liberté et contrôle des détenteurs du pouvoir peut être obtenu en revenant à un langage oral simple ne fonctionne plus dès lors que les systèmes de communications modernes nous noient dans un langage oral sans rapport réel avec le pouvoir.

Mais le vrai langage oral n'est pas simplement parlé. Il est lié à un usage, inquisiteur et agressif. Ce modèle socratique est peut-être finalement parvenu à maturité.

Il ne s'agit pas de piquer du nez dans quantités de messages, ni de s'élancer à tombeau ouvert sur les majestueuses autoroutes de l'information. Si l'information et autres activités apparentées s'en trouvent facilitées dans une certaine mesure, tant mieux. Mais c'est là une illusion du langage, qui ne va guère au-delà d'une simple collecte d'informations – comme ces employés municipaux qui ramassent les détritus avec un bâton pointu.

Le langage oral devrait plutôt exprimer des préoccupations individuelles. Dans la pratique, il ressemblerait à ce vieil homme agaçant qui arrivait de bonne heure chaque matin au marché pour se mettre aussitôt à harceler les gens en leur posant une kyrielle de questions directes.

Voir **Socrate.**

LE/LA/LES. Début très catégorique d'une assertion.

La vérité. La réponse. La solution. Le vrai dieu. La dialectique. Les règles du marché. La chose à faire. La seule chose à faire. Le leader.

Mais comment tous ces gens le savent-ils ? On peut affirmer, par exemple, qu'en pâtisserie le meilleur opéra est celui de chez Auer, dans le vieux Nice. Certains ne seront pas d'accord. Ils soutiendront qu'un autre opéra, dans une autre pâtisserie, Dalloyau à Paris, par exemple, est incontestablement le meilleur. Or je suis prêt à démontrer qu'ils ont tort et qu'ils sont victimes de leurs habitudes, de leur intérêt personnel ou de leur romantisme. Tout tient à la qualité du chocolat, à l'adjonction subtile de sucre et à la saveur subtile qui en résulte.

Auer fait les meilleurs opéras du monde. C'est l'affirmation la plus catégorique que je puisse émettre.

Voir **Monarques** et **Un.**

LEADERSHIP. « Pourquoi y a-t-il une telle pénurie de bons leaders ? Parce que nous vivons une crise du leadership. » Tel est le triste refrain moderne.

Le sage étranger, le roi des géants de Brobdingnag chez Swift, le Persan de Montesquieu constateraient sans doute que c'est une curieuse obsession en démocratie. Les démocrates sont censés être obnubilés par leur participation et celle des citoyens. Au fond, le leadership est le slogan de poltrons pas très évolués que l'idée de responsabilité individuelle fait frémir. Des gens qui veulent avant tout un dieu ou un chef d'inspiration divine qui les serrerait contre son sein, – surtout s'il s'agit d'une déesse – afin de trouver protection et réconfort.

Voir **Propagande.**

LIBERTÉ. Espace occupé dont il faut reprendre possession tous les jours.

LIBERTÉ DE PAROLE. Ni agréable ni facile, c'est peut-être pourtant l'élément fondamental d'une démocratie. La liberté de parole est affligée de deux opinions contradictoires, très répandues. La première est que nous en jouissons, la seconde qu'il s'agit d'un luxe.

Comment peut-on jouir de quelque chose qui n'existe que comme acte **existentiel** ? Rien ne nous empêche de proclamer son inviolabilité dans les constitutions, de la protéger juridiquement ou de l'évoquer tant et plus. Mais la liberté de parole n'est convenablement défendue qu'à travers un usage constant.

L'effort éreintant que cela représente sous-entend une disposition à l'écoute, alliée au désir d'être entendu. Écouter signifie prendre en compte, et pas seulement prêter attention à ce que disent les gens. Et être entendu veut dire s'exposer à la critique, voire au ridicule. C'est une des raisons pour lesquelles nos élites, qui n'ont pas vraiment le désir d'être entendues en tant qu'individus, parlent d'un luxe à cet égard.

Le réflexe parfaitement naturel des détenteurs du pouvoir est d'essayer de limiter la liberté de parole. Ils le font continuellement, d'une manière presque inconsciente, quelles que soient leurs opinions politiques. Quand la société est structurée, on observe ce phénomène dans les conventions sociales, dans les euphémismes et la **politesse**, et indirectement par le biais de lois et d'arrangements contractuels qui ne font pas la moindre référence à ce qu'ils sont censés limiter.

Ainsi les contrats d'embauche font presque automatiquement de la compétence et des opinions de l'employé la propriété de la corporation. Les lois contre la diffamation appliquent une stricte interprétation des « faits » pour les secteurs dans lesquels ce sont précisément les gens les plus susceptibles d'intenter un procès qui dissimulent ces faits. La procédure ne les oblige pas à s'expliquer ; en revanche elle focalise leur attention sur ceux qui cherchent à s'informer et s'efforcent d'user de la liberté de parole. Certaines lois, complexes, à caractère de secret, éliminent du domaine public des sphères d'intérêt entières. Sans oublier la raison d'État, bien sûr, qui retire au citoyen le droit de débattre dans son propre intérêt.

Une nouvelle méthode restrictive consiste à affirmer que la liberté de parole ayant été acquise dans l'absolu, elle peut désormais être considérée comme un luxe. Selon l'argumentation en vigueur, ce dont les gens ont surtout besoin, c'est de prospérité. Le bien-être matériel aidant, ainsi que la stabilité qu'il procure, ils ont le temps et l'énergie suffisants pour profiter de leur liberté de parole. Logiquement, il s'ensuit que plus les responsables se révèlent incapables de gérer l'économie d'un pays, moins les citoyens devraient avoir recours à la liberté de parole.

L'argument donnant priorité aux biens se fonde sur une interprétation courante de l'histoire occidentale selon laquelle la croissance de l'industrie et des échanges a engendré une classe moyenne qui a rapidement revendiqué ses droits. C'est un point de vue commode dans une société corporatiste qui réduit la contribution des citoyens et de l'**humanisme** à un rôle passif et secondaire. À leur place, la technologie et le marché ont bâti l'édifice. Après quoi on a autorisé le peuple à décorer les pièces.

Ceci est une inversion complète de l'histoire occidentale. Solon fut le produit d'une éthique du service public. Et ce fut un échec économique qui les incita, lui et ses concitoyens, à assumer davantage de pouvoir. Socrate, et avec lui tout le système de débat démocratique athénien, procédait d'une société agraire, stable, qui fut minée et détruite par les prétentions mercantiles de l'Empire romain. Nos concepts modernes d'égalité, qui implicitement prennent en compte le droit de s'exprimer, remontent aux premiers temps de la chrétieneté et à l'époque des assemblées de tribus du nord de l'Europe. La Grande Charte n'était pas un produit industriel. Pas plus que les vulgarisateurs linguistiques, de Shakespeare à Dante. Ou qu'**Érasme**, qui fit tant pour démontrer qu'un langage clair pouvait faire office de pouvoir public. La plupart de nos idées sur la démocratie furent fermement établies sur la place publique un siècle avant que la révolution industrielle ne démarre vraiment.

Si l'économie a joué un rôle vital dans l'essor de la liberté de parole, nous devons ce bienfait davantage à la peste noire qu'à la révolution industrielle. Ce fléau décima la population de l'Europe au point qu'on assista à une plus grande concentration des richesses agraires et à un effondrement des systèmes administratifs établis.

On ne peut pas dire que l'industrialisation n'ait joué aucun rôle dans la création du système démocratique, mais sa contribution fut secondaire. Un effet, non une cause. Nous ne sommes pas passés du changement économique à la prospérité, puis à la démocratie, pour que la liberté de parole soit, en quelque sorte, la dernière main à cet ouvrage, telle une feuille d'or qui couvrirait le faîte d'un édifice achevé.

Bien au contraire, ce fut l'émergence difficile mais déterminée de la liberté de parole aux XVIIe et XVIIIe siècles qui nous permit de formuler nos idées sur la démocratie. Ceux qui s'exprimèrent ouvertement sur la question y laissèrent quelquefois leur peau, ou furent emprisonnés, ou encore exilés. Mais un écho verbal puissant déclencha progressivement le processus démocratique – parfois par le biais de la réforme, d'autres fois à la faveur d'explosions sociales. Ce fut cette prise de position des citoyens qui permit d'imaginer une autre forme d'économie et de la réaliser.

De nos jours, le même type d'inversions historiques a cours en Occident. Notre société **corporatiste** insiste avec délectation sur la notion de « responsabilité individuelle ». Cette formule est en elle-même une inversion de notre conception du citoyen assumant ses responsabilités. Au sein d'une démocratie, les structures de la société sont responsables à l'égard du citoyen, source même de pouvoir. L'idée de « responsabilité individuelle » suggère le contraire : le citoyen doit limiter l'usage de son pouvoir de peur d'endommager les structures en place. Cela revient à une institutionnalisation de la *raison d'État* banalisée.

Une personne irresponsable est donc quelqu'un qui rompt les conventions en exprimant son point de vue. Par définition, il s'agit des gens qui se situent hors des spécialisations, des professions et des corporations. Des fauteurs de troubles. Conformément à une version exagérée des convenances propres à la classe moyenne, la quasi-totalité de nos élites soigneusement formées se considèrent comme limitées dans leurs actions et dans leurs discours publics par leur obligation d'administrer la société d'une manière responsable.

Les structures et les systèmes pédagogiques des démocraties ont ainsi produit d'énormes classes dirigeantes, inconsciemment mais profondément antidémocratiques. Elles représentent quelque 30 % de la population et occupent la plupart des postes de pouvoir. Pour elle, la liberté de parole est une indulgence réclamée par des marginaux et un luxe que les gens responsables endurent à contrecœur, et seulement dans la mesure où ils ne peuvent pas faire autrement.

LIBRE. Terme suremployé dans le contexte de la politique moderne. Rabâché par tout le monde pour ne rien dire. Samuel Johnson parla jadis du patriotisme comme du dernier refuge des crapules. L'évocation de ce qui est libre et de la liberté s'est substituée aujourd'hui au patriotisme.

D'où un nombre illimité d'absurdités devenues inexplicablement respectables : le **libre-échange**, le jumelage des hommes libres et des marchés libres, quand l'histoire a clairement démontré que les marchés libres fonctionnent au mieux sous des dictatures complexes tandis qu'ils s'enlisent dans les limites imposées par la démocratie (voir **Capitalisme**), l'union libre, les libres penseurs, les entrées libres, le libre-service, où on paie le même prix en faisant soi-même le travail, et *tutti quanti*.

Le problème du mot « libre », c'est qu'il a deux sens contradictoires. L'un fait référence à la liberté politique et a une valeur éthique. L'autre concerne un état imaginaire, ne nécessitant ni effort ni frais. La liberté rejoint l'état d'esprit du joueur, pour qui on peut obtenir une chose pour rien. C'est la raison pour laquelle les crapules de Johnson sont attirées par elle.

Voir **Dictature du vocabulaire.**

LIBRE-ÉCHANGE. Théorie du XVIIIe siècle sur l'économie internationale, limitée par les notions primitives d'alors sur l'avenir du commerce international et du capitalisme.

Après la phase initiale de la révolution industrielle et l'apogée d'un capitalisme sauvage et instable, l'Occident s'est développé. En cours de route, des méthodes surannées, tels que le libre-échange et son *alter ego*, le protectionnisme, se sont révélées de plus en plus impraticables en raison de leur effet déstabilisateur sur la classe moyenne développée.

Ceux qui n'ont pas intellectuellement progressé à la faveur de cette évolution pratique de leurs sociétés ont été enclins à convertir libre-échange et protectionnisme en idéologies abstraites et absolues.

Dans sa version idéologique, le libre-échange imagine un monde où chacun améliore son sort en se spécialisant dans le secteur où il dispose du plus grand nombre d'atouts, après quoi les résultats sont partagés entre les pays. Cette idée se propagea telle une brise rafraîchissante à la fin des années soixante-dix, en même temps que la **mondialisation**. Certes le même type d'argument avait été avancé par Adam Smith en 1776 dans *Recherches sur la nature et les causes de la richesse des nations*, avant d'être internationalisé par David Ricardo au début du XIXe. Son grand moment de gloire fut le débat survenu dans les années 1840 à propos du rejet des lois britanniques sur les céréales (Corn Laws), qui protégeaient les fermiers britanniques en taxant le grain importé. Il s'ensuivit une brève période de ce qui sembla un succès limité, selon l'endroit où on vivait et ce qu'on produisait. À cette phase succéda une instabilité catastrophique du marché, des dépressions à répétition et une violence politique généralisée.

Le caractère vieillot et rudimentaire de ce pseudo-miracle moderne du libre-échange est flagrant dans son obsession de la spécialisation. Tous les individus vivant en un lieu donné ne tiennent pas forcément à se consacrer au charbonnage. Certains souhaitent peut-être cultiver du blé ou faire des recherches sur des médicaments, même si d'autres peuvent le faire ailleurs à un moindre coût. Le marché doit-il être organisé de manière à empêcher ces personnes de cultiver leur blé et le vendre, ou de trouver le remède d'une maladie ? La théorie du libre-échange affirme que oui. Elles doivent restreindre leurs activités à ce qu'il y a de plus rentable.

Mais les sociétés limitées à une ou deux spécialités ne sont plus des sociétés. Ce sont des unités de production abstraites et elles souffriront des mêmes maux que les animaux sursélectionnés, qui ont des pattes superbes mais les poumons faibles, ou une queue somptueuse mais rien dans la cervelle. Les théories de spécialisation généralisée sous l'impulsion du marché imposent à chaque individu, toutes classes sociales confondues, une dépendance dangereuse envers une ou deux marchandises. Et le marché est volage. On ne peut guère le lui reprocher. Avec chaque revirement des axes de production et de consommation à l'initiative du marché, des sociétés entières risquent de plonger dans le désespoir.

Nous connaissons bien l'instabilité de ces pays du tiers monde tributaires de la production d'une ou deux matières premières. Le libre-échange tel qu'il nous est présenté en ce dernier quart du XXe siècle vise à nous convertir tous en des producteurs de marchandises.

Le protectionnisme propose exactement l'inverse : la promesse d'une stabilité gérée, absolue, grâce à la fermeture des frontières. En théorie, il devrait en résulter un équilibre intérieur confortable. Mais peu de nations sont capables de vivre en autarcie. Seuls les États-Unis pourraient peut-être fermer leurs frontières et survivre ; mais il faudrait pour cela qu'ils dénichent plus d'énergie et d'eau sur leur territoire. En outre, peu de citoyens appellent de leurs vœux une société gérée au point qu'on en arrive à nier les libertés fondamentales.

Les gens ont le sentiment que le libre-échange et le protectionnisme sont des idéologies politiques déguisées en une inévitabilité économique désintéressée. De nos jours, les grands libres-échangistes sont généralement des corporatistes, en commençant par les cadres des transnationales. Ils apprécient cette théorie qui permet à leurs corporations de produire là où cela coûte le moins cher et de vendre là où les prix sont les plus élevés. Si cette idée est néfaste, ce n'est pas leur affaire. Après tout, les plus mal rémunérés, qui produisent, sont les moins susceptibles d'avoir les moyens de consommer. Et ceux qui paient le plus pour consommer ont peu de chances de le faire s'ils sont au chômage.

Les protectionnistes d'aujourd'hui agissent le plus souvent sous la houlette des corporatistes locaux : les syndicats et les petites entreprises. Ils apprécient cette théorie qui promet de contrôler tous les changements. Que cela soit impossible hormis dans une société isolée dotée d'une économie nomade ou pré-agraire, cela n'a pas l'air de les gêner outre mesure.

Pendant que ces groupes d'intérêts organisés ergotent entre eux, la plupart des gens se demandent pourquoi on s'obstine à leur présenter des options religieuses ? Pourquoi leur faut-il reconnaître la seule vérité pure pour éviter l'apocalypse ? Y a-t-il une différence entre Lénine le communiste, Bakounine l'anarchiste et Friedman le monétariste ? Non. Ce sont tous les trois des idéologues.

À l'instar d'autres idéologies, celle du libre-échange sous-entend un mépris implicite du citoyen. Elle est une réaction désespérée aux complexités du monde réel ; la politique du désespoir remplace toujours le choix par l'inévitabilité. De fait les économistes prennent naturellement un ton désespéré quand ils cherchent à vendre leurs théories du salut.

Depuis le début des années quatre-vingt, on nous a présenté l'explosion des **marchés monétaires** internationaux comme une nouvelle justification de cette inévitabilité. Mais ces marchés, qui sont essentiellement une inflation fiduciaire, sont au cœur de nos difficultés, non une solution à nos problèmes. On veut nous faire croire que les changements révolutionnaires survenus dans le domaine de la **technologie** des communications constituent une force incontrôlable. Mais la communication a toujours été un outil propice au commerce international et les marchés monétaires passent par cette technologie. Elle n'est pas un commerce en soi, hormis dans la mesure où l'on achète et où l'on vend du matériel de communication. Les communications ne sont que des machines utilisées, branchées, allumées, débranchées par des êtres humains domiciliés et travaillant en des lieux spécifiques. La nouvelle version de la thèse en faveur du libre-échange semble être que nous avons régressé de l'état d'esclaves du marché à celui d'esclaves de machines elles-mêmes asservies au marché.

En deux cent vingt-cinq ans de débat, nous avons assisté à plusieurs tentatives d'instauration de libre-échange extrême et de protectionnisme extrême, dont aucune n'a connu le succès. D'ailleurs, aucune n'a été appliquée jusqu'au bout. La plus célèbre – celle de l'Angleterre et du rejet des lois sur les céréales en 1846 – visait avant tout à fournir des denrées alimentaires bon marché aux paysans mal rémunérés qui avaient cessé de produire du grain pour devenir ouvriers. Pour ce qui était des exportations et des importations industrielles de la Grande-Bretagne, toutes sortes de restrictions continuaient à être appliquées.

Les détenteurs du pouvoir ont tendance à favoriser le libre-échange, comme ce fut le cas de la Grande-Bretagne au milieu du XIXe siècle, et comme c'est le cas aujourd'hui des transnationales. Ils y renoncent dès l'instant où le pouvoir leur échappe, comme le fit la Grande-Bretagne. Rien ne prouve que cette période d'échanges facilités leur ait permis de conserver les rênes plus longtemps. Le protectionnisme extrême peut aussi fournir des plaisirs à court terme en apparence, mais il débouche sur l'isolement, l'immobilisme et la pauvreté.

Les civilisations connaissent un sort meilleur lorsqu'elles associent avec prudence liberté et équilibre. Dans certaines circonstances et dans certains domaines, le libre-échange peut se révéler une manne pour beaucoup de monde. Ailleurs, ce sera un désastre, une source de désordres et de souffrances. Employé avec soin et précision, le protectionnisme peut favoriser la croissance, en particulier chez des groupes les plus faibles confrontés à la compétition internationale. Utilisé comme un principe général, c'est au contraire une recette pour l'exploitation locale. Bref, une fois dépouillés de leurs travestissements pseudo-religio-idéologiques, le libre-échange et le protectionnisme sont des instruments utiles qu'on peut mettre en équilibre au bénéfice de tous et pour la stabilité générale.

Voir **Idéologie.**

LOS ANGELES. Cité biblique construite, comme le dit la parabole, sur du sable, sujette aux tremblements de terre, aux inondations, aux glissements de terrain, aux incendies de forêt, à la sécheresse, aux émeutes raciales et à la guerre des gangs, sans parler des taux records de corruption policière, de violence et de pollution. Site des industries du cinéma et de la télévision destinées à vendre l'*american way of life*.

LOTERIES. Dès lors que les gouvernements se mettent à collecter de l'argent en devenant croupiers, les systèmes qu'ils gèrent sont dégénérés, et plus près de leur fin que de leur commencement.

Les Birmans ont toujours su quand une dynastie était proche de son terme : elle organisait une loterie nationale.

Au début des années soixante-dix, les gouvernements occidentaux se tournèrent vers le jeu sous licence pour récupérer les fonds que la **fiscalité** ne semblait plus en mesure de rapporter. Cette initiative a été mise sur le compte d'une quantité de données spécifiques : la crise financière, la réforme fiscale, qui réduisait considérablement la contribution des grandes entreprises, le coût des programmes sociaux. D'où une pénurie d'argent qui se changea en dette, à l'origine de restrictions chroniques.

À partir du moment où un gouvernement encourage ses citoyens à financer l'État par le jeu – en d'autres termes par un rêve stérile – et non par la créativité, le travail et la productivité, le pays concerné est en crise, qu'on le reconnaisse ou non.

Le seul pays à avoir prospéré grâce au jeu est Monaco, qui n'est pas un pays. C'est une corporation spécialisée dans l'évasion fiscale et dirigée par un prince croupier.

LOYOLA (saint Ignace de). Inventeur du système pédagogique rationnel moderne au terme duquel nos classes dirigeantes sont formées dans des écoles supérieures de guerre, des écoles de gestion et d'administration publique. Il mit fin à la Réforme à lui tout seul en substituant à son contenu ce que nous pourrions appeler la théorie des jeux. La thèse de Loyola sur l'enseignement comporte un aspect castrateur ou asexué qui semble lui être venu tout naturellement.

Voir **Bande des cinq.**

LUDDITES. Individus très qualifiés dont les carrières furent brisées par le progrès technologique, jugé inévitable et incontrôlable. Les Luddites occupèrent la seule position intellectuelle qui restait, et qui consistait à rejeter ce progrès technologique.

Cette réduction d'attitudes à deux positions extrêmes s'accomplit entre 1811 et 1830, au moment où l'introduction des moteurs à vapeur de Watt et des machines textiles hydrauliques mettait des centaines d'artisans sur la paille. L'industrialisation se propagea de secteur en secteur et élimina rapidement la plupart des métiers, ainsi que des dizaines de milliers d'emplois.

Les Luddites (nommés d'après un leader imaginaire, Ned Lud) détruisirent et brûlèrent des usines. Leur révolte se solda par un procès en 1813. Cinq d'entre eux furent pendus. L'attitude de la société vis-à-vis d'un progrès technologique sans restriction s'exprimait donc en toute clarté. Le juge déclara que les actions des Luddites faisaient partie « des pires atrocités jamais perpétrées dans un pays civilisé [3] ».

C'est un exemple classique où la provocation et l'ordre s'opposent au désespoir et à la gabegie. Wilfrid Laurier rendit compte de la nature de ce type de conflit lorsqu'il donna son avis sur la rébellion de Riel, en 1886 : « Ce qui est odieux [...] n'est pas tant la rébellion que le despotisme qui la suscite ; non pas les rebelles, mais les hommes qui, jouissant du pouvoir, ne s'acquittent pas des devoirs liés à celui-ci ; des hommes qui, quand on leur demande du pain, donnent une pierre [4]. »

Au début du XIXe siècle, confrontée à la révolution industrielle, la société interpréta mal la nature profonde de ce changement. La question n'était pas de savoir s'il convenait d'admettre le progrès technologique. Il s'agissait plus précisément de déterminer dans quelles conditions celui-ci devait s'imposer. Quel type de progrès ? Quand ? Dans quelles circonstances ? Les extrémistes du marché soutiendront que ce qui s'est produit était inévitable et qu'en définitive cela apporta la prospérité à tout le monde. Ce point de vue fait l'impasse sur le désordre social – générateur de souffrances, elles-mêmes à l'origine des graves troubles sociaux – provoqué par cette attitude face au changement. Le communisme en est le résultat direct. Tout au long du XIXe siècle et au début du XXe, l'Angleterre, la France, l'Allemagne, la Suède subirent des crises de violence à répétition, dont certaines prirent l'ampleur de véritables guerres civiles. La plupart de ces pays sont passés à deux doigts d'une révolution.

La question n'est donc pas de savoir si le progrès technologique est nécessaire, mais de déterminer s'il est nécessaire de l'imposer d'une manière aussi barbare. Les Luddites avaient tort en 1811. Mais la société passa les cent cinquante années qui suivirent à civiliser le progrès, prouvant du même coup que les artisans furibonds avaient raison, tout au moins en théorie. Ces dizaines d'années pendant lesquelles on a gaspillé du temps, de l'énergie, des vies et de l'argent illustrent-elles un usage judicieux des capacités humaines ?

C'est précisément le problème que soulève la remarquable évolution technologique de cette fin du XXe siècle. Comme au début du XIXe, elle a déclenché de graves troubles sociaux. Le chômage endémique a atteint des proportions telles qu'on le dissimule sous couvert de retraite, de préretraite ou d'emplois précaires à temps partiel.

Les 50 millions de chômeurs occidentaux sont les Luddites d'aujourd'hui. Leur écœurement apparaît dans la montée de mouvements déstabilisateurs, souvent faussement populistes, dans toute cette partie du monde. Il ne s'agit donc pas de savoir si l'automatisation des usines est une bonne ou une mauvaise chose, mais si, en laissant une technologie non contrôlée mener la société par le bout du nez, on ne crée pas des problèmes bien plus graves à court terme, à moyen terme, et même à long terme, que ceux qu'on résout.

Pourquoi tenons-nous tant à raviver les crises de la révolution industrielle ? Nous nous souvenons très bien de ce que cela représente. Nous commençons seulement à nous débarrasser des profondes divisions sociales et politiques qu'elle provoqua. Un observateur naïf s'étonnerait de notre détermination à écarter une approche modérée et sensée.

Voir **Progrès.**

LUDENDORFF (Erich). Brillant général de l'état-major allemand pendant la Première Guerre mondiale, dont les analyses abstraites des problèmes militaires produisirent immanquablement des gains techniques à court terme, suivis d'une véritable catastrophe à long terme.

En 1914, sa révision du plan Schlieffen permit aux Allemands d'arriver pour ainsi dire jusqu'à Paris, sans pour autant atteindre leur destination, avant de rester coincés dans une guerre de tranchées. Le camp le plus nombreux (en l'occurrence les Alliés) avait la meilleure chance de sortir vainqueur par défaut de l'affrontement léthargique qui s'ensuivit, pour la bonne raison qu'il était en mesure de survivre plus longtemps à de continuelles effusions de sang.

En 1917, Ludendorff donna son aval à une guerre sous-marine effrénée contre les Britanniques afin de rompre le blocus imposé aux Allemands. Cela entraîna l'entrée des Américains dans la guerre et assura du même coup la défaite allemande.

En 1917, toujours, il facilita le retour des émigrés bolcheviks (dont Lénine), de manière à déstabiliser la nouvelle République soviétique et à imposer la paix de force. Il en résulta le régime soviétique, qui se maintint soixante-dix ans en place et dépeça l'Allemagne en 1945.

L'échec cuisant de sa remarquable offensive de 1918 l'incita à penser que ses talents avaient été incompris des citoyens. Très souvent, les technocrates très qualifiés, ne pouvant trouver d'explication à l'inefficacité de leur système parfait, tendent à blâmer les imperfections de la race humaine.

Ludendorff était le modèle même du technocrate. Jusqu'à la fin, il resta convaincu qu'on pouvait altérer la réalité en lui imposant des systèmes abstraits parfaits. Après la guerre, son goût pour les solutions absolues et garanties l'incita à devenir nazi.

Voir **Technocrate.**

M

MACHIAVEL (Nicolas). Auteur du premier guide sur l'art de s'emparer du pouvoir et de le conserver : « Essai pour jeunes cadres » qui aurait pu être le best-seller des fêtes de 1513.

Voir **Bande des cinq.**

MAISON BLANCHE (personnel de la). À l'instar de toutes les gardes prétoriennes, il isole le leader des sphères gouvernementales légalement constituées. Ce faisant, il l'isole aussi de la populace. Que cette protection se fasse au moyen d'armes physiques ou politiques, peu importe.

Les membres d'une garde prétorienne n'ont pas de statut juridique au sein de la structure gouvernementale. Ils sont à la discrétion du leader. Cela signifie que, armés comme les Romains, en tenue de cour ou frais émoulus d'Harvard, ce sont des courtisans.

L'une des premières initiatives du Président Clinton à son arrivée à la Maison Blanche, en 1993, fut d'en réduire le personnel, de 1 394 individus à 1 044. Il est toujours bon d'économiser quelques millions de dollars. Mais que faisait le Président de ces 1 394 conseillers personnels ? Et que fait-on aujourd'hui des 1 044 ? La Constitution lui fournit un groupe officiel de conseillers – les membres de son cabinet – agréés et contrôlés par le corps législatif. Chacun d'entre eux a la responsabilité d'une vaste bureaucratie compétente, dont le travail consiste à conseiller et servir le Président par l'intermédiaire du ministre de tutelle.

En s'entourant d'un épais matelas de courtisans extra-constitutionnels, un président ne peut pas avoir d'autre but que de se protéger des institutions créées par la Constitution afin de donner une apparence de responsabilité à la démocratie. Bien sûr les présidents ont toujours eu des conseillers personnels. Woodrow Wilson en avait cinq. C'est l'un des cas où une augmentation quantitative, s'échelonnant sur une longue période, donne finalement lieu à un changement qualitatif. Ceux qui servent à la Maison Blanche ne sont peut-être pas conscients de cette évolution historique.

Depuis Richard Nixon, pourtant, tous les présidents qui se sont succédé à Washington ont fini par être victimes de leur personnel. On pourrait même aller jusqu'à dire que leur présidence fut gravement ébranlée et, dans certains cas, pour ainsi dire détruite, par ces courtisans.

De fait, les gardes prétoriennes finissent toujours par détruire les leaders qu'elles servent. C'est une de leurs caractéristiques principales. Voilà ce qui advient lorsqu'on donne des responsabilités à des gens exerçant le pouvoir en dehors des structures légales de l'État, quelles que soient leurs intentions. Ils n'existent que comme reflets du leader, et pourtant rien ne les empêche d'agir comme s'ils étaient réels. Ils rappellent étrangement les morts vivants des films d'horreur.

Voir **Courtisans.**

MANAGER. Terme issu du mot français « ménager », celui qui accomplit des tâches domestiques. Cette fonction s'est élevée petit à petit aux niveaux les plus nobles.

Les forces du manager sont la continuité, la stabilité et la fourniture de services et de produits à partir des structures existantes. Malheureusement, le manager décourage aussi la créativité, l'imagination, la pensée autonome, l'individualisme et le franc-parler, cet acte d'insubordination qui permet de cerner les problèmes. Le manager se méfie du débat public, l'idée du doute lui est odieuse et il réprime les comportements imprévisibles.

La gestion est une aptitude de troisième ordre – une méthode, non une valeur. Nous l'appliquons pourtant dans tous les domaines comme si c'était l'idéal de notre civilisation. Notre confusion est manifeste dans les efforts aujourd'hui déployés pour revitaliser l'enseignement de base en l'alignant sur les « besoins » des hommes d'affaires. En une période de crise économique prolongée, nous avons décidé de donner la priorité à l'utile. Or ces démarches d'inspiration commerciale font partie de notre obsession du management. Elles réduisent la science, et les mathématiques elles-mêmes, à des outils de gestion limités et pragmatiques.

Si la croissance et le progrès peuvent nous permettre de sortir de la crise, ce n'est pas à travers ces attitudes gestionnaires que nous y parviendrons, mais par l'émergence des talents. En apprenant aux étudiants à réfléchir. Si l'on raisonne en termes d'utilité, la place de celle-ci n'est pas dans les écoles, mais dans un système d'apprentissage révisé et modernisé.

Au niveau de l'éducation des élites, nos prévisions ont pris, dans les faits, des proportions catastrophiques. Entre 1975 et 1993, par exemple, le Canada a créé 3,1 millions d'emplois, dont 2,1 dans le domaine de la gestion ou des professions libérales, le reste correspondant à des postes non qualifiés et mal rémunérés. Gestionnaires et professions libérales représentent un coût important pour l'économie sans rien produire. Où sommes-nous supposés trouver l'argent pour payer ces managers ? Au lieu de se poser la question, ces gens-là passent leur temps à chercher de bonnes raisons d'augmenter le nombre de leurs confrères dans toutes les organisations.

Plus nous formons ces gens à l'idée que l'art de gérer est une capacité essentielle, plus nous entravons à leur aptitude à devenir des citoyens aptes à diriger. Le moins qu'on puisse dire, c'est que les élites occidentales remplissent leurs obligations de façon de plus en plus déplorable depuis vingt-cinq ans. Elles passent leur temps à faire le ménage dans des maisons qui tombent en ruine.

Voir **SAT.**

MANIÈRES. Les gens sont merveilleux dès qu'ils sont morts.

Voir **Politesse.**

MARCHÉ. Le marché est aussi charmant et amusant qu'un licencieux Peter Pan qui croirait dur comme fer à l'amour vrai tout en recherchant les plaisirs de la frivolité, et qui se referait inlassablement une virginité, sans mémoire et sans bon sens, ce qui est à la fois sa force et sa faiblesse.

Livré à sa fantaisie, le marché est capable des inventions les plus miraculeuses et des aveuglements les plus bêtes. C'est un grand romantique. Il a aussi une véritable fonction. Celle qu'il a toujours eue, à savoir organiser l'approvisionnement et l'échange des marchandises et trouver les capitaux nécessaires à la production des biens, facilitant ainsi et finançant l'économie. Seulement il ne peut atteindre cet objectif de manière régulière et durable, dans la mesure où il n'est qu'un mécanisme abstrait et inconscient. Pour susciter retenue, équilibre et conscience, toutes choses nécessaires à une prospérité à long terme, il faut un facteur supplémentaire : des têtes pensantes. Ce leadership se manifeste sous la forme d'une **régulation** efficace.

Bien sûr le marché est une très bonne chose. Sans lui, nous en serions réduits à être les jouets d'un absolutisme personnel ou bureaucratique.

Mais constitue-t-il une base suffisante sur laquelle édifier une société ? Offre-t-il, autorise-t-il une relation viable entre citoyens ? Le marché en sait-il tellement plus que nous qu'il serait préférable de s'en remettre tout simplement à sa volonté ? Faut-il nous prosterner devant son opacité incontournable ?

Ne l'oublions pas, dans toutes les civilisations qui nous ont précédé, le commerce était considéré comme une activité limitée, et certainement pas comme le secteur le plus important de la société.

Conformément à notre foi actuelle en la compétition, l'efficacité et le marché, le rôle des technocrates, ces nouveaux gourous, a pris une ampleur considérable. Cependant le message de ce clergé d'un nouveau genre est parfois difficile à saisir, son sens reste enfoui dans le dialecte impénétrable de l'économie postmoderne. Il suffit tout simplement de s'en débarrasser pour que le message qui reste soit limpide : les efforts incessants déployés depuis le XVIIIe siècle pour réglementer l'économie ont apparemment échoué. Par extension, ces prêtres soutiennent que, depuis la Grèce antique, tous les efforts pour contrôler les éléments économiques barbares qui nous entourent, dans l'espoir d'établir une stabilité raisonnable, se sont avérés inutiles.

Nous aurions mieux fait de rester passifs dès le départ, semble-t-il. Si nous avions abandonné nos décisions au marché, cette force économique abstraite aurait naturellement trouvé son équilibre. En d'autres termes, ce qui apparaît au premier abord comme une manière pragmatique, terre-à-terre, de traiter des affaires, se révèle en définitive un rejet pur et simple de la notion de civilisation. Cela tient au fait que nos prêtres d'aujourd'hui sont plus doués en **économétrie** qu'en analyse sociale. La plupart d'entre eux n'ont pas l'air d'en savoir lourd sur le mode de fonctionnement des civilisations ou la façon dont les humains ont résolu ce genre de problèmes dans le passé.

Après tout, les civilisations d'autrefois réussissaient à réglementer leur vie économique sur de longues périodes. L'effondrement, quand il a lieu, tient plus souvent à une évolution sociale qu'aux forces du marché. Les sociétés progressent, vieillissent et meurent. Nous le savons tous. En attendant, des siècles de régulation économique couronnée de succès ont permis aux structures sociales de fonctionner dans des endroits aussi divers qu'Athènes, Rome, l'Europe du Moyen Âge et une grande partie de l'Occident moderne.

Nos prêtres ont réduit l'histoire à ses échecs, cuisants mais de courte durée, au lieu de concentrer leur attention sur les longues périodes de réussite. Les économistes du marché ne sont, au fond, que des nihilistes naïfs. Si nous devions appliquer leur approche à d'autres domaines, la peinture par exemple, nous réduirions l'histoire de l'art aux tableaux reproduits sur les couvercles des boîtes de chocolats et nous en conclurions que la race humaine devrait cesser de peindre et se satisfaire des paysages qui nous entourent.

Voir **Sainte Trinité-fin du xxe siècle.**

MARCHÉS MONÉTAIRES INTERNATIONAUX. Marchés imaginaires où on spécule sur de multiples devises totalement illusoires, sans se référer le moins du monde aux accords normaux sur la valeur.

Les sommes d'argent échangées n'ont aucun rapport avec la croissance ou la production. Ce sont des manifestations d'inflation pure. Les marchés monétaires internationaux organisent une régularisation de l'économie spéculative grâce à une technocratie de spécialistes et aux progrès révolutionnaires des communications. Le scandale des mers du Sud, John Law et toutes les grandes fraudes financières de ces trois derniers siècles ont finalement été normalisés et font désormais figure de pratiques commerciales courantes.

Les gens simples trouveront sans doute cette situation déroutante. Ils ont peut-être l'impression que l'instabilité économique qui sévit depuis vingt ans ne se dissipera pas tant qu'on n'aura pas remis un peu d'ordre dans cette spéculation inflationniste. Les plus subtils d'entre nous savent que les temps ont changé et que les marchés n'ont plus besoin d'avoir un rapport avec la réalité. Ces marchés monétaires internationaux constituent une nouvelle vérité. Vérité de quoi et pour quoi ? C'est sans importance. Il faudrait être bien naïf pour se préoccuper de ces questions-là. Il y a le marché. Il y a la concurrence. Tout le reste n'est que bla-bla.

Voir **Monnaie.**

MARXISTE. De nos jours, en Occident, les hauts gestionnaires des grandes entreprises, généralement multinationales, sont les seuls à mettre sérieusement en pratique les théories marxistes. Les seuls vrais penseurs marxistes de notre temps sont les **néo-conservateurs**.

Le marxisme est d'abord et avant tout une analyse du fonctionnement de la société – ou plus exactement de la manière dont elle *doit* fonctionner. Cette dialectique se fonde sur la lutte des classes et la bataille qui se déroule sur un marché non réglementé, où les plus forts l'emportent. Un marché qui, selon Marx, ne peut être modéré. Il doit fonctionner librement, et il en sera ainsi, de manière à faire office de champ de bataille entre les détenteurs du pouvoir et les autres. Le marché cherchera à maximiser les profits, même si une majorité de gens en font les frais. Profits et pouvoir sont les mamelles de la lutte économique ; le déterminisme économique décidera de la structure sociale.

À la fin de la Seconde Guerre mondiale, la plupart des marxistes en activité avaient cessé de croire à ces foutaises. Ils s'étaient laissé gagner par l'idéologie d'une gestion bureaucratique stable. Ils s'apparentaient ainsi aux technocrates des bureaucraties gouvernementales et commerciales de l'Occident.

Le krach de 1929 plongea les gestionnaires du secteur privé et leurs acolytes universitaires dans une confusion totale. Tout portait à croire que l'analyse capitaliste pure, dont ils étaient les héritiers officiels, avait fait chou blanc. Un marché sans restrictions n'avait pas abouti à une croissance et à une prospérité continues, mais au chaos économique. L'idéologie d'un équilibre naturel et général, fruit de la concurrence, avait eu sa chance, et elle s'était torpillée toute seule : chacun pouvait s'en rendre compte et en subissait les conséquences.

Trente-cinq ans bien tassés s'écoulèrent avant que les chefs d'entreprise parviennent à effacer cet échec de leur mémoire et de celle du public. Après quoi ils redécouvrirent, avec un enthousiasme idéologique virginal, les vertus de la dérégulation du marché.

Cette fois-ci, ils bénéficiaient de l'appui des économistes de la **Chicago School of Economics,** qui fournissaient une explication intellectuellement élaborée à leurs théories. Ils s'étaient débarrassés de l'idée que les institutions publiques permettaient d'instaurer la stabilité sociale, de protéger les faibles et d'assurer une meilleure distribution des richesses. Marx aurait été fier de leur nouvelle argumentation. À vrai dire, ils n'avaient rien contre la possibilité d'assister les faibles ou de favoriser une plus grande équité. Mais les lois naturelles du marché – la dialectique – rendaient la lutte des classes inévitable et une telle assistance impossible.

Entre Marx et les néoconservateurs, il n'y a qu'un seul point de désaccord : ceux qui doivent l'emporter. Ce n'est qu'un détail. Ils s'entendent sur le fait que la société doit fonctionner selon une lutte ouverte, et ceci est beaucoup plus important.

D'aucuns s'étonnent de retrouver Marx à droite. Mais une fois lancées, les idées deviennent la propriété de tous. Elles réapparaissent souvent sous divers déguisements avant de révéler leur vraie forme.

MAUVAISES GENS. Dans la vie publique, il en est des gens comme des graisses : le mauvais chasse le bon. Seul un effort constant de la part des citoyens pour favoriser le service public par rapport à l'ambition et, en politique, privilégier une complexité équilibrée plutôt qu'une simplicité manipulatrice, peut faire avancer la cause des bons.

Il est beaucoup plus facile d'accéder au pouvoir et de le conserver si on n'a que ça en tête. La difficulté de se mettre au service du bien public n'exclut pas l'intérêt personnel. À moins que la société respecte le service public au point d'en faire une obligation tacite, un grand nombre de candidats feront preuve d'une ambition déraisonnable, ils seront émotionnellement perturbés et s'efforceront de régler leurs **complexes d'infériorité** et autres problèmes en public.

Cette pierre d'achoppement a toujours existé. Dans sa définition de la patrie, Voltaire regrette amèrement que « celui qui brûle de l'ambition d'être édile, tribun, prêteur, consul, dictateur, crie qu'il aime sa patrie, et il n'aime que lui-même [1] ». Yeats revient sur la question dans *The Second Coming* : « Les meilleurs manquent totalement de conviction, alors que les pires sont empreints d'une intensité passionnée. » À quoi tient ce manque de conviction ?

Les gens désintéressés et relativement équilibrés font un sacrifice personnel important en consacrant leur temps au bien-être général. Ils ont aussi de la peine à croire que leur contribution ait un véritable impact. Ce n'est pas de la fausse modestie. L'énergie née de l'ambition politique s'apparente à une tornade qui balaie les paresseux. Le problème de notre société infestée de courtisans, c'est que ses normes sont celles du pouvoir pur et dur et de l'argent.

En 1993, le chef des services secrets français, Claude Silberzahn, sur le point de prendre sa retraite, définit à l'intention de ses agents leurs trois principaux champs d'action. Les deux premiers sont la montée de l' « intolérance ethnique » et la « quête extraordinaire et effrénée de l'argent sous toutes ses formes [par] les classes dominantes de la politique et de l'économie [comme si] l'argent n'avait pas d'odeur [alors qu'il est souvent] sale, douteux et illicite [2] ». Cette situation rebute la plupart des gens.

Les citoyens les plus équilibrés possèdent peut-être de fortes convictions en ce qui concerne le bien-être et le service publics. Mais ils sont moins obnubilés par l'exercice du pouvoir. Entre 1787 et 1788, les *Federalist Papers*, dans leur plaidoyer en faveur de la nouvelle Constitution américaine, défendaient l'équilibre des pouvoirs, qui neutraliserait l'influence des factions et attirerait les meilleurs des citoyens dans l'arène publique. Or cet équilibre n'est pas d'essence constitutionnelle. Il dépend de l'approbation ou de la désapprobation du citoyen. Tant que nous récompenserons l'ambition pure et la manipulation habile du pouvoir, nous attirerons ceux qui ne se préoccupent que de leur intérêt personnel.

Voir **Banalité** et **Carlyle.**

MAUVAISES NOUVELLES. Les détenteurs du pouvoir se plaignent toujours de ce que les journalistes ne s'intéressent qu'aux mauvaises nouvelles. « Mais si les journaux étaient remplis de bonnes nouvelles, les prisons seraient pleines de bonnes gens. »

Par ailleurs les mauvaises nouvelles offrent un léger répit à l'implacable fiabilité des experts et des détenteurs du pouvoir. Ceux-ci affirment qu'ils appliquent l'unique et inévitable solution à chaque problème. Quand cela ne marche pas, ils s'abstiennent de se poser des questions sur eux-mêmes ou de passer au crible ce qui cloche en se dépêchant de passer à la bonne réponse suivante. Les mauvaises nouvelles sont l'unique substitut au débat public dont le citoyen dispose.

MCDONALD (Ronald). Philosophe postmoderne. De la même façon que Voltaire était le porte-parole intellectuel des Lumières, Ronald McDonald est le chef de file et la voix de la société de consommation.

Le fondement moral de ce mouvement est l'accoutumance. Le dilemme philosophique contenu dans l'expression *fast-food* est le suivant : « Avec quelle rapidité le vendeur peut-il inciter l'acheteur à acheter davantage ? » Ainsi le vendeur est un enfant spirituel de ces leaders religieux qui doivent d'abord susciter le désir afin de le canaliser à bon escient. Mais les chefs religieux peuvent recourir à la peur pour augmenter le désir, avantage dont ne disposent pas les responsables des fast-foods.

En revanche, ceux-ci ont l'appui de la **publicité** et de la science. Depuis Galilée, on affirme que le progrès scientifique a modifié fondamentalement nos capacités à philosopher. Un exemple : déjà avant l'avènement des relations publiques modernes, l'illusion pouvait intensifier le désir. Le désir suscité par le fast-food n'est pas différent. Il se fonde non sur la faim, mais sur une illusion de faim. Grâce à la science, toutefois, on comprend mieux les trois éléments clefs susceptibles d'accentuer cette illusion : le sel, la graisse et le sucre.

Le sel, comme le glutamate de sodium, attaque les papilles et les excite. Si on lui associe la graisse une réaction chimique se fait, qui exacerbe cette excitation, laquelle se traduit par une simulation convaincante de la faim. L'adjonction de sucre provoque une brusque montée du taux de glucose. Pareil aux montagnes russes, ce phénomène entraîne inévitablement une chute tout aussi brutale, qui se manifeste sous la forme d'une impression de faiblesse et de faim encore plus grande. À cet égard, le fast-food, grâce à l'usage ingénieux de concepts scientifiques de base, n'est pas loin de reconstituer l'alliance religieuse ancestrale entre le désir et la peur (en réalité, une tension philosophique). De fait, avec une nouvelle succursale s'ouvrant dans le monde toutes les 18 minutes, Ronald McDonald est sans doute le philosophe-scientifique le plus populaire depuis Albert Einstein. Un digne héritier de Mickey Mouse. Un roi-philosophe.

Voir **Big Mac** et **Blanc** (pain).

MELON.

Voir **Fraise.**

MÉMOIRE. Qualité pratique qui nous permet d'évaluer ce qui a déjà été fait par rapport à ce qu'on pourrait faire à l'avenir. La mémoire est la clef de l'action responsable.

La méthode rationnelle a progressivement réduit la mémoire a une dimension romantique. Samuel Johnson l'a dit, « ce pouvoir de rétention est particulièrement utile pour identifier de vieilles méthodes, tout bonnement présentées sous un nouveau déguisement, pour être réappliquées par une nouvelle génération [3] ». Ou encore, selon Littré, c'était la « faculté de rappeler les idées et la notion des objets qui ont produit des sensations ». À en croire les définitions fournies par les dictionnaires modernes, la formule à l'emporte-pièce de Johnson n'existe plus. Elle a été remplacée par des termes tels que « souvenirs, reminiscences, souvenance [4]... »

Le romantisme est une version imaginaire du passé. Les événements désagréables et les échecs, personnels ou nationaux, sont effacés tandis qu'on exagère les moments heureux et les succès. À moins que ce ne soit l'inverse, les torts étant exacerbés et les réussites et les bonheurs gommés. Dans un cas comme dans l'autre, le romantisme a pour but d'alimenter de faux espoirs. Sous sa forme la plus outrée, il nie l'à-propos de la mémoire et édifie des idéologies abstraites autonomes.

La mémoire – c'est-à-dire le véritable pouvoir de retenir – est essentielle au concept d'un équilibre **humaniste**. Elle est méprisée par les structures sophistiquées du management moderne, qui adorent le romantisme considéré comme un jouet utile.

MÉTÉOROLOGIE URBAINE. Pluie en juin : terrible pour les mariages.

Pluie en juillet et août : terrible pour les vacances.

Pluie en septembre ou octobre : terrible pour les vendanges.

Pluie en novembre : il pleut partout en novembre, sauf en Afrique du Sud, où le climat était parfait avant que les problèmes politiques ne commencent.

Pluie en décembre et jusqu'en avril : terrible pour le ski.

Pluie en mai : du coup, des moustiques tout l'été.

Pluie et manque de pluie dans l'agriculture : les agriculteurs se plaignent toujours de tout. En plus, ils sont subventionnés.

Neige : terrible, sauf pour les stations de sports d'hiver.

Soleil : provoque le cancer de la peau sur les plages.

Vent : provoque des maux de tête, et parfois des suicides, à moins qu'on ne soit propriétaire d'un voilier.

MÉTÉOROLOGUES. Experts qui ne s'excusent jamais quand ils se trompent.

Le concept de compétence semble annuler d'office celui de responsabilité. S'il n'y a rien de spectaculaire dans le fait de se tromper, il est tout de même étonnant qu'on puisse s'adresser le lendemain au même public sans s'excuser ni fournir la moindre explication. Pour les besoins de l'argumentation, partons de l'hypothèse que ni l'orateur ni son auditoire n'ont reçu de coup sur la tête entre-temps : il faut en conclure que l'expert, ou celui qui lui voue un culte, ne peut supporter de reconnaître l'erreur, c'est-à-dire un passé malheureux, et qu'il a donc perdu la mémoire. Comme la pluie et le beau temps, la compétence est toujours pour demain.

MODE.

1. Paradoxe autodestructeur. Pour être à la mode, il faut à tout prix éviter tout ce qui est en vogue.
2. Usage relativement inoffensif de l'instinct grégaire.
3. À toujours raison. Même dans les années quatre-vingt-dix, les top-models continuent à avaler des boules de coton trempées dans de l'huile d'olive pour tromper la faim, bien qu'à la fin de la décennie précédente leur vie ait été compliquée par le fait que les seins sont redevenus à la mode. Bon nombre d'entre elles se sont senties obligées de recourir aux implants. D'où l'effet saisissant de ces melons saillants de leurs cages thoraciques d'oiseau.

Toujours extrêmement sensibles aux tendances sociales

conflictuelles dans leur acception la plus large, les designers ont ainsi inventé l'« anorexie maternelle ». Les caméras sont plus tendres avec la géométrie qu'elles ne le sont avec les lignes naturelles. Cette mode a eu énormément de succès. (Voir **Goût**).

4. Le jeune homme qui interpella l'empereur sur son passage dans la rue l'a démontré : la **liberté de parole** est l'antithèse de la mode sous toutes ses formes.

MONARQUES (alliances royales). Essentiel à la création et à la propagation de délicieux desserts.

Catherine de Médicis arriva en France avec des macarons. Marie de Médicis puisait une partie de son énergie dans les injections de sucre de son chef-pâtissier napolitain, qui apporta avec lui à Paris certaines spécialités de son pays d'origine, telles que le mille-feuilles. L'annexion de la Normandie par les rois français popularisa cette habitude toute septentrionale qui consiste à amalgamer de grosses quantités de beurre et de crème à quelque chose de sucré. En 1736, pour la première fois le roi polonais Stanislas Leszinsky versa du rhum sur son baba. Les Habsbourg parrainèrent des variations infinies sur la trinité chocolat amer, crème et biscuit aux quatre coins de leur vaste empire. Le dessert préféré de l'empereur François-Joseph était l'Ischler Törtchen de Zauner. Sous l'apparence trompeuse d'un gros biscuit double, ce sablé au beurre recèle des trésors de crème à la vanille et au chocolat, surmontée de confiture d'abricot dissimulée sous une couche de chocolat amer parsemée de miettes de pistaches.

À Vienne, où on avait pourtant accompli des prodiges, vers la fin du XIXe siècle on comprit que les familles royales étaient sur le déclin quand l'épouse de François-Joseph, l'impératrice Élisabeth – Sissi – fit installer une salle de gymnastique dans ses appartements royaux et commença à surveiller sa ligne comme si elle se prenait pour Romy Schneider. Jusqu'à la princesse de Galles, roturière et boulimique, il n'y avait malheureusement qu'un pas.

Voir **Blanc** (pain).

MONDAINS. Personnes pour lesquelles *société* signifie se mettre sur son trente-et-un pour des galas au profit de maladies mortelles.

MONDIALISATION. L'idéologie moderne est le déterminisme économique. On nous présente la mondialisation comme si son instigateur (une coalition de groupements d'intérêts) et son destinataire (le public) n'avaient pas le moindre rôle à jouer puisqu'elle se réalisera de toute façon, qu'ils le veuillent ou non. Dans ces conditions, on peut développer une théorie politique complète sans débattre de ses implications ou admettre qu'il s'agit bel et bien d'une idéologie.

La mondialisation nous est généralement présentée sous la forme de quatre slogans.

1. « La mondialisation est inévitable. »

Or elle a toujours existé, bien qu'à des degrés divers. De plus, on n'a vu aucune percée d'ordre technologique ou gestionnaire susceptible de modifier cette équation au cours des trente dernières années. Les remarquables progrès que nous avons faits en matière de communication sont utiles à l'échelle internationale, mais aussi localement. Pour autant, ils ne court-circuitent pas les règlements locaux ou régionaux. Ils n'ont pas entamé le pouvoir des règlements nationaux, nous n'avons donc aucune raison de croire qu'ils éliminent d'office les réglementations entre pays.

Si un changement radical a eu lieu, c'est dans les attitudes. Reste à savoir les attitudes de qui et pourquoi.

Autre question : faut-il laisser cette nouvelle forme de mondialisation s'instaurer sans aucune directive ? ou à partir des diktats des grandes corporations qui ne tiennent compte que de leurs intérêts ? ou encore des sociétés civiles qui produisent et consomment les marchandises ?

Ce changement d'attitude auquel nous assistons semble avoir été amorcé par les gestionnaires des grandes entreprises. Peut-être parce qu'ils se sont rendu compte que les sociétés occidentales, fondées sur un contrat établi au nom de la classe moyenne toujours plus puissante, s'opposeraient catégoriquement à une remise en cause du contrat en question. La tentation d'obtenir des marchandises en plus grande quantité et à meilleur marché serait écartée dès lors qu'elle risquerait d'ébranler la stabilité sociale. Ainsi la réinvention de la mondialisation permettrait-elle aux grosses entreprises – et aux consultants des départements d'économie des universités – de rouvrir le dossier du capitalisme des premiers temps. La civilisation occidentale a passé un siècle à dompter ce vilain capitalisme afin qu'il se comporte d'une manière décente, ceci en prenant toutes les précautions pour éviter de supprimer la motivation du profit. Brusquement, la bête sauvage a été relâchée, sous prétexte que c'était inévitable.

2. « La mondialisation produira davantage de marchandises à des prix plus compétitifs. »

Avons-nous besoin de marchandises supplémentaires ? Et à meilleur marché ?

Nous en avons déjà trop et nous avons les moyens d'en produire plus. Notre problème, c'est la pénurie d'acheteurs. La mondialisation a pour effet de réduire encore le nombre de ces acheteurs. Car il faut avoir un travail pour consommer.

Quant aux marchandises moins chères, en termes absolus, plus le prix au détail est bas, plus le niveau de vie des producteurs décline. Pour la bonne raison que, soit ces biens sont produits par moins de gens, d'où une augmentation du nombre de chômeurs, soit ils sont fabriqués par des gens moins bien rémunérés. Ces économies font théoriquement baisser le prix au détail.

Ne ferions-nous pas mieux de reconnaître que l'Occident a moins besoin de biens en plus grand nombre ou à meilleur marché que d'une quantité de marchandises appropriées au volume de la population, et qui se vendent à un prix équitable ou raisonnable, c'est-à-dire abordables dans le système économique et social généralisé de la classe moyenne, sans saper ledit système ?

3. « Résister à la mondialisation, c'est refuser de donner sa chance au tiers monde. »

Ridicule. La question est de savoir si, pour se développer, le tiers monde doit obligatoirement se soumettre au désordre et à la souffrance endémique indissociables de la phase initiale d'un capitalisme non réglementé. Si nous voulons vraiment favoriser la croissance économique des pays en développement, il existe des méthodes beaucoup plus performantes et plus civilisées pour y parvenir.

Cette idée qu'en imposant certaines conditions au processus d'internationalisation, l'Occident refuserait de donner sa chance au tiers monde, sous-entend implicitement que les pays en voie de développement bénéficieraient de la mondialisation. Or la création de plusieurs millions d'emplois, assortis de salaires bas, dans des conditions comparables à celle du XIXe siècle, n'est peut-être pas synonyme de prospérité ou d'essor. Il y a fort à parier qu'elle susciterait plutôt des troubles sociaux au coût élevé.

La mondialisation s'appuyant sur le principe que l'industrie s'orientera toujours vers des zones de production plus rentables, ces emplois tiers-mondistes sous-rémunérés devraient disparaître dès l'instant où le développement aura atteint un niveau suffisant pour inciter la main-d'œuvre locale à exiger des conditions de travail respectables.

La notion de cette injustice perpétrée par l'Occident vis-à-vis du tiers monde à travers ce **déni**, sous-entend implicitement que certains pays bénéficieront de la mondialisation. Or on aurait tort de croire qu'un système économique, quel qu'il soit, génère automatiquement des gagnants. Certains sont fondamentalement négatifs et déstabilisateurs. Une poignée d'individus prospéreront toujours, certes, et dans ce cas, certaines grosses entreprises en profiteront peut-être sans que leurs employés en récoltent les fruits. Mais toutes les sociétés souffriront. Selon ce qu'on peut déjà en voir, on peut déduire que l'acceptation de la mondialisation telle qu'on nous la présente aujourd'hui sera un facteur de pauvreté à long terme dans les pays du tiers monde.

4. « La mondialisation, c'est l'avenir. »

La mondialisation est un concept du XIXe siècle, déguisé en technologie de pointe et se faisant passer pour une marque d'avenir. Ce point soulève un problème fondamental : comment les nations développées peuvent-elles protéger un siècle de progrès social sans décider d'un commun accord de coopérer pour réglementer les multinationales et les marchés monétaires internationaux ?

L'acceptation passive de la mondialisation dans son rôle d'entreprise de démolition internationale, sans aucune réglementation, signifierait un retour au passé. À chaque fois que le terme futur est associé au progrès économique, il est indispensable de consolider les avancées sociales et économiques réalisées au cours du siècle précédent, par l'intermédiaire de nouveaux accords internationaux.

Jusqu'à présent, les Japonais et les Européens ont traité la mondialisation comme un écran idéologique dressé par des groupements d'intérêts étrangers. Ils ont donc été réfractaires à ses principes. En revanche, la communauté universitaire américaine tend à se conformer à l'organisation corporative du pays. De ce fait, l'expression « mondialisation » est souvent utilisée aux États-Unis comme une vérité désintéressée. Passivité qu'imitent des pays comme le Canada ou la Grande-Bretagne, où l'influence des Américains s'exerce avec force. Tant que l'idéologie camouflée sous la formule « mondialisation » dispose d'une base institutionnelle dans la civilisation occidentale, toute résistance sensée sera sapée d'office. C'est la raison pour laquelle la gabegie façon XIXe siècle promise par l'internationalisation paraît inévitable, alors qu'en pratique elle ne l'est pas.

MONNAIES (volatilisation des). Acte consistant à faire disparaître les richesses de l'économie. Le meilleur moyen d'y parvenir est la spéculation dans des domaines qui n'ont rien à voir avec la croissance.

Quand elles commencent à croire que l'argent est réel, alors que ce n'est pas le cas, les sociétés sont mal parties. Ceux qui sont assez bêtes pour oublier que l'argent participe d'une illusion efficace fondée sur un accord tacite relatif à sa valeur ont tendance à faire mauvais usage de leur monnaie. Ils peuvent la mettre en vrac sur un marché dérégulé où chaque boursicoteur est libre de donner un coup de pied dans le tas. Ou imprimer continuellement de nouveaux billets, ce qui débouche sur l'inflation classique. Ou encore s'en servir pour spéculer sans réserve, d'où évaporation de l'argent. Tout cela aboutit à une volatilisation de la monnaie et engendre la pauvreté.

C'est lorsqu'il est gagné et qu'il fructifie grâce à l'investissement, au travail et à la consommation, que l'argent respecte le plus fidèlement l'accord passé sur sa valeur. Investissement et travail produisent de vraies marchandises, susceptibles d'être achetées. L'argent prêté à des fins d'investissements génère des intérêts au profit des banques. Les salaires acquis par le travail sont déposés dans ces mêmes institutions. Si à leur tour les banques prêtent une portion raisonnable de cet argent aux gens qui investissent dans la vraie croissance ou la propriété que des besoins concrets rendent nécessaire, on peut espérer une réelle augmentation de sa valeur.

Mais si les banques se servent de cette valeur pour spéculer ou prêtent à des spéculateurs, elles risquent la volatilisation. Ainsi, si ceux qui spéculent inutilement perdent, les vraies richesses, créées par l'investissement, la production et le travail, s'envoleront tout bonnement avec cet argent gaspillé. Si les banques prêtent à des spéculateurs immobiliers, comme c'est de plus en plus le cas depuis trente ans, le jour où le marché immobilier s'effondre, la vraie valeur que les spéculateurs ont empruntée se volatilise aussi. Il en va de même des grandes opérations spéculatives liées aux fusions et aux OPA depuis trente ans. Ou des razzias sur le marché monétaire international.

Spéculateurs et gestionnaires d'entreprise nous reprochent de ne pas travailler assez dur afin de créer des richesses suffisantes pour alimenter la croissance. Mais il y a fort à parier que la pénurie d'argent fiable dans notre société est due plutôt au fait qu'à maintes reprises, au cours des trente dernières années, les citoyens ont déposé leurs vraies richesses, nées de leurs investissements, de leur travail ou de leur production, dans des banques. Et qu'à maintes reprises, les élites ont emprunté cet argent qui, par leur entremise, s'est volatilisé.

Voir **Dépression.**

MORO (Aldo). Leader de la démocratie chrétienne, ancien Premier ministre italien. Kidnappé le 17 mars 1978 par des terroristes qui n'ont toujours pas été identifiés. Après deux mois de péripéties qui se soldèrent par l'échec de la police, on retrouva son corps dans le coffre d'une voiture en plein Rome, devant le 9 de la rue Michelangelo Caetani.

Cette rue est équidistante des sièges des partis démocrate-chrétien et communiste, tout à côté du Gesù, quartier général des Jésuites qui, bizarrement, se trouve face au bâtiment de l'ordre maçonnique italien, situé Piazza del Gesù. Il ne manque plus que la mafia dans ce voisinage intime. Mais il est vrai qu'elle ne fait guère de publicité sur l'emplacement de ses bureaux et préfère souvent travailler en sous-main, grâce aux bons offices d'organisations politiques, sociales et religieuses.

Le site choisi par les tueurs pour se délester du cadavre prouve qu'ils ne manquaient pas d'humour. Ou alors qu'ils n'ont pas eu besoin d'aller très loin.

Un beau médaillon, représentant le visage du leader assassiné grandeur nature, trône aujourd'hui à côté d'une très grande plaque en bronze, élégante, scellée sur la façade du numéro 9, en hauteur. Cette plaque déroule de longs paragraphes explicatifs en belles lettres, en relief, également en bronze. Malheureusement c'est écrit si petit que personne ne peut lire.

MORT. Phénomène survenu chez tous ceux qui ont vécu (même si on manque de statistiques). Il y a quelques exceptions, au demeurant contestées. Ni le Christ, ni sa Mère, ni Bouddha n'étant montés au ciel en chair et en os en présence de médecins assermentés, on pourrait dire que si tout le monde n'est pas mort, tous ceux qui ont vécu ont fini par cesser de vivre. Dans un monde de risques et de spéculations, la mort demeure une des rares choses sur lesquelles on puisse compter. Elle est encore plus inéluctable que la naissance, puisque rien ne nous permet d'affirmer que tous ceux qui auraient pu naître sont nés.

Dans le but de préserver le corps humain coûte que coûte, la médecine moderne a accompli ce que nous appelons aujourd'hui des miracles. Il n'empêche qu'elle n'a jamais pu épargner la mort à qui que ce soit, se contentant de retarder l'échéance. Ces admirables atermoiements sont généralement considérés comme la plus grande réussite de la civilisation moderne. Des vies ont été sauvées, dit-on, ce qui signifie qu'on les a prolongées. Ce petit lapsus trahit un grand poncif : nous ne voulons pas mourir.

La complexité croissante de notre technologie semble avoir eu un effet dévastateur sur l'attitude, jadis raisonnable, que nous avions face à la mort. Si autrefois on traitait la Faucheuse avec une certaine ouverture d'esprit, comme étant partie intégrante de la vie de famille, aujourd'hui nous sommes retombés dans une sorte de **déni** puéril. On ne meurt plus, on passe de vie à trépas, on décède, on est « l'être aimé », les gens sont désolés d'apprendre la triste nouvelle. Quelle nouvelle ? Jamais autrefois la mort ne fut un sujet de conversation tabou. Jamais les humains n'ont autant planifié leur vie en n'accordant qu'une attention moindre à leur mort.

Ce changement peut s'expliquer de différentes manières, notamment par le déclin des religions établies ou – et c'est plus convaincant – par l'obsession de la *fonction* dans le monde moderne. L'importance extrême qu'on attache désormais à ce que les gens font est le produit naturel d'une société qui se définit par rapport à ses systèmes et ses structures. Ces systèmes n'ont aucune signification en eux-mêmes, ils fonctionnent comme s'ils étaient éternels. À l'instar de la médecine face à la vie, ils prolongent les limites conscientes à perte de vue.

Des millions de gens, âgés ou atteints de maladies incurables, gisent dans les hôpitaux, hérissés de tubes qui sortent par tous leurs orifices. Ils attendent. Apparemment ce n'est pas la mort qu'ils attendent. Si tel était le cas, ils souhaiteraient probablement libérer leur corps de tout cet attirail et demanderaient qu'on les transporte dans un endroit plus serein, où ils auraient tout loisir de prendre congé de leur famille et de leurs amis, et de passer leur existence en revue pour se préparer à faire le grand saut.

La pensée consciente n'est guère respectée dans une civilisation vouée aux systèmes. La conscience active passe pour une forme de rébellion. Et pourtant, quel tort le doute peut-il causer, quand le sceptique n'a plus la force de marcher, sans parler de prêcher ?

Ni l'éducation moderne, ni la vie qui en découle ne sont conçues de manière à préparer l'individu à cette conversation intérieure. La vision de millions de mourants sceptiques – *compos mentis* ou pas – sèmerait le doute chez ceux qui continuent à gravir les échelons de la spécialisation et de la promotion. De surcroît, soigner le corps humain est une affaire de spécialistes, à traiter comme partie intégrante d'un processus. En soustrayant les individus à ce système avant qu'il en ait fini avec leur corps, on sous-entendrait que le processus en question est moins important que notre civilisation le prétend, ou que les médecins ne font pas leur travail convenablement.

Voir **Hobbes** et **Socrate.**

MORT NATURELLE. Curieux concept, qui met en doute le sens d'une mort non naturelle. Peut se produire de quatre manières, dont trois agréables :

1. après avoir évacué ses intestins, juste après le réveil (décrit en termes polis comme « ayant trouvé la mort dans sa salle de bains ») ;
2. durant l'orgasme (« est mort paisiblement dans son lit ») ;
3. en jouant au tennis ou en faisant du jogging ;
4. de vieillesse.

Voir **Mort.**

MUSÉES. Lieux sûrs où stocker des objets volés.

Certains s'offusquent d'un tel larcin. Pourtant, il faut admettre qu'en répartissant ainsi les créations du passé dans le monde entier, on les a protégées contre la guerre et les catastrophes. Les musées semblent se préoccuper tout particulièrement de ce problème de sécurité, puisqu'ils conservent la plupart de leurs trésors dans des caves. Les conservateurs peuvent ainsi les garder, catalogués, dissimulés au public, tandis qu'ils s'en vont compléter leurs collections en acquérant de nouvelles pièces ou en embobinant de nouveaux **collectionneurs**.

MUSIQUE D'AMBIANCE. Bruit public que personne n'a réclamé et que personne n'écoute. Émanation d'une technique de relations publiques inventée par les nazis.

Ce phénomène se fonde sur le principe que les individus peuvent être réduits à des catégories. Dès qu'on a déterminé à quelle catégorie un individu appartient, on peut le forcer à faire ce qui nous chante, en fournissant l'environnement et les stimulations appropriés sur le plan émotionnel. L'idée consiste à identifier les quelques caractéristiques standards qui lient tous les individus, ou à les satisfaire dans des circonstances particulières. Le rassemblement de Nuremberg fut l'une des premières tentatives en vue de créer ce genre d'ambiance stimulante.

Née dans les ascenseurs et les supermarchés, la musique d'ambiance s'est étendue aux restaurants, hôtels, avions, mises en attente téléphonique et salles d'attente.

Les experts en relations publiques s'imaginent que les humains ont peur du silence, c'est-à-dire qu'ils redoutent l'absence de directives constantes. On pense aussi que si on nous libère de nos peurs, nous acquerrons suffisamment de confiance pour acheter, manger, voter, voler ou tout simplement continuer à vivre.

Cette approche, et le mépris des individus qu'elle suppose, est le produit d'un faux sentiment de supériorité qui règne dans le monde des relations publiques. Faux parce que cette supériorité se manifeste sous la forme du **cynisme**, qui en soit est un signe d'insécurité.

Rien d'étonnant à ce que la musique d'ambiance ne produise généralement pas l'effet escompté : beaucoup trouvent cette confiscation de leur ouïe pour le moins irritante, surtout quand le son persiste. D'autres sombrent dans le silence et se sentent piégés, parce qu'ils appartiennent à une génération qui pense que la musique est là pour qu'on l'écoute.

Conçue pour faciliter la conversation spontanée dans les restaurants, le plus souvent cette musique de fond réduit les gens au silence ou les oblige à chuchoter. Dans les avions, où elle est censée détendre les passagers au décollage, elle agace la majorité des voyageurs qui, s'ils avaient voulu écouter de la musique à cet instant, auraient choisi tout autre chose. Les lieux de divertissement ou d'évasion ressemblent de plus en plus au meilleur des mondes d'Huxley, version miniature, où on calcule d'avance les catégories auxquelles les individus appartiennent. Par exemple : les restaurants où on mange moins bien que le patronne se l'imagine, ont tendance à passer de la musique baroque. Quant aux hôtels de luxe, qui cherchent à mettre en avant le facteur qualité tout en se méfiant des goûts des riches, ils mélangeront Mozart et Sinatra comme s'ils ne faisaient qu'un.

Si on se hasarde à demander aux employés d'arrêter la musique ou de mettre un peu moins fort, ceux-ci répondent :

1. que le système échappe à leur compétence ;
2. que les autres clients se plaindraient.

Quand on demande si quelqu'un s'est jamais plaint de l'absence de musique le jour où, par inadvertance, on avait oublié de brancher la sono, ou s'il est arrivé qu'un client réclame de la musique, ou la reprise d'un morceau particulier, l'employé s'éloigne de son interlocuteur.

MUSSOLINI (Benito). Modèle du Leader Héroïque moderne. Bien plus qu'Hitler. Il associa les intérêts du corporatisme aux relations publiques et aux sports, tout en substituant au débat public et à la participation des citoyens un populisme factice et l'illusion d'une démocratie directe.

À première vue, ses uniformes et ses airs de paon lui donnent une allure désuète ; mais ce ne sont que des particularités de son temps. Son approche a peut-être laissé une impression d'improvisation grossière, mais il n'en a pas moins inventé un genre. Qui n'était pas si grossier que ça. Il donnait son opinion, favorable ou défavorable, sur des politiques sans rapport avec ses intentions véritables, de même qu'on fait aujourd'hui des études de marché afin de déterminer les désirs des consommateurs de manière à pouvoir les exploiter ensuite. Il se créa un personnage aussi fictif que le cow-boy Marlborough, en s'inventant un passé et en faisant rédiger des biographies inventées de A à Z. En 1927, déjà, il affirmait que l' « invention est beaucoup plus utile que la vérité [5] ».

En 1994, Mussolini est revenu au pouvoir en Italie sous la forme composite de trois leaders. Le chef du parti fasciste actuel, Gianfranco Fini, a redonné à son parti son authenticité en le dotant d'une image technocratique anonyme. La Ligue du Nord d'Umberto Bossi a adopté toutes les caractéristiques d'un populisme factice et confus pour dissimuler son véritable objectif : la quête d'intérêts personnels.

Mais c'est chez Silvio Berlusconi que les principes mussoliniens trouvent leur plus grand raffinement. Sa mainmise sur l'ensemble du réseau de la télévision privée, et l'usage qu'il en a fait à des fins de propagande, sont parfaitement huilés. Il a fait sienne la politique fasciste des premiers moments, qui consistait à avancer à l'ombre d'une grande équipe de football. Sa méthode « populiste » divisionnaire fut élaborée en détail par le comte Ciano, beau-fils de Mussolini, en 1939 [6]. Après avoir acheté l'AC Milan, Berlusconi déclara qu'à l'avenir, son empire s'apparenterait à un iceberg, dont la partie visible serait l'équipe de football en question. Le nom de son parti est un slogan footballistique. Allez l'Italie ! Quant à sa rhétorique sur les marchés libres, elle contredit son recours immodéré aux monopoles, aux oligopoles et à la technocratie. Sa fortune, bâtie sur des relations étroites avec les hommes politiques les plus corrompus du pays, bafoue sa promesse d'épurer la vie politique.

Tout cela n'a rien de secret. On en parle librement en public. Mais cette clairvoyance n'aide apparemment en rien.

L'accession au pouvoir des nouveaux mussoliniens prouve que nous avons eu tort d'espérer que le savoir nous éviterait les erreurs. Faute de l'associer à un dosage subtil d'autres qualités humaines, telles que l'éthique, la mémoire, le bon sens et la raison, le savoir est impuissant. Sans humanisme, il ne fait qu'encourager l'acceptation passive des maux dont nous reconnaissons l'existence.

Berlusconi est la figure moderne du corporatisme. Il incarne un phénomène général, et pas uniquement italien. De faux mouvements populistes et des individus similaires ont surgi dans l'ensemble de l'Occident. Aux États-Unis, en Grande-Bretagne, au Canada anglophone et francophone, en France, en Allemagne et en Autriche, ils tirent parti de la colère et de la confusion des citoyens. Les intérêts qu'ils représentent sont en grande partie responsables des problèmes qu'ils dénoncent, mais leurs apparences nient ce lien.

L'ampleur de ce problème – illusion contre réalité – fut manifeste dans la réaction de l'hebdomadaire ***The Economist***, bible du technocrate. Quelques jours après les élections, celui-ci consacrait son éditorial à une analyse respectueuse et éthiquement neutre du succès remporté par la Ligue du Nord, les néofascistes et Berlusconi. Ce qui comptait, concluait-il d'un ton rappelant des préoccupations similaires lors de la première montée du corporatisme, dans les années vingt et trente, c'était que le nouveau gouvernement « préservait l'héritage économique » laissé par son prédécesseur. Dans le numéro suivant, le magazine publiait à la même page une critique acerbe de l'hypocrisie de ceux qui protestaient contre l'augmentation du travail des enfants dans le contexte de la **mondialisation**[7].

Voir **Corporatisme** et **Démocratie directe**.

MYRMECOPHAGA JUBATA. Mangeur de fourmis. L'existence de ce prédateur prouve que penser pendant 71,5 % du temps, comme c'est le cas des fourmis, n'empêche pas de se faire bouffer. À penser moins que ça, ce qui est le cas des humains, on est presque certains d'y passer.

Voir **Fourmis.**

MYTHOLOGIE. Après avoir tué Dieu et pris sa place, on n'est pas content du résultat. Sinon comment expliquer la résurgence de la mythologie ?

Le dieu-homme que nous avons choisi était un être très limité, dont les pouvoirs dépendaient de la raison. Nous lui avons essayé plusieurs costumes : celui de Superman et de Système-Man en particulier. D'où la réinstallation d'une horde prolifique de dieux mythologiques, conçus de manière à nous laisser officiellement sur notre trône.

Nietzsche ne fut que le plus célèbre des partisans de cette option. Wagner ramena les dieux sur la scène du monde, sur fond de musique céleste. Jung leur conféra l'autorité de la science médicale, en les classant selon des archétypes auxquels aucun d'entre nous ne peut échapper. « Qu'on les invoque ou non, fit-il graver au-dessus de sa porte, les dieux viendront. » Hitler et **Mussolini** allièrent en un seul personnage les dieux grecs et romains, les dieux des bois et l'homme rationnel. Le succès fut tel que les relations publiques et la politique moderne continuent à s'inspirer étroitement de leur exemple. Les bandes dessinées et les films proposèrent des dieux humains issus de l'intervention d'une divinité, sur le modèle de Zeus couchant avec une mortelle ou Dieu avec Marie. Superman se changea en

Mad Max et en Terminator. Des *aliens* mystérieux et puissants envahissent nos vies par le biais de la science-fiction d'abord, puis au gré des films et des séries télévisées, tels *Star Trek* ou *La Guerre des étoiles*.

Inévitablement, de faux vulgarisateurs en vinrent à amalgamer les mythes jungiens avec les dieux tout-puissants des forêts, en avançant que si l'homme ne pouvait pas être le seul dieu, il était forcément la victime passive du destin.

Or nous n'avons pas besoin d'être des victimes passives. Ceci est le produit des options que nous avons définies pour nous-mêmes. En refusant d'avoir une vision **humaniste** plus large, nous nous sommes limités à un choix peu satisfaisant entre la raison ingrate et le faux réconfort de la mythologie.

Voir **Inconscient.**

N

NANNYISME. Les *nannies* sont toujours étrangères, sauf en Angleterre. La *nanny* anglaise standard est pleine d'idées reçues et ne réfléchit guère. Elle est plus dogmatique que futée et très sûre d'elle, sans vraiment comprendre le monde réel. Toutefois s'il y a une chose qu'elle entend fort bien, c'est la nature du pouvoir qu'elle exerce sur les enfants auxquels il faut apprendre à aller sur le pot tout en leur inculquant les préjugés de base, et en les préparant à vivre dans un groupe et non comme des individus.

En général, les électeurs britanniques moyens, conservateurs et de sexe masculin, les membres du Parlement ou les ministres du gouvernement ont eu une *nanny* ou appartiennent à une classe (bourgeoise ou petite-bourgeoise) qui souscrit aux valeurs du nannyisme. Aucun système idéologique ne saurait mieux convenir pour soumettre, utiliser ou humilier l'homme moyen. Avec de tels individus à sa disposition, Mme Thatcher contrôlait le mécanisme qui l'assurait d'une mainmise sur l'ensemble du pays.

Que certains membres du Cabinet parlent de son *sex-appeal* en termes si chaleureux en dit long sur leur enfance. Les *nannies* gèrent les enfants en contrôlant le fonctionnement de leurs intestins et en créant une alternance chatouilles-châtiment sur leurs parties génitales.

On aurait tort d'imputer à de la jalousie traditionnelle le fait que Mme Thatcher ait éliminé toute femme de son entourage. Les *nannies* règnent seules. Leur principal ennemi n'est pas les rêves érotiques ou les mains sales, c'est la seule autre figure féminine valable, la Mère, une dilettante encline au romantisme et susceptible d'utiliser son autorité naturelle sur l'enfant, au lieu de ne tenir compte que du mérite.

Les *nannies* imposent à leurs petits protégés des modèles riches et puissants (les ducs, ou bien encore les États-Unis) parce qu'elles sont snobs, peu sûres d'elles et doivent se référer à des idéaux nettement supérieurs à elles-mêmes et à ceux qui les emploient.

Les *nannies* ne changent jamais d'avis. Cela les obligerait à penser et à douter. Elles ont une démarche raide, brusque, et s'expriment sur un ton énergique pour évacuer le doute.

Elles enseignent aux enfants que les étrangers et les gens qu'on ne connaît pas sont sales, paresseux, et qu'il ne faut pas leur faire confiance.

Une *nanny* ne sait pas parler à ceux qu'elle ne connaît pas, ni aux étrangers. En revanche, elle sait très bien que le monde comprend trois catégories d'individus : le modèle idéal, riche et puissant, les parents et l'enfant. Les étrangers n'appartiennent jamais aux deux premières catégories. Ils doivent donc forcément être de l'espèce inférieure des enfants et elle les traite comme tels. L'étranger anglophone trouvera cette attitude grossière mais comique. Pour ceux qui parlent une autre langue, sa rudesse semblera déplacée, et le plus souvent incompréhensible.

Mme Thatcher insultait des conservateurs de l'espèce la plus intelligente en leur reprochant d'être des faibles et des « mous ». Les bons garçons font ce qu'on leur dit de faire. Ils contrôlent leurs parties génitales. On se demande tout de même pourquoi ceux qui obéissent à leurs *nannies* sont considérés comme virils, alors que les mauvais garçons, avec leurs rêves érotiques et leurs pollutions nocturnes (un signe de puissance, reconnaissons-le), voient leur virilité mise en doute.

Voir **Relations particulières.**

NATIONALISATION.

1. Idéologie.
2. Mode de financement des partis politiques.

La nationalisation enrichit d'aimables avocats, des experts-comptables, des banquiers et des investisseurs. Cet argent leur permet de verser des contributions au parti de leurs bienfaiteurs, d'offrir des emplois aux candidats battus ou en retraite, d'agrémenter la vie privée d'hommes politiques par des voyages et des divertissements et, dans certains cas, de remplir gentiment leur compte numéroté, dans des banques délocalisées ou non.

3. Initiative parfois sensée.

Les services publics et autres services essentiels sont généralement créés par l'État. Plus rarement, ils sont lancés par des capitaux privés. Par la suite, on s'aperçoit qu'intérêts privés et intérêt public ne vont pas de pair.

4. Rendue parfois nécessaire par un changement d'ordre économique.

L'industrie privée peut s'intéresser au développement d'un secteur important de l'économie parce qu'il promet de gros profits. Mais à long terme, il s'agit de fournir des services, non de maximiser les bénéfices. Le marché s'arrange pour engendrer plus de profits en haussant les coûts incombant aux usagers, ce qui pèse sur les structures sociales et économiques de base. Il a aussi la possibilité de cannibaliser le secteur en vendant les biens du capital et de l'immobilier pour s'assurer des bénéfices à court terme. La mission du gouvernement consiste à préserver les services dont les citoyens ont besoin.

5. Nécessité fondamentale pour la défense nationale.

La production de l'**armement** appartenait jadis essentiellement au secteur nationalisé. Aujourd'hui, elle relève principalement du privé. Il s'agit pourtant d'une industrie artificielle, totalement dépendante de l'argent du gouvernement. Son seul but est d'assurer la sécurité du citoyen sur l'ensemble du territoire national. En la laissant passer sous la coupe d'intérêts privés, nous avons réduit ce rôle primordial à un élément secondaire. Ses objectifs principaux sont désormais d'enrichir une poignée de gens, de fournir des projets élaborés de création d'emplois, et d'être manipulée comme l'instrument par excellence de la gestion économique gouvernementale.

6. Sujet d'autosatisfaction facile quand on l'applique comme théorie sociale abstraite.

La nationalisation ne change pas forcément quoi que ce soit à l'efficacité de ces secteurs. Une argumentation n'est claire, dans un sens ou dans l'autre, qu'en restant rhétorique. Privé ou public, ce domaine est de toute façon géré par des technocrates. La manière dont ils feront leur travail ne différera guère, qu'ils dépendent d'une société par actions ou d'un organisme gouvernemental.

Comme n'importe quelle organisation, les gouvernements ne sont capables de bon travail que dans un nombre limité de secteurs. On serait bien avisé de définir ce niveau d'efficacité, puis d'intégrer ou d'exclure certains secteurs de la sphère publique selon les nécessités.

7. Moyen sûr de saper la croissance économique.

Les nationalisations inutiles appauvrissent la nation par le fait qu'on verse des sommes considérables à un petit groupe de propriétaires. Cette attitude pourrait encourager la croissance, en excluant du marché d'importantes zones de non-croissance, tout en donnant une prime de risque aux hommes d'affaires aventureux qui investiront dans les nouveaux secteurs de croissance. Malheureusement, les nationalisations suscitent des réactions de peur et de colère chez les hommes d'affaires. Du coup, ils empochent l'argent et vont l'investir outre-mer.

Voir **Privatisation.**

NATIONALISME.

Voir **Transnationales**

NÉOCONSERVATEUR. Diamétralement opposé au conservateur.

Les néoconservateurs sont les bolcheviks de la droite. Comme les bolcheviks, ils forment des groupes restreints guidés par une idéologie simple. Ils cherchent les moyens pratiques d'acquérir le vrai pouvoir dans le but de provoquer des changements révolutionnaires. Ces « moyens pratiques » consistent le plus souvent à susciter un malentendu quant aux « changements révolutionnaires » qui doivent en résulter.

La première étape dans la mise en marche d'un mouvement bolchevik est d'assurer sa respectabilité intellectuelle. Celle-ci fut assise grâce à l'engagement d'une nuée de **consultants académiques** chargés d'exposer une idée marginale : l'Occident devrait revenir au capitalisme non réformé du XIXe siècle, comme s'il s'agissait non seulement d'une nécessité historique, mais d'un phénomène naturel inévitable. Leur déterminisme copie à la lettre celui des marxistes. Ce qui passait, il y a quelques années, pour une absurdité dérisoire, s'impose désormais comme une idée reçue sous l'impulsion des chroniqueurs de droite dans la presse.

La deuxième étape requérait une série de *coups d'État* dans les partis conservateurs en place, en commençant par ceux de Grande-Bretagne, des États-Unis et du Canada. De cette façon, le mouvement prenait part aux élections sous couvert d'un renouveau conservateur. Il accéda au pouvoir grâce à l'appui d'électeurs qui étaient parmi les premiers à souffrir de leurs politiques, à savoir les bourgeois et les petits-bourgeois.

La troisième étape imitait elle aussi les bolcheviks. Le secret de la réélection consista à déstabiliser l'opposition, y compris les conservateurs, désorientés et coincés. Les néoconversateurs redéfinirent l'éventail politique de telle sorte que leurs idées marginales occupèrent tout l'espace entre l'extrême droite et le centre. De cette manière, un grand nombre de conservateurs se retrouvèrent affublés de l'étiquette « libéraux dangereux » (de « tories mous » à « tories radicaux » en passant par « républicains modérés »). Les libéraux se mirent tout à coup à ressembler à des socialistes, et les socialistes aux communistes. En d'autres termes, le courant dominant qui a présidé au remarquable essor de l'Occident s'est trouvé relégué en marge des débats publics.

Les caractéristiques essentielles des néoconservateurs étant révolutionnaires, il est parfaitement naturel qu'ils travestissent leurs actions à grand renfort de propos rassurants. Ils sont convaincus que le seul moyen de changer la société consiste à en modifier les structures de fond en comble. La continuité, le progrès mesuré et la mémoire étaient leurs ennemis jurés. Toutefois, s'ils avaient conservé ces idées après s'être emparés du pouvoir, ils risquaient fort de le perdre. Finalement, ils se sentirent libres de se retourner contre ceux qui rejetaient leurs idées de changement et de les taxer de lâcheté.

Avec le recul, on voit bien que ce mouvement était et demeure l'amalgame paradoxal d'une idéologie abstraite et puérile et d'un intérêt personnel flagrant. La recette néoconservatrice en matière d'initiative publique paraît s'inspirer directement de celle de **Mussolini**, qui s'appuyait sur l'éloge de la libre entreprise, la nécessité impérieuse de limiter la bureaucratie, l'idée que les mesures d'aide aux chômeurs faisaient partie du problème économique, des insinuations discrètes laissant entendre qu'il convenait d'augmenter les inégalités sociales plutôt que de les atténuer, sans compter une politique étrangère agressive [1].

Dès le début des années quatre-vingt-dix, ils ont réussi à redessiner la carte intellectuelle, à telle enseigne que chaque fois que des libéraux reprennent le pouvoir, ils ne cessent de rabâcher des slogans néoconservateurs. Dans le même temps, un nombre croissant de partis politiques, ouvertement corporatistes ou mussoliniens, font leur apparition. Grâce à la respectabilité conférée à leur idéologie par les néoconservateurs, ils peuvent se présenter sans ambages comme des réformateurs conservateurs modérés. Ils s'imposent sérieusement sur la scène politique au Canada, aux États-Unis, en Allemagne, ainsi qu'en Italie bien entendu, où trois partis sortis du moule mussolinien triomphèrent aux élections nationales en 1994. Dans le reste de l'Occident, aucun mouvement néoconservateur n'en conçut d'angoisse, ni même de souci.

Dès lors, on comprend fort bien pourquoi les néoconservateurs considèrent le **cynisme** comme une preuve de sagesse. On peut raisonnablement les situer parmi les derniers vrais **marxistes**, puisqu'ils croient en l'inévitabilité d'une guerre des classes, qu'ils sont au demeurant certains de gagner s'ils la provoquent pendant qu'ils détiennent le pouvoir.

NIETZSCHE (Friedrich). Écrivain favori de Mussolini, qu'il remplissait d'« érotisme spirituel [2] ».

Voir **Mussolini.**

NIHILISME. Seule attitude socialement acceptable pour ceux qui rejettent l'évolution de la société occidentale en une civilisation de structures où chaque individu est enfermé dans une case.

Selon les termes de Cioran, le plus éloquent et le plus amer des nihilistes contemporains, « si vous essayez d'être libre, vous mourez de faim et on ne vous tolère que si vous êtes successivement servile et despotique [3] ! ». Le nihilisme est admis parce que le refus qu'il implique permet d'exprimer un mécontentement sans pour autant faire naître la menace d'une alternative. Le rap, ou le rock nihiliste, les *losers* nihilistes au cinéma, les romans nihilistes de la génération sacrifiée, ces attitudes désespérées ménagent une soupape aux pressions sociales. On préfère le nihilisme aux rejets idéologiques, même si ceux-ci nécessitent un changement global et, dans la pratique, fournissent aussi un espace de répit.

La seule attitude sociale franchement inacceptable est de refuser le refus, en limitant son assentiment à la coopération librement consentie. Car cela revient à juger une société qui tient absolument à ce qu'on la tienne pour établie.

NORMES DE PRODUCTION. Équivalent social et économique du code pénal. Contrepoids aux tendances barbares de l'intérêt personnel aveugle et des forces abstraites du marché.

Avant toute chose, les normes de production sont l'expression pratique de l'éthique, c'est-à-dire du droit inhérent d'une civilisation à réglementer ses activités subsidiaires.

Ces normes ont pour but d'établir des relations socialement acceptables entre citoyens. L'esclavage, par exemple, était admis jadis dans la plupart des sociétés. Aujourd'hui, la majorité le proscrit. La sécurité sur le lieu de travail, les garanties d'emploi, les retraites, etc., sont autant de variations subtiles modernes sur le thème du rejet de l'esclavage.

Ceux qui refusent ces normes jouissent d'un avantage abusif. Une civilisation qui a établi des normes de production propres à la classe moyenne ne peut rivaliser avec une autre, qui n'en aurait pas fait autant, de même qu'une armée interdisant l'usage de gaz toxiques ne peut se battre avec une armée qui s'en sert. Une société qui autorise des individus désireux de tuer à le faire a sombré dans l'anarchie. L'Afghanistan, la Sicile ou la Yougoslavie l'ont démontré : l'absence de normes défavorise ceux qui ne sont pas des assassins. La seule différence, entre ces assassins et ceux qui proposent un marché dénué de normes, est que les uns croient en la violence physique, et les autres en la violence économique. Ce sont des formes de barbarie intimement liées, elles se fondent sur la suppression de l'**éthique** pratique.

NOUVEL ORDRE MONDIAL. Vision panoramique d'un monde changé, où la vie sera à la fois différente et meilleure. Ce concept renvoie l'écho affirmé d'une idéologie, bien qu'il soit dénué de tout contenu idéologique, de toute envergure, de tout contenu. Jadis, l'adjectif « nouveau » était inclus dans des programmes politiques afin d'effacer le souvenir de l'expérience passée. Le recours au terme « mondial » trahit une certaine mégalomanie. Quant à « ordre », il évoque une longue histoire de projets paramilitaires.

À ce Nouvel Ordre Mondial, un grand nombre de gens sensés ont réagi en disant que nous ferions sans doute mieux de nous dorloter un peu. Après avoir supporté deux ordres mondiaux rivaux – jadis nouveaux – pendant un demi-siècle, il serait agréable de souffler un peu et de ne pas tenter tout de suite de bâtir de nouveau un Nouvel Ordre Mondial. Quelque chose de plus modeste conviendrait mieux.

Ces inquiétudes n'ont pas été pleinement exprimées avant que la mode change, et ce nouveau rêve a été abandonné et oublié.

O

ON. On ne devrait jamais dire « on ». Il s'agit d'un pronom neutre et indéfini sous-entendant qu'on est trop bien élevé pour avoir un sexe. Cette formule, jadis populaire dans les salons victoriens, est aujourd'hui particulièrement à sa place dans les réunions de comités où on veut obtenir gain de cause sans assumer de responsabilité.

OPTIMISME. Appliqué à nous-mêmes et par nous-mêmes, c'est une distraction joignant l'utile à l'agréable et nous permettant d'oublier les rigueurs de la journée et la certitude de la mort.

Imposé socialement, il devient une force infantilisante qui prive l'individu du pouvoir conscient de critiquer, de refuser et de **douter**. L'optimisme, comme le patriotisme, est l'instrument public des crapules et des idéologues.

Voir **Pessimisme.**

ORGASME. L'expérience émotionnelle la plus courante. Parfois partagée, mais pas toujours.

Bien que techniquement il s'agisse d'un spasme musculaire lié au processus de reproduction, l'imagination humaine en a fait un acte émotionnel conscient, auquel nous attachons beaucoup d'importance. Selon l'Organisation mondiale de la santé, on en dénombre 100 millions par jour, ce qui en fait un phénomène des milliers de fois plus courant que la naissance ou la mort [1]. Pour qui ne se considère pas comme substitut de **Dieu**, c'est un erzatz artisanal de l'expérience religieuse. Samuel Johnson le qualifiait de « véhémence soudaine [2] », ce qui explique peut-être que l'orgasme soit le dernier refuge de l'individualisme au XXe siècle.

Voir **Pénis.**

OUI. Affirmation aboutissant à un acte de consommation sexuelle, commerciale ou politique. La confusion délibérée des trois est un rouage essentiel de la publicité et des relations publiques.

L'argument sous-jacent lié à ce mot est que nous ne devons pas avoir peur de dire oui. « Dites oui à la vie. » Sous-entendu : il faut du cran pour prendre un risque. En réalité, oui est la réponse traditionnelle du camp passif à l'amant, au marchand ou au détenteur du pouvoir. Si on veut que le courage soit pris au sérieux, il doit adopter la forme du non, ou d'une négociation visant à obtenir de meilleurs termes. La politique moderne, quand elle est particulièrement cynique, fait payer le courage de dire oui.

Voir **Référendum.**

P

PANIQUE. Aptitude très sous-estimée, qui permet aux individus d'indiquer clairement qu'ils pensent que quelque chose ne va pas bien.

L'approche gestionnaire qui domine dans notre société ne laisse aucune place à l'erreur. Elle dépend d'un enchaînement de solutions d'experts. Quand il y a un problème, le spécialiste approprié propose un ajustement. Dans ce contexte, la panique signifie simplement qu'on ne contrôle plus la situation, c'est-à-dire qu'on ne maîtrise plus individuellement les êtres qui sont censés être gérés.

Si on leur lâche un peu la bride, la plupart des individus ont le courage de paniquer avec beaucoup de dignité et d'imagination. On peut qualifier cela d'expression démocratique ou de bon sens. En revanche, le contrôle des gestionnaires est synonyme d'idéologie structurelle, c'est-à-dire une idéologie qui ne relève pas du contenu mais de la forme.

Voir **Contrôle.**

PARTICIPATION. La démocratie est édifiée et maintenue grâce à la participation individuelle, et pourtant la société est structurée de manière à décourager celle-ci.

Sans compter que notre civilisation est la plus structurée de toutes. Des semaines de travail de quarante heures. Des pauses calculées à la minute près. Des week-ends conçus pour la récupération. Des congés spécifiques en cas de maladie ou de grossesse. Des vacances à dates fixes. Des jours fériés pour les fêtes et les deuils. Quand on fait la somme de ces congés et qu'on y ajoute le temps de manger, de copuler, de dormir et de voir sa famille, vingt-quatre heures sont vite passées.

L'unique laps de temps prévu pour la participation individuelle du citoyen est une période fixe destinée au vote, qui ne dépasse probablement pas une heure par an. Les seuls cas où la société se préoccupe formellement d'étendre cette participation touchent à des questions de violence (le service militaire, ou lorsqu'un juge ordonne à des criminels condamnés de se livrer à des travaux d'utilité collective).

Pourquoi traite-t-on par-dessus la jambe la fonction qui a rendu viable la démocratie ? Ou plutôt, pourquoi l'exclut-on en la réduisant à une activité mineure exigeant le sacrifice d'un temps officiellement assigné à autre chose ? La participation a été réduite au bénévolat. Il n'y a rien de plus marginal, au sein d'une société corporatiste, que le bénévolat.

Rien ne nous empêche de réviser notre emploi du temps et d'y intégrer quatre ou cinq heures par semaine pour participer à la vie publique. Notre incapacité à faire une chose de ce genre en dit long sur l'état de l'éthique démocratique ou sur la véritable nature du pouvoir dans notre société.

Voir **Corporatisme.**

PECTORAUX. Tout jeune homme doit en avoir deux bien rebondis. La question est de savoir ce qu'on en fait trente ans plus tard, quand ils se sont métamorphosés en seins ?

PELLICULES. À certaines questions correspond une **réponse** définitive. Dans ce cas précis, *la* **réponse** est généralement le vinaigre.

Ce que nous appelons pellicules est souvent le résultat d'un déséquilibre du pH de la peau, que les shampooings aggravent. Lavez-vous les cheveux avec un simple shampooing non détersif, du savon, de l'huile d'olive, de la bière, ou à peu près n'importe quoi. Rincez. Puis fermez les yeux et versez une petite quantité de vinaigre. La variété la moins chère et la plus naturelle, le vinaigre de cidre par exemple, sera probablement la plus efficace. (L'odeur donnera lieu à des conversations intéressantes dans les douches des salles de gym, et vos explications vous vaudront de nouveaux amis.) Attendez trente à soixante secondes. Rincez de nouveau. L'odeur s'en ira. Les pellicules aussi.

Tous les dermatologues, pharmaciens et laboratoires pharmaceutiques connaissent ce secret simple comme bonjour. S'ils s'abstiennent de vous le livrer, c'est parce qu'ils gagnent de l'argent en faisant des pellicules un problème médical et social complexe. Selon la plupart des normes professionnelles, il équivaut à une incompétence ou une allégation mensongère clairement définie par la loi.

Les shampooings antipelliculaires qui promettent de garder vos épaules, voire votre crâne, propres sont des détergents agressifs susceptibles de favoriser la calvitie, ce qui devrait constituer une faute professionnelle.

PÉNIS. Toutes les sociétés organisées s'appliquent à contrôler l'usage de ce remarquable instrument. Pourtant, les cultures de ces mêmes sociétés, que ce soit par le biais de la fiction, du cinéma, de la publicité ou la mythologie sociale, voire de l'humour, s'évertuent à vanter le caractère intrinsèquement incontrôlable du pénis.

Cette contradiction est particulièrement manifeste chez nos élus, notamment les présidents et les Premiers ministres, qui sont beaucoup plus puissants que le citoyen moyen. Un calcul précis du temps passé par les présidents Kennedy et Mitterrand à des activités érotiques confirme que, une fois déduits les repas et le sommeil, il ne leur restait guère qu'une heure et demie par semaine pour gouverner leur pays. En dépit des révolutions républicaines et démocratiques du XVIIIe et du XIXe siècle, le leader moderne a hérité du pénis tout-puissant des vieux monarques de droit divin, lui-même hérité de dieux tels qu'Apollon et Zeus, avides de frayer avec la gent humaine.

De fait, les leaders élus sont si puissants que nous nous sentons dans l'obligation d'insister pour qu'ils demeurent semichastes – qu'ils se limitent à la monogamie, de préférence avec leur amour de jeunesse, surtout si elle ressemble à leur mère. Les Grecs n'ont jamais eu un tel pouvoir sur leurs dieux, ce qui démontre à quel point nous avons progressé. Il s'agit de l'adaptation moderne de la vieille règle égyptienne établissant que le seul moyen de produire un héritier sans risque consiste à marier le pharaon avec sa sœur.

Cette philosophie se fonde sur la conviction que, dans les faits, la semence déposée ailleurs que dans un vagin légalement sanctionné tire à petit feu la conduite des affaires publiques.

Voir **Sexe.**

PESSIMISME. Bouclier précieux contre le charlatanisme.

Plus utile à l'individu que le scepticisme, qui se change aisément en cynisme, devenant ainsi une force négative autodestructrice. Le pessimisme est un filtre conscient qui désarme les idéologues et nous libère de manière à pouvoir agir avec bon sens.

Le seul pessimiste dangereux est celui qui dispose de pouvoir, fait preuve d'optimisme vis-à-vis de lui-même, et de pessimisme à l'égard de ceux qu'il gouverne. Parce que notre société est l'otage de la rhétorique, ces pessimistes publics sont de plus en plus difficiles à identifier. Certains signes, pourtant, ne trompent pas : une tendance à parler continuellement de résoudre les problèmes, de trouver des solutions, d'engendrer la prospérité, de gagner des guerres ou de mettre fin au crime. Plus leurs discours sont optimistes plus leurs actions véritables seront d'inspiration pessimiste.

Le pessimiste sain tempère ses actes publics en doutant de lui-même et en prêtant une oreille attentive aux échos retentissant dans la société et susceptible de se traduire par des initiatives judicieuses. Les élites optimistes vis-à-vis d'elles-mêmes et pessimistes quant à leurs administrés sont mûres pour un remplacement.

PÉTROLE. 1. Démontre que le prix est rarement lié aux coûts dans un système de marché libre.

Dans le cas du pétrole, les coûts sont rarement supérieurs à quelques sous, le prix rarement inférieur à plusieurs dizaines de dollars. On a eu un aperçu du différentiel en constatant l'aisance avec laquelle les pays producteurs de pétrole (et, indirectement, les compagnies pétrolières) ont financé la guerre du Golfe d'un bout à l'autre. 626 milliards de dollars rien qu'en 1990-1991.

2. Démontre que la valeur des biens « stratégiques » ne peut être fixée par la concurrence entre acheteurs et vendeurs.

Le pétrole a acquis ce statut de bien stratégique quand son usage s'est généralisé. De fait, il fut officiellement élevé à ce rang par le premier Lord de l'Amirauté, Winston Churchill, avant la Première Guerre mondiale, lorsqu'on décida de reconstruire la marine britannique, alors la plus importante du monde. Ceux qui souhaitent se servir du marché pour réduire les coûts de l'**armement** oublient en général la nature non compétitive des biens stratégiques.

3. Démontre que si un bien stratégique est vraiment stratégique, les gens sont prêts à se battre pour lui.

Une fois Saddam Hussein expulsé du Koweït, aucun des Alliés ne se soucia plus de savoir s'il conservait le pouvoir, ni s'il traitait convenablement ses minorités. Pas plus qu'ils ne s'inquiétèrent de savoir si le régime réinstauré au Koweït régnait dans un esprit moins médiéval. Les approvisionnements en pétrole avaient repris. Cette guerre n'avait pas d'autre motif.

PEUR. Étant donné que nous sommes appelés à disparaître de ce monde d'un jour à l'autre, il s'agit là d'un état endémique chez l'humain. Des gens malhonnêtes tirent parti de l'exacerbation et de la manipulation de la peur pour prendre le pouvoir ou le conserver. **Hobbes** ennoblit cette malhonnêteté en soutenant qu'elle était inévitable.

Voir **Panique.**

PHILOSOPHIE. Se rapporte soit au langage soit à la pensée. Soit aux deux. Mais le langage concerne la communication publique, et cela fait longtemps que les philosophes ne communiquent plus avec suffisamment de gens pour qu'on puisse parler d'un public. Le langage est public ou il correspond au dialecte d'un expert, qui est de bien moindre intérêt. La philosophie ne peut pas être une chose de moindre intérêt, puisqu'elle ouvre la voie lorsqu'il s'agit d'étudier ou d'encourager la pensée. Quelle valeur a la pensée si personne, hormis quelques professionnels, ne peut y réfléchir ? Elle ne vaudrait guère mieux que le mode d'emploi d'un magnétoscope.

Langage et pensée se rapportent clairement à la réalité. Les humains aussi. Comment la philosophie pourrait-elle s'occuper de langage et de pensée si ses obscurités la coupent de la réalité et des gens qu'elle est censée servir ?

La philosophie n'a jamais été aussi enfermée dans la cellule capitonnée de l'autoréférence depuis l'époque médiévale de la camisole scolastique. Pourtant, elle reste essentielle à la compréhension des forces motrices de la civilisation occidentale. Amplifiée par l'histoire et la littérature, la philosophie doit être un outil réaliste nous permettant de nous redécouvrir continuellement et de dépouiller la structure du pouvoir en place, quelle qu'elle soit, de son obscurantisme linguistique. Afin que nous soyons en mesure de modifier cette structure ou de nous en débarrasser.

Le fossé entre philosophie et réalité s'est creusé à mesure que la compétence et le professionnalisme prenaient de l'essor. Ce phénomène a commencé sérieusement au moment où les idées des philosophes des Lumières – qui avaient passé une grande partie de leur vie à alimenter le débat public en luttant pour la clarté et la communication – devenaient une pièce maîtresse de l'expérimentation politique. Dans l'ombre de ces grands penseurs, une approche philosophique plus personnelle et plus obscure émergeait en Allemagne. Emmanuel **Kant** fut plus qu'un génie. Ce fut le premier grand **scolastique** moderne. Les philosophes libérateurs du XVIIe et du XVIIIe siècle se sont battus avec les idées en dehors du cadre des universités. Grâce à Kant, la philosophie fut ramenée de force dans leur enceinte, où la tradition scolastique pouvait se réaffirmer.

Deux siècles plus tard, on est en droit de se demander si la philosophie est autre chose qu'une profession parmi des milliers d'autres. Au pire, elle s'apparente à la comptabilité, les professeurs d'histoire de la philosophie se confondant avec les philosophes et s'ingéniant à limiter leur profession à la classification d'idées dans des colonnes marquées « plus » ou « moins ».

Le langage dépend de l'usage de termes dont la signification a été arrêtée d'un commun accord – non parce qu'ils représentent la vérité mais parce qu'ils fournissent un moyen de communication. Toutefois, si les spécialistes leur donnent un sens tellement compliqué qu'ils sont seuls à s'entendre sur leur signification, il ne s'agit plus d'un moyen de communication, mais d'un dialecte visant à l'exclusion.

Dans certains domaines – les sciences, par exemple – il est plus difficile de conserver une langue courante que dans d'autres. En philosophie, on est tenté d'invoquer cette clause de complexité incontournable. D'aucuns affirment au contraire que la philosophie doit être ce qu'elle a toujours été, c'est-à-dire le cœur de la réalité de notre civilisation. Cela signifie qu'elle doit rester dans les limites d'une communication véritable.

Durant les années quatre-vingt, par exemple, on a vu un retour en force du laissez-faire du XIXe siècle, malgré sa mauvaise réputation, comme si ses adeptes nous offraient une vérité nouvelle. Les philosophes avaient le devoir moral de nous aider à comprendre que ce qu'on nous proposait était un retour à un passé spécifique dont l'histoire philosophique était amplement documentée. L'installation, à la fin du XXe siècle, d'une structure corporatiste (voir **Corporatisme**) au sein des états démocratiques s'est produite à l'écart des débats publics, en partie grâce au nouveau vocabulaire derrière lequel ladite structure se dissimulait. Pourquoi les philosophes n'ont-ils pas été capables d'expliquer ce phénomène ? Les réminiscences du corporatisme comme instrument du fascisme sont vieilles de cinquante ans seulement. Et pourquoi ont-ils été absents du débat qui a transformé une part si importante de la démocratie populaire en un système avide de Leadership Héroïque, antidémocratique et déguisé en populisme ?

Ces trois exemples ne sont pas simplement des incidents politiques mineurs. Ils comptent tout autant que le tremblement de terre de Lisbonne, l'action d'une foison de courtisans corrompus ou les lois restreignant la pratique religieuse qui permirent l'accession des philosophes du XVIIe et du XVIIIe siècle à la place publique. Ils représentent quelques-uns des événements marquants qui font de notre époque ce qu'elle est. Pourtant la philosophie reste pour ainsi dire totalement sur la touche.

PILULE. À l'origine d'un sentiment d'égarement, voire d'échec, chez ceux qui étaient jeunes dans les années soixante, et suite à un joyeux périple de vingt-cinq ans hors de la réalité. Pour la première fois de l'histoire, le sexe n'avait plus d'incidence en dehors des sensations physiques qu'il procure.

Puis on assista à une résurgence des maladies vénériennes, qui culminèrent avec le sida. Certaines féministes décrétèrent que la pilule reflétait un souci de commodité masculin, d'autres affirmant au contraire qu'elle rendait la femme maîtresse de la situation. Celle-ci n'avait plus à sommer son partenaire de prendre des précautions. Brusquement, tel un fantôme resurgi du passé, le préservatif refit son apparition. La génération des années soixante vivra jusqu'à la fin de ses jours hantée par le regret, du bon temps disparu à jamais pour certains, et, pour la plupart, de n'avoir pas su profiter d'une occasion exceptionnelle.

Voir **Orgasme.**

PLATON. Brillant romancier. Humoriste accompli. En dépit de ces talents, il n'était pas l'auteur de Socrate autant qu'il l'aurait souhaité.

Socrate et Aristote restent le grand martyr et le grand génie de la tradition intellectuelle occidentale. Cependant, à l'instar de saint Paul et de Thomas d'Aquin pour la chrétienneté, Platon fit fonction de directeur général en se chargeant de façonner notre compréhension du passé et par là même nos espoirs d'accomplissements futurs.

Les citoyens d'une démocratie conforme au modèle de Platon ne pouvaient guère constituer qu'une masse infantile incapable d'avoir une pensée évoluée, c'est-à-dire désintéressée. Et par conséquent incapable de favoriser le bien public, car dominée par la superstition, les préjugés et la peur. L'aristocratie éclairée des Connaisseurs, que Platon considérait comme un remède aux déficiences des citoyens, est l'élite que notre société corporatiste rationnelle s'obstine à produire.

Quand on voit la facilité avec laquelle Platon imposa son argumentation, il n'est pas étonnant que, de nos jours comme à Athènes, la démocratie s'ingénie à éduquer et à engendrer des élites ne croyant pas en elle [1]. De fait, les platoniciens se sont toujours pris tellement au sérieux que l'imagination et l'ironie de leur maître leur sont passées sous le nez. Ils le jugent plus sévère vis-à-vis de la faiblesse de la populace qu'il ne l'était en réalité.

Quant à la position intellectuelle de Platon, elle ne procédait pas entièrement d'une froide réflexion philosophique. Elle fut en partie le fruit de sa réaction au traitement qu'Athènes réserva à Socrate. De la tragédie de son maître, Platon retint que le plus grand penseur athénien avait été accusé à tort sous un système démocratique, ce à quoi il avait répondu par un plaidoyer, que Platon interpréta comme la preuve de son mépris à l'égard des 501 jurés représentant les citoyens. Ceux-ci le condamnèrent à leur tour. Tel fut le brûlant drame émotionnel qui infléchit les théories platoniciennes.

Amertumes. Mépris. Désir de vengeance. Ce sont là des matériaux délicats pour élaborer une philosophie, surtout si l'auteur est un génie sur le point de donner une importante contribution à l'humanité. Plus il est génial, plus il est susceptible de présenter ces facteurs déstabilisants comme une théorie désintéressée.

De la récupération réussie des idées de Socrate par son élève, il s'ensuit qu'une foule de platoniciens estiment avoir une approche socratique de la vie. Cela tient sans doute au fait que le premier présente un état, le second une attitude ou une méthode. Platon ayant inventé Socrate, cette confusion n'a peut-être rien d'étonnant.

Quoi qu'il en soit, leurs messages sont assez différents, pour ne pas dire opposés. Platon a dû se mettre en quatre pour donner l'impression que l'esprit de son maître et le sien ne faisaient qu'un. Il fut probablement limité par la combinaison du génie pénétrant de Socrate, apte à contrôler un scribe posthume, de son propre génie qui, en dépit de son amertume, l'astreignait à une reconstitution raisonnablement fidèle, et – c'est sans doute l'essentiel – de la présence à Athènes d'un public qui se souvenait aussi de ce que Socrate avait dit et fait.

En dépit de différences profondes et évidentes, notre civilisation semble incapable de considérer ces deux hommes comme des entités distinctes, ou refuse de le faire. C'est pourtant la tradition platonicienne qui a alimenté l'idéologie corporatiste, technocratique et antidémocratique. Le mouvement humaniste, démocratique, fondé sur les citoyens, procède de **Socrate**.

PLATOON. Film qui confirma la position de son réalisateur, Oliver Stone, en tant qu'héritier légitime de Leni Riefenstahl. Comme dans ***Le Triomphe de la volonté***, une fausse mythologie est créée, qui fait de la réalité une absurdité sans recours apparent à la manipulation ou à la propagande.

Platoon se voulait une première tentative pour réconcilier les Américains avec ce qui s'était passé au Vietnam en relatant de façon véridique la manière dont les soldats vécurent cette guerre au jour le jour. Ce film fut effectivement conçu pour guérir la plaie encore purulente infligée à la plus grande nation du monde par sa défaite après une guerre au corps à corps l'opposant à un petit pays pauvre du tiers monde.

La méthode de Stone se fondait sur une tension dramatique d'une simplicité trompeuse. Il y a un jeune officier naïf et plein de bonnes intentions qui commande une section de jeunes gens tout aussi naïfs et bien intentionnés, dont le héros, Chris. Le pouvoir dans ce groupe émane d'un beau sergent blondasse, au teint blême, à la fois doux et fort. Un homme sage. Tous croient au rêve américain et s'estiment victimes d'une injustice. Mais une deuxième source de pouvoir s'exerce sur la compagnie en la personne d'un sergent-chef cynique et sournois, au teint mat et balafré. Le premier incarne l'idéal américain, le deuxième le diable. Pour être plus précis, ce dernier représente une constante dans l'histoire américaine : le traître, un Benedict Arnold en tenue moderne, qui considère que les hommes de principes sont faibles, la force du mal étant présente en chaque être, donc dans toute nation. Son cynisme et cette interprétation grossière de la réalité lui permettent par la ruse d'inciter les autres à trahir momentanément le rêve américain.

Le film connaît deux apocalypses, la première lorsque le sergent, figure christique, est abandonné aux mains d'une meute de Vietcongs, tandis que sa compagnie s'élève dans les airs en hélicoptères sous la bonne garde du méchant sergent-chef. C'est une fausse résurrection. Une trahison. La dernière fois que nous voyons le brave garçon mourant pour eux, il est à genoux, les bras en croix.

En un ultime sommet de violence apocalyptique, une nuit de confusion intense, de fumée, d'explosions, de lumières et de bruits, la section est vaincue sans que les Vietcongs se montrent. On n'aperçoit que de vagues ombres parmi les arbres. Ils ne peuvent pas apparaître. Selon la mythologie de Stone, l'Amérique ne se bat pas contre le Vietnam, pas plus qu'elle n'est mise en déroute par lui. L'Amérique lutte pour vaincre l'ennemi qui est en elle. Les bons s'efforcent de chasser le démon. Au petit matin, on découvre un sous-bois jonché de corps, dont certains encore à moitié vivants. Parmi ceux-ci, le méchant sergent et le héros naïf. Ce dernier exécute le démon, libérant ainsi l'Amérique.

À la fin du film, il s'élève au-dessus du désastre, en hélicoptère une fois de plus. Tandis qu'on l'évacue, Chris réfléchit en voix-off :

> Lorsque j'y songe, nous n'avons pas combattu l'ennemi, mais nous-mêmes. L'ennemi était en nous... La guerre est finie pour moi, mais elle sera toujours là, jusqu'à la fin de mes jours... Ceux d'entre nous qui s'en sont sortis ont l'obligation de reconstruire, d'enseigner aux autres ce qu'ils savent et d'essayer, avec ce qu'il nous reste de nos vies, de trouver le bien et de donner un sens à cette existence.

Voilà où se situe la vraie résurrection.

Stone a pulvérisé la défaite en la convertissant en une petite pièce de théâtre allégorique caricaturant une guerre civile. La blessure de la défaite s'est changée en une expérience cathartique où le rêve américain tient bon.

L'art intensifie la **mémoire**. Riefenstahl l'a démontré, la propagande peut effacer la mémoire, en même temps que toute notion de réalité éthique. La manipulation visuelle perpétrée par Stone conjure littéralement le souvenir de l'échec et de la responsabilité. Dans le sillage de *Platoon,* d'autres films, comme *La Colline des hommes perdus*, reflètent cette nouvelle perception. Peu à peu, les modes de représentation de cette guerre nous en donnent une version adoucie et positivée.

POLITESSE. Mécanisme de contrôle qui se distingue par une attitude courtoise, douce, raffinée et agréable, dans les rapports sociaux. Nous sommes conditionnés pour considérer ce type de contrôle en termes marxistes classiques, comme un phénomène de structure de classe verticale. Ces divisions existent toujours, avec leur cortège de dits et de non-dits – les dits concernant le contrôle, les non-dits ayant trait au pouvoir.

Toutefois, dans une société corporatiste (voir **Corporatisme**) les vraies divisions de classe sont horizontales. Des milliers de groupes de spécialistes – publics, privés, intéressés, désintéressés – sont disséminés dans toute la société, pareils à des volcans inaccessibles lâchant de petits nuages de fumée en guise de communication officielle avec le monde extérieur. Telle est la politesse corporatiste : les solutions, les réponses, les vérités, toutes enveloppées dans le **dialecte** des experts d'une classe particulière. Un deuxième niveau de dialecte, plus complexe, est utilisé à l'intérieur du volcan comme équivalent du vieux « non-dit » social, avec ses présomptions de pouvoir bien acquis.

Cette obsession d'un langage public poli ou correct prouve que la communication est sur le déclin. Elle signifie que le processus d'accession au pouvoir et son exercice ont remplacé le débat en tant que valeur publique.

La tâche du citoyen consiste à être grossier, à ébranler le confort des rapports professionnels par des manifestations goujates du **doute**. La politique, la philosophie, l'écriture, l'art – aucune de ces disciplines, et certainement ni la science ni l'économie, ne peuvent servir le bien public dès lors qu'elles baignent dans la politesse. Dans tout ce qui touche aux affaires publiques, les bonnes manières sont pour les imbéciles.

Voir **Ponctualité** et **Voltaire.**

POMME. Objet sphérique composé de 32 produits chimiques, plongé dans la cire, puis gazé. À long terme, plutôt que de conserver son homme, la pomme risque fort de lui ruiner la santé.

PONCTUALITÉ. Caractéristique commune aux exécutions, aux sacrifices religieux et aux corridas.

Les hommes s'accommodent mieux de l'élimination préméditée d'une vie si celle-ci est rendue apparemment inévitable. Ce genre d'épisode inéluctable doit tout naturellement débuter à l'heure, ce qui rend sa dignité à la victime. Elle meurt en sachant qu'elle a connu un sort plus noble qu'une malencontreuse attaque dans une ruelle obscure.

L'attachement à la ponctualité dans n'importe quel autre domaine laisse supposer une personnalité obsessionnelle, égarée ou manquant manifestement de confiance en soi.

Voir **Manières.**

POUVOIR PUBLIC. La principale mission du pouvoir est de servir le bien public.

Cela n'a rien de nouveau. Les Encyclopédistes le disaient déjà clairement au XVIIIe siècle :

> Le but de tout gouvernement est le bien de la société gouvernée. Pour prévenir l'anarchie, pour faire exécuter les lois, pour protéger les peuples, pour soutenir les faibles contre les entreprises des plus forts, il a fallu que chaque société établît des souverains qui fussent revêtus d'un pouvoir suffisant pour remplir tous ces objets [2].

Ceux qui accèdent au pouvoir administratif ou politique le comprennent-ils ? Le système dans lequel ils travaillent est-il conçu de manière à rendre cette compréhension possible ? La complexité requise pour réussir dans les systèmes technocratiques modernes ne fait-elle pas du pouvoir un objectif autojustificateur récompensant le courtisan plutôt que le service du bien public ?

Ce sont des questions simples qu'on s'est posées maintes fois au cours des siècles. Chaque fois la réponse est d'une importance vitale pour ceux dont la société est en jeu.

PREMIÈRE CLASSE. Si un avion s'écrase, les voyageurs des premiers rangs sont presque certains de mourir sur le coup. Leur passage dans l'autre monde sera facilitée par un dernier repas tout à fait convenable, des doses d'alcool illimitées et suffisamment de place pour les jambes pour leur permettre de rendre le dernier soupir dans la dignité.

Les classes moyennes, assises derrière eux, en Économique, les genoux sous le menton, savent qu'il leur faudra davantage de temps pour mourir. Elles risquent même d'être condamnées à survivre affreusement mutilées. Quant au *lumpenproletariat,* qui occupe les places bon marché du fond, ils ont des chances d'émerger de l'épave en bonne santé, ce qui les obligera à renoncer au privilège d'être libérés de cette vallée de larmes.

Le plus exaspérant, dans cette affaire, c'est qu'en mourant avant les autres, les passagers de Première Classe, dont le seul critère de sélection est la richesse, se trouvent en tête de ligne pour accéder au paradis ou en enfer. Et ceci au moment où, compte tenu de la taille des avions modernes, il y a de fortes chances pour qu'il y ait foule.

Voir **Mort.**

PRIVATISATION.

1. Idéologie.
2. Mode de financement des partis politiques.

La privatisation enrichit d'aimables avocats, des comptables, des banquiers et des investisseurs. Cet argent leur permet de verser des contributions au parti de leurs bienfaiteurs, d'offrir des emplois aux candidats battus ou en retraite, d'agrémenter la vie privée d'hommes politiques par des voyages et des loisirs et, dans certains cas, de remplir gentiment leurs comptes numérotés, dans des banques délocalisées ou non.

3. Initiative parfois sensée.

Il existe de nouveaux domaines de développement, où l'intérêt général est servi par l'engagement public. Dès que le domaine en question est fermement établi, on est bien avisé de le transférer au secteur privé, de manière à ce que l'État puisse se concentrer sur d'autres zones de développement. Cela laisse supposer que le capitalisme n'est pas vraiment capable de prendre des risques substantiels lorsqu'il s'agit d'investissements à long terme. Il faut en conclure que le secteur privé est redevable aux citoyens disposés à risquer leurs richesses partagées et laborieusement accumulées afin de promouvoir l'innovation.

4. Pas en arrière lorsqu'il s'agit de services publics et essentiels.

La privatisation signifie un retour à des monopoles privés, dangereux sur le plan politique et social, deux siècles d'expérience nous l'ont appris. Les besoins fondamentaux des citoyens ne peuvent dépendre des impératifs linéaires et à court terme des investisseurs privés.

5. Manière de saper la croissance.

La privatisation incite les investisseurs privés à cantonner leur capital aux services publics et aux secteurs bien établis qui dépendent de la stabilité et sont rarement le berceau d'innovations. Cet argent n'est plus disponible pour être investi dans les domaines à risques, qui encouragent les nouvelles idées et favorisent la **croissance**.

Voir **Inefficacité** et **Nationalisation**.

PROGRÈS. Souvent présenté comme le principe moral par excellence devant succéder au christianisme, le progrès est un amalgame complexe et ambigu de technique et d'idéologie.

Dans notre société, cette ambiguïté est gommée, en réduisant le sujet à une question simple : Êtes-vous pour ou contre le progrès ? niant d'office toute position intermédiaire. Imposer une fausse question, qui génère un dilemme moral tout aussi factice, est une stratégie souvent employée par les idéologues pour obtenir à coup sûr la réponse souhaitée. Se déclarer en faveur du progrès, c'est vouloir le salut de l'homme (et plus récemment de la femme). À l'inverse, refuser le progrès, c'est se rallier aux **Luddites**, et autres sentimentaux pessimistes, relégués dans leur recoin obscur siège du refus, de la destruction et du désordre.

Comme la plupart des termes idéologiques, le mot progrès a en réalité un sens vague. Historiquement parlant, il a signifié non « amélioration », mais « mouvement » – par exemple celui d'un roi progressant à travers son royaume. Bien évidemment, nous avons, le droit de changer la signification des mots. De fait, les mouvements politiques et les académies optent pour des définitions correspondant à leurs intérêts. Mais le langage finira toujours par exprimer ce qu'une civilisation veut qu'il exprime.

À quel type de progrès faisons-nous référence quand nous en parlons comme d'une nécessité morale ? Le progrès de l'espèce humaine ? Dans quels domaines ? Physique ? Mental ? Éthique ?

Notre population, obnubilée par la santé, court-elle plus vite, plus loin, plus longtemps que le citoyen moyen d'Athènes ou de Sparte ? L'Occidental moderne est-il capable de produire un travail physique aussi ardu que le paysan européen du XVIIIe siècle ou le colon du Nouveau Monde ? Nous sommes plus grands par la taille, mais s'agit-il là d'un progrès ou d'une simple question de protéines ? Nous vivons plus longtemps, mais cela ne change rien à l'espèce en elle-même.

Notre civilisation en sait aujourd'hui davantage que l'humanité à son origine. Pourtant, on ne peut prétendre que le cerveau lui-même ait progressé. Nous fonctionnons toujours à partir d'une série de principes fondamentaux établis entre 500 av. et 300 apr. J.-C. Même si de sérieux amendements ont été effectués entre le XVIe et le XVIIIe siècle notamment, il ne s'est rien produit de radical depuis.

Quant au progrès moral, il faudrait faire un remarquable effort d'imagination pour démontrer qu'il existe, étant donné qu'à la fin d'un siècle qui fut le plus violent de l'histoire, nos gouvernements occidentaux, entre les mains de la classe moyenne, s'évertuent à éliminer les systèmes essentiels de soutien aux pauvres, et sachant que la moitié de la clientèle des banques alimentaires se compose d'enfants.

Là où nous avons progressé, c'est dans ce que nous sommes en mesure de faire ou de construire. Le progrès du savoir. Le progrès technique. Le progrès social.

Mais un cas spécifique de progrès peut-il être considéré comme une amélioration s'il ne s'intègre pas dans un changement global ? En d'autres termes un progrès spécifique ne porte-t-il pas en lui le pouvoir de déstabiliser d'autres éléments, faute d'intégration ? Une amélioration non intégrée risque même de provoquer une régression équivalente ailleurs. Ou bien elle peut se développer parallèlement à un recul équivalent, qui l'annihilera.

La vie humaine en est un bon exemple. Des percées scientifiques spectaculaires survenues au cours du XXe siècle ont fait que nous vivons de plus en plus longtemps. Des découvertes concomitantes, et souvent liées, nous ont permis de nous tuer les uns les autres avec une efficacité toujours plus grande, et en nombre croissant. La médecine a progressé en se convertissant en remèdes et en matériel. Elle agit par l'intermédiaire de vastes structures nationales et internationales, grâce à des méthodes qui sont exactement semblables à celles qui ont permis l'invention, la production, la vente et l'usage d'armements, par le biais desquels nous avons atteint des niveaux records de morts violentes. Plus intéressant peut-être est le recul simultané des principes moraux parmi les élites qui gèrent cette créativité, ces ventes et cette violence. Elles proviennent du même système éducatif qui forme les médecins, les scientifiques médicaux et les fabricants de matériel médical ou de médicaments.

Le professionnalisme, les impératifs technologiques, la réalité des faits sont les explications généralement évoquées pour rendre compte de ces activités contradictoires. On oublie que la mise en pratique des principes éthiques est toujours essentielle à une vision assimilatrice de l'expérience humaine. Quels que soient les modes politiques et les obsessions du moment, l'histoire finit par juger le progrès selon cette norme-là. Le progrès, tel que nous avons choisi de le définir, flatte et récompense la désintégration.

Au-delà de la nécessité d'intégrer le progrès si on veut qu'il soit efficace, il y a l'idée, plus fondamentale encore, que faute d'y impliquer la mémoire, le progrès reste spasmodique – une sorte de spasme musculaire incontrôlé qui peut faire autant de mal que de bien. Cette notion d'implication de la mémoire n'est pas très populaire dans les milieux scientifiques et corporatifs, voire gestionnaires. Ces gens-là sont davantage intéressés par l'excitation momentanée de la découverte, la lutte concurrentielle isolée et le pouvoir pur et simple.

L'un des grands truismes de l'histoire est que la civilisation, qui laisse la qualité de son eau et de son système de distribution se détériorer, est immanquablement sur le déclin. Au cours des deux derniers millénaires, nous avons eu à trois reprises de l'eau courante propre dans nos villes.

Les Romains installèrent des systèmes de génie civil complexes pour recueillir les eaux de sources lointaines et les acheminer vers leurs villes au moyen d'aqueducs. Sur place, cette eau était distribuée grâce à un réseau souterrain qui se ramifiait souvent de maison en maison. Des vestiges de ces installations sont encore visibles, y compris dans les provinces étrangères de l'Empire romain.

Pendant cinq cents ans, ces systèmes ont apparemment disparu. Ils ont été réintroduits, sous une forme plus élaborée, par les Arabes. Après avoir conquis l'Égypte, en l'an 641, ils bâtirent Al-Fustat, aujourd'hui Le Caire, en plaçant sous chaque demeure l'équivalent d'une fosse septique [3]. À Fez, au Maroc, une partie du système installé au XIIe siècle fonctionne encore de nos jours, apportant l'eau à chaque maison par l'intermédiaire de canalisations en céramique. Le fleuve d'où cette eau provient depuis toujours est aujourd'hui très pollué. Néanmoins, les conduits d'acheminement restent en usage, chacun étant calibré par rapport à un barème d'imposition. Plus les maisons sont grandes, plus la tuyauterie l'est, et plus les taxes sont élevées. Grâce à ces systèmes, très répandus et variés, le monde islamique put très vite se prévaloir de villes comptant entre 400 000 et 1 million d'habitants (Bagdad, Cordoue, Al-Fustat), et un grand nombre avoisinant les 100 000. En ce temps-là – l'époque glorieuse de Charlemagne – les villes de l'Europe chrétienne ne dépassaient pas les 10 000.

En Occident, nous commençâmes à nous munir de réseaux urbains complexes il y a environ cent cinquante ans. D'abord, ils ne distribuèrent que de l'eau sale. Puis nous découvrîmes les avantages de l'eau propre, que les Romains et les musulmans avaient apparemment reconnus des siècles auparavant, bien qu'ils n'eussent aucune compréhension scientifique des microbes. D'après ce que nous savons du passé, l'eau distribuée aujourd'hui est nettement moins pure que celle des deux autres civilisations citées, à leur apogée. Grâce à ce même progrès technique qui a pollué l'eau, nous sommes en mesure de la traiter, en la rendant propre au point d'éliminer les risques traditionnels de maladie à court terme. Le liquide qui en résulte a généralement l'odeur et le goût des agents purificateurs la rendant théoriquement inoffensive.

Selon les normes des empires romain et islamique, nous sommes aujourd'hui bien avancés dans notre déclin, puisque nous avons souillé la plupart de nos plans d'eau et qu'il en sera bientôt de même de nos nappes phréatiques. La question qui se pose est de savoir si notre aptitude à traiter l'eau polluée peut constituer un progrès.

L'état d'avancement dans lequel nous nous trouvons dans cette troisième phase d'utilisation complexe des réseaux de distribution d'eau propre prouve que même dans les domaines essentiels, nous oublions aisément nos propres progrès, parfois durant des siècles entiers. Nous en sommes au début de cette amnésie, à un stade où « oublier » signifie ni plus ni moins que nous polluons nos eaux de source comme si nous n'avions pas conscience de notre dépendance vis-à-vis d'une eau pure. Nos explications, nos justifications, nos colmatages compliqués, étroitement liés aux lois du marché et à l'industrialisation de l'agriculture, sont hors de propos. L'histoire est indifférente au **sophisme**. La vision de millions d'Occidentaux buvant de l'eau minérale en bouteilles rappelle à quel point nous sommes détachés de la réalité.

Si nous sommes incapables d'agir d'une manière logique et intégrée dans un secteur aussi essentiel et évident, il n'y a pas lieu de s'étonner que nos remarquables améliorations, dans des milliers d'autres domaines, nous laissent perplexes quant à la signification véritable du mot progrès. Aujourd'hui, nous sommes pour la plupart disposés à admettre notre embarras, tout au moins en nous-mêmes.

Mais nous ne savons pas ce que cette confusion signifie. Les progrès techniques que nous avons réalisés depuis deux siècles sont indiscutablement phénoménaux. Pourtant force est de se demander si ce progrès incessant engendrera des améliorations ou des régressions. Ou les deux. Et dans ce dernier cas, quelle sera la proportion ?

Quoi qu'il en soit, trois choses sont parfaitement claires : qu'il soit inévitable ou pas dans l'évolution d'une société, selon les hypothèses avancées de nos jours, le progrès n'est pas un principe moral de la civilisation. Il se retournera contre lui-même et s'annihilera, à moins qu'il ne fasse partie d'une vision globale et intégrée de la société. Enfin le progrès tel que nous l'avons défini récompense l'esprit de compétition et la gestion fondée sur la quête du pouvoir pour le pouvoir. Selon cette même définition, il dénigre et châtie si nécessaire toute tentative sérieuse pour promouvoir une vision intégrée des actions humaines.

PROMOTION IMMOBILIÈRE. L'une des causes du prolongement de la crise économique.

1. Une société obsédée par l'immobilier détourne l'essentiel du capital des secteurs de croissance et l'engloutit dans le domaine passif de la terre, des briques et du mortier.

2. Si la promotion immobilière est susceptible de créer des infrastructures et des emplois à court terme, elle est d'une utilité limitée lorsqu'il s'agit d'alimenter la croissance. Une fois bâti, un édifice a deux fonctions économiques : justifier la collecte de loyers ou d'intérêts (passif), ou devenir un foyer de spéculation

financière sur la valeur de biens déjà existants (trompeusement actif).

3. La spéculation sans relation avec la croissance est devenue l'une des valeurs dominantes des économies occidentales. L'immobilier constitue une partie importante de cette spéculation, au même titre que le **marché monétaire** et l'industrie de l'**armement**. Ce sont autant de formes d'inflation pure qui détournent le capital des secteurs d'investissement et de croissance véritables.

4. Depuis les années soixante, les économies occidentales ont été séduites à maintes reprises par des coups de spéculation immobilière. Chaque fois, des profits massifs à court terme ont oblitéré le souvenir de la catastrophe précédente. Jamais auparavant dans l'histoire, on n'avait assisté à autant de désastres du type de la fameuse banqueroute de Law en un temps aussi court.

5. Les banques et les caisses de retraite ont une lourde part de responsabilité dans cette amnésie, parce qu'elles sont les deux principales sources de capital : les premières à cause du financement par l'emprunt, les autres par le biais de la remise en circulation des plus vastes dépôts d'argent disponibles. Si on veut assister à une reprise de la croissance dans nos économies, il faut que celle-ci soit financée par ces deux secteurs. Malheureusement, ils préfèrent acheter des immeubles.

Ce qui les attire, c'est l'illusion d'un nantissement concret. Quand un promoteur immobilier fait faillite, le prêteur récupère le bien. En théorie, il ne perd jamais. Toutefois, curieusement ces institutions ont perdu de l'argent à plusieurs reprises au cours des dernières décennies en investissant dans l'immobilier. La raison en est simple. L'immobilier est peut-être bien réel, mais pas sa valeur. Elle n'est pas qu'un produit de la spéculation.

6. Les gestionnaires des grandes banques de dépôt ont un goût prononcé pour les grosses tours. Ils sont gaspillé des masses considérables de capital en se faisant construire des sièges admirables et des tours de bureaux grandioses dans tous les centres financiers du monde. La seule fonction de ces palais est d'y caser une classe gestionnaire non productrice.

7. Toutes les sociétés ont besoin d'espace pour le logement et le travail. Une civilisation soucieuse de son avenir s'arrange pour que chacun ait un petit bout de terrain. Une civilisation évoluée s'assure que ses constructions, publiques ou privées, sont de la meilleure qualité possible. L'architecture devient une

expression éthique de la société au sens large. De nos jours, les bâtiments ont de moins en moins de rapport avec une utilité ou un besoin quelconques, ce qui indique que nous ne nous intéressons qu'à la spéculation.

Voir **Dépression.**

PROPAGANDE. Moyen grâce auquel les milliers d'organisations de la société **corporatiste** communiquent entre elles et avec le grand public.

Depuis ses origines dans les bureaux de la Congrégation du Vatican pour la propagation de la foi (Congregati de Propaganda Fide), organe destiné à la diffusion de la doctrine chrétienne dans les pays étrangers, les Héros nationaux de la fin du XVIIIe siècle, du XIXe et du début du XXe siècle se sont emparés de l'idée qui consiste à substituer la propagande à l'explication. La propagande marie le romantisme aux faits, ce qui semble éliminer tout besoin de compréhension. Avec l'invention des instruments du marketing, tels que le communiqué de presse, la publicité, les sondages, les agences de relations publiques et les attachés de presse, ce mode d'influence relativement élitiste a vite été mis à la portée de toute personne disposant du budget nécessaire.

Si jadis les ministres avaient un attaché de presse personnel, de nos jours chaque section au sein des ministères en a un à sa disposition. Les entreprises privées ont des services entiers voués à la communication. L'armée américaine a elle seule emploie un régiment de 5 000 officiers attachés de presse.

Le rôle de ces centaines de milliers d'experts en communication consiste plus précisément à empêcher la communication ou à contrecarrer une appréhension globale de la réalité. Leur travail revient à propager la foi.

Voir **Triomphe de la volonté (le).**

PUBLICITÉ. Terme jadis important, et désormais utilisé dans des circonstances de plus en plus restreintes, dans la mesure où il est en contradiction directe avec son sens traditionnel.

Samuel Johnson disait que faire de la publicité, c'était « informer autrui, donner l'intelligence ». Elle était liée à la valeur morale conférée au savoir. Étant donné que ce n'est plus le cas, les professionnels ont dû utiliser le terme « relations publiques » à la place de « publicité ». Cette formule sous-entend une négociation intéressée plutôt qu'une vraie communication.

Voir **Relations publiques** et **Consommation.**

R

RAISON. Quelle que soit la définition qu'en donne un individu, il s'en trouvera toujours un autre pour affirmer que ce terme signifie tout autre chose. En revanche, tout le monde s'accordera à dire que la raison est le fondement de notre civilisation, ce qui est pour le moins curieux, puisqu'on ne sait pas ce que c'est.

L'une des caractéristiques singulières des mots clefs est que plus on les applique au monde réel, plus on dira qu'ils ne sont pas ce que nous pensions. La dictature du prolétariat une fois installée ne sera jamais telle qu'on nous l'avait promise. Un vrai marché autoréglementé ne sera jamais suffisamment vrai ou suffisamment autoréglementé, pour une raison ou pour une autre. Ces arguments font penser à la rhétorique **scolastique** du Moyen Âge. Ceux qui s'en servent semblent avoir pour mission de secourir leur théorie préférée alors qu'une fois de plus elle se débat lamentablement face à la réalité.

Malgré un demi-millénaire d'application consciencieuse, on déclare régulièrement que la raison est plus loin que jamais de révéler sa signification véritable. Mais un citoyen agaçant, nanti de son bon sens, pourrait ne pas lâcher prise et répéter, chaque fois qu'il a affaire à ces interminables jacasseries, que la raison se définit par les effets qu'elle produit.

Les débats religieux qui précédèrent les débats rationnels l'ont démontré : si on traite comme un rejet toute contestation de ce qui est donné comme le pivot d'une société, il n'y a plus de place pour une réévaluation sensée. De ce fait, on suggère systématiquement que ceux qui mettent en cause l'utilisation de la raison prônent en réalité un retour à la superstition et au pouvoir arbitraire. Cet argument sous-entend implicitement qu'il n'existe pas d'autres qualités humaines importantes, ou que ces prétendues qualités n'en sont pas. Par ce biais, on nous interdit l'accès à ce que nous savons être notre propre réalité.

Un citoyen incrédule, s'il s'en trouvait, avancerait que la raison tiendrait peut-être debout si on la libérait de son aura monothéiste, en la réintégrant dans le concept humaniste plus vaste d'où elle s'est échappée, en quête de gloire, au XVIe siècle. Dans cette optique plus large, elle serait équilibrée, contenue, et trouverait une direction grâce à d'autres caractéristiques humaines utiles, voire essentielles, telles que le bon sens, l'intuition, la mémoire, la créativité et l'éthique. Dans un contexte aussi généreux, on verrait que la raison à elle seule n'est guère plus qu'un mécanisme dénué de sens, d'objectifs et de visées.

Le défenseur de la foi rationaliste qui utilise la rhétorique posera immédiatement une question : ces autres caractéristiques sont-elles effectivement des qualités autonomes, ou sont-elles simplement des concepts bas de gamme et potentiellement dangereux si on les lâche dans la nature ? Pourquoi devrions-nous limiter nos options à un choix entre le vrai Dieu et le Veau d'or ?

Entre nos périodes de folie puriste, nous en revenons continuellement à l'idée que nous sommes des créatures équilibrées. Nous pourrions l'être si nous essayions. Sans doute n'est-il pas possible pour tous les individus d'atteindre l'équilibre. Mais lorsque les forces et les faiblesses de la citoyenneté se contrebalancent, l'idée d'une société équilibrée devient raisonnable.

La raison détachée des qualités équilibrantes de l'**humanisme** est irrationnelle. La promesse d'une société sensée réside dans la réalité potentielle d'un équilibre plus large. Et dans cet équilibre-là, la raison tient une place essentielle.

RAISON INSTRUMENTALE. Justification ingénieuse d'un vrai problème.

Depuis Max Weber, les philosophes se sont penchés sur ce qui semble être les effets, aussi bénéfiques que désastreux, de la raison lorsqu'elle est appliquée, ce qui les a plongés dans la confusion et le désespoir. Si les catastrophes surpassent en nombre les bénéfices, et si la raison est un échec, la seule option pourrait bien être un retour à la superstition et au pouvoir arbitraire.

En évaluant les choses de cette façon, les philosophes sont

devenus les victimes de leur propre logique. Après tout, ne soutenaient-ils pas que le choix se situait entre les ténèbres et la raison, et qu'il n'y avait pas d'alternative ?

Le malaise suscité par leur logique pure et artificielle les a apparemment incités à scinder la raison en deux. Si la raison appliquée ne fonctionne pas, c'est que le problème tenait moins à la raison elle-même qu'à une variante, moindre et concrète, de celle-ci, baptisée raison instrumentale.

Cela revenait, ni plus ni moins, à une décapitation intellectuelle. Weber ouvrit la voie en inventant deux termes : *wertrational* et *zweckrational* [1]. Il y avait d'abord la raison, pure, intacte. Une aubaine, pour l'intellect pur ! Puis la catégorie instrumentale, sorte de raison plébéienne, qui s'était trouvée déformée à travers des tentatives d'application pratique. Curieusement, Weber faisait passer cette variété plus commune avant l'espèce idéale. Pragmatique de nature, il savait laquelle était la plus importante. Quoi qu'il en soit, il en résulta que les philosophes qui le souhaitaient pouvaient, en toute quiétude, répondre aux critiques de la méthodologie rationnelle en soulignant qu'il s'agissait d'une simple variété instrumentale.

Ce n'est pas un mauvais argument, mais il ne fonctionne pas vraiment. Après tout, si les industries de l'armement, jadis marginales, sont aujourd'hui au premier rang de la production industrielle occidentale, c'est la faute de la raison instrumentale. On doit aussi lui imputer les lenteurs bureaucratiques qui infestent les affaires et le gouvernement, de même que l'invention d'un nouveau marché monétaire gigantesque, presque entièrement consacré à des activités inflationnistes. Ou encore la méthodologie de l'état-major militaire, qui a fait plus de victimes au cours de ce siècle que jamais auparavant.

Si ces manifestations, qui dominent nos vies et les affaires de notre civilisation au point de mettre sa survie en péril, ainsi que la nôtre, ne sont que le fruit de la raison instrumentale, que reste-t-il à la raison elle-même ? Est-elle autre chose qu'une abstraction idéale, inoffensive, destinée à être débattue et disséquée dans les universités ?

Les origines véritables de cette approche sont révélatrices. Aristote le premier différencia raisons théorique et pratique. Ce distingo faisait partie de la méthode aristotélicienne, sur laquelle s'est édifiée la **scolastique** médiévale. L'enthousiasme avec lequel la philosophie moderne a embrassé la raison instrumentale montre à quel point nous avons cédé à ces mauvaises habitudes médiévales.

Cette scission a pour effet de tirer la philosophie d'affaire. Elle n'a plus à se soucier de la relation entre les idées et la réalité, si chaque idée comporte une sous-catégorie autonome trahissant l'idée même dont elle est issue. Certes, il en résulte une agréable illusion pour les philosophes. Ils peuvent parler librement, sans aucune ingérence perturbatrice de la réalité.

Il existe une alternative à cet argument qui va à l'encontre du but recherché. On pourrait, par exemple, considérer cette différentiation entre raison et raison instrumentale comme un problème de sémantique intéressant, sans plus. Cela permettrait d'affirmer que nous avons plus de deux options, que la critique de la raison ne sous-entend pas automatiquement un appel en faveur d'un retour à la superstition et au pouvoir arbitraire. Enfin, cette attitude laisserait entendre que nos problèmes ne tiennent pas tant à la raison qu'à la manière obsessionnelle dont nous la traitons, c'est-à-dire comme une valeur absolue. Incontestablement, elle fait partie de nos qualités ; mais elle ne peut fonctionner positivement qu'à partir du moment où elle est équilibrée et restreinte par d'autres qualités.

Voir **Humanisme.**

RATIONALISER. Verbe transitif qui signifie « fermer les portes », « régler les comptes », « mettre sur la paille », « déposer le bilan », « licencier ».

Les dialectes administratifs tirent apparemment leur inspiration de la courtoisie baroque des thés de la bourgeoisie à l'ère victorienne. La réalité est décrite par le biais de termes indirects, d'allusions. Les technocrates s'expriment comme si seules les **convenances** verbales pouvaient conférer de la dignité à leur vie.

La rationalisation est à l'économie ce que les saignées étaient à la médecine du XVIIIe siècle. L'idée de base est que ceux qui rationalisent leurs activités s'améliorent à travers la souffrance qu'ils s'imposent à eux-mêmes. On note avec intérêt que l'élite la plus inspirée par la **raison** a choisi un dérivé de ce terme pour désigner l'échec. Un jungien soutiendrait sans doute qu'il s'agit là d'un cri de désespoir inconscient ou, s'il est plus optimiste, d'un appel à l'aide. Jusqu'à une date récente, rationalisation signifiait « se mentir à soi-même à propos de ce qu'on fait ».

« Restructurer » et « **dégraisser** » sont deux métaphores parmi d'autres du verbe rationaliser.

RÉALITÉ. Alice Roosevelt Longworth, fille du Président Roosevelt et célèbre hôtesse washingtonienne, l'a souligné : on ne devrait jamais faire confiance à un homme dégarni qui se peigne les poils des aisselles de façon à ce qu'ils lui recouvrent le sommet du crâne. Autrement dit, la majorité des membres des élites rationnelles estiment que, dès que leur opinion diffère de la réalité, c'est cette dernière qui se trompe.

Voir **Image.**

RÉCESSION. « La récession est finie » : cette formule a été utilisée deux fois par an depuis 1973 par les chefs de gouvernement de l'ensemble de l'Occident. Son sens reste flou.

Voir **Dépression.**

RÉDACTEURS DE DISCOURS. Les gens se plaignent de ce que nos leaders ne lisent plus, ce qui est une insulte à l'égard des gens qui rédigent leurs discours.

Il est tout aussi vain de nous plaindre que nous ignorons quelles idées ils défendent. Leurs discours sont parfaitement clairs. La seule inconnue, c'est ce qu'ils défendent vraiment.

Nous n'avons pas le droit de geindre. Nous tenions absolument à avoir des chefs et nous en sommes revenus à la monarchie de droit divin, dans laquelle, quoi qu'il puisse être par ailleurs, le leader est présenté au public comme un symbole. On choisit ses mots pour lui, de même que ses tenues. Le langage est jugé comme une représentation, et non comme un moyen de communication. Qu'il n'ait pas lu les livres cités dans ses discours ou qu'il ne soit pas à l'origine des idées développées dans ces lignes n'a pas la moindre importance. Entre la discussion et la rhétorique, le doute et le réconfort, il faut choisir.

Nous avons choisi. Un leader qui lirait, penserait et s'exprimerait autrement que par bribes nous mettrait mal à l'aise, parce qu'il donnerait l'impression d'être indécis. Il nous obligerait à écouter et à répondre aux bruits authentiques d'un cerveau humain en fonctionnement dans une position de responsabilité.

Pour éviter d'être exposé à une telle situation par le biais d'un contact personnel avec leur leader, un nombre croissant de rédacteurs de discours deviennent des journalistes, des écrivains, voire des candidats aux élections d'une espèce particulièrement franche et directe. On les paie pour penser en public. Les éditoriaux des journaux se sont ainsi substitués à l'esprit du leader. Les chroniqueurs nous disent ce que les leaders doivent penser. Ce n'est pas seulement un retour aux aruspices : c'est une nouvelle facette de la société de courtisans. Le leader n'a pas à se préoccuper de réfléchir. D'autres gens paieront des professionnels pour dire au peuple tout ce qui lui trotte par la tête.

RÉFÉRENDUM, ou **PLÉBISCITE.** Utilisé le plus souvent pour déformer ou détruire la démocratie, le référendum offre, mine de rien, un faux choix : accepter le changement proposé par les détenteurs du pouvoir ou le refuser. En d'autres termes, on n'a qu'une seule option, ce qui n'est pas un choix.

On nous le présente souvent comme un instrument populiste de **démocratie directe**, ce qui revient à miner la démocratie de type représentatif.

Il n'est pas totalement exclu qu'il serve la démocratie, dans une situation apolitique, par exemple quand les citoyens d'un territoire veulent simplement décider s'ils souhaitent appartenir à une nation ou à une autre.

Les référendums furent introduits, en tant qu'outils politiques, du temps de la Révolution française, mais ils ne trouvèrent leur vraie voie que sous Napoléon. Celui-ci en fit bon usage, pour créer quelque chose de nouveau : une dictature populiste. Les référendums ressemblaient à un appel démocratique lancé au peuple sans les complications à long terme imposées par des représentants élus, la politique au quotidien et des élections normales. Napoléon associait sa forte popularité à cet appel, centré sur un thème tout à fait précis. Grâce à quoi il pouvait se flatter de l'appui général du peuple, sur n'importe quelle question, pendant une période illimitée. En 1804, Napoléon eut recours à un plébiscite pour se faire élire empereur, anéantissant du même coup la démocratie. Hitler fit essentiellement la même chose en 1933, puis en 1934. En deux référendums, il acquit davantage de pouvoir qu'un monarque absolu.

Ceux qui proposent la question à poser affirment systématiquement qu'un vote favorable résoudra les problèmes, qu'un vote défavorable entraînera l'apocalypse. C'était aussi vrai de Napoléon que du référendum constitutionnel proposé par le gouvernement canadien en 1992, ou les autorités québecoises en 1995.

Les efforts déployés par ces gens nantis du pouvoir de poser de telles questions s'appliquent à convaincre les masses qu'*il faut* voter oui. « La nécessité est une excuse pour empiéter sur la liberté humaine, déclara William Pitt. C'est l'argument des tyrans, le berceau des esclaves. » André Malraux notait : « L'esclave dit toujours oui. »

Dans le meilleur des cas, la démocratie est une affaire encombrante et souvent ennuyeuse. Il n'y a pas lieu de s'étonner que la conversion progressive de la propagande politique en une profession importante, les relations publiques, qui amalgame questions sociales, économiques et politiques, favorise le référendum de type Héroïque plutôt que le processus complexe, lent et composite, de la démocratie électorale. En conséquence, nous sommes de plus en plus sujets à une vision Héroïque du gouvernement. Les élections législatives elles-mêmes n'en finissent plus d'être une combinaison normale de questions et de personnalités pour devenir une illusion où la position d'un candidat sur un thème unique, ou un travers particulier, sont les seules choses qui comptent. Les lobbyistes eux-mêmes, centrés sur un seul problème, sont aussi soucieux que les organismes de relations publiques de changer les élections en référendums. La presse tombe aussi facilement dans ces stratégies de plébiscite, parce qu'il lui paraît plus facile de ressasser le même sujet en le dramatisant, en le « gonflant », plutôt que de s'attaquer à une variété de thèmes complexes.

Un nouveau visage. La réduction de la dette. L'immigration. Nationalisation. Privatisation. Libre-échange. La solution à nos problèmes figure dans cette liste. Elle nous permettra d'éviter l'apocalypse. Le choix de centaines de représentants, dans le contexte de centaines de questions, grandes et petites, est ainsi réduit à un plébiscite. En définitive, les référendums sont antidémocratiques parce qu'ils se prêtent trop facilement à **l'idéologie**.

RÉGULATION. La régulation économique protège le **marché** de lui-même en faisant intervenir le bon sens. Du même coup elle protège la société.

C'est ainsi que nous avons évité les effets cruels et déstabilisateurs de la crise de 1973. Malheureusement, ces régulations devinrent aussi un prétexte pour minimiser la crise. Grâce à une étonnante pirouette intellectuelle, nos élites parurent rassurées et mirent ladite crise sur le compte des coûts imposés par les règles stabilisatrices qui les avaient sauvées.

Cela dénotait un aveuglement considérable. Lors des précédentes dépressions, un tel ouragan du chaos social et économique les aurait détrônées en un rien de temps. Quant aux magnats des affaires, et à la bourgeoisie en général, ils auraient perdu l'essentiel de leur argent et de leurs biens dans ce raz-de-marée. Ce qui ne veut pas dire que la surrégulation n'est pas un problème. C'en est un. Mais les réglementations n'ont pas engendré cette crise, pas plus qu'elles ne la font durer. Le problème n'est pas là. Parmi les regrettables sous-produits de cette situation paradoxale, notons l'exacerbation des pires caractéristiques de nos élites, de plus en plus convaincues qu'elles doivent être dans le vrai, puisque le pouvoir reste entre leurs mains.

Le défi des vingt dernières années – que nous n'avons toujours pas relevé – consistait à trouver une nouvelle manière de considérer les crises économiques. Nous aurions eu toutes les raisons de nous féliciter du succès avec lequel nous réglions la catastrophe en cours, si nous avions admis après coup qu'il y avait bel et bien eu catastrophe. En d'autres termes, la régulation est, au mieux, un frein temporaire à une force capable de survivre à n'importe quelle civilisation et de la dominer en la manipulant. Elle permet de gagner du temps. Reste à savoir ce qu'il faut faire de ce temps. Nous avons perdu vingt ans à nier la réalité et à nous livrer à des bagarres idéologiques. Cela ne sert plus à grand-chose de répertorier les coupables. Pourtant, les universitaires néoconservateurs figurent quand même en bonne place sur cette ignominieuse liste.

Notre problème tient notamment au fait que la capacité d'invention du marché rend vite ces régulations obsolètes ou néfastes à la productivité. La communauté des affaires, ses lobbyistes universitaires et ses agents politiques, réagissent en appelant à une dérégulation à cor et à cri. C'est normal. Le marché a tendance à exprimer son mécontentement d'une manière brutale et négative. Ce n'est pas un mécanisme de relations humaines subtilement équilibrées. On ne peut pas lui demander de comprendre ou de proposer des arrangements civilisés.

Les mesures de dérégulation consenties au cours des dernières années ont eu des effets désastreux dans des secteurs aussi variés que la banque, les transports et une grande partie de l'industrie lourde. On aurait probablement été mieux avisé de revoir les mécanismes sous-jacents de la régulation, afin de les adapter aux circonstances en cette fin de XXe siècle.

Les redondances, les complications inutiles, les retards administratifs, les monceaux de règlements circonstanciés, constituent un labyrinthe édifié au fil des années qui va à l'encontre du but recherché, mais n'est pas fondamentalement mauvais. Pour retrouver les objectifs véritables, il suffit d'assimiler cette masse et de la transformer en nouveaux règlements, clairs, nets et précis.

Tandis que le débat idéologique mettant régulation et dérégulation en balance traînait en longueur, nos systèmes économiques ont été minés par des changements révolutionnaires survenus dans le marché. On a vu surgir une kyrielle d'inventions dans le domaine de la spéculation financière internationale. Les entreprises transnationales sont elles-mêmes de plus en plus complexes. La plupart des règlements économiques de l'après-guerre, compliqués et pesants, n'ont plus vraiment leur place. Avec la dislocation des empires coloniaux européens administrés de manière centralisée, au début des années soixante et la rupture de l'accord financier de **Bretton Woods**, en 1973, nos systèmes sont devenus caduques.

Les multinationales et les marchés monétaires ont décrété que l'époque de la régulation conçue par l'homme était révolue. À présent, le marché doit régner. Peu de gens, au sein de la communauté des affaires, étant payés pour penser à la « civilisation occidentale », ils n'ont pas l'air de se rendre compte que ce qu'ils proposent est le **déni** arbitraire de deux mille cinq cents ans d'expériences humaines.

La seule manière de stabiliser les marchés pour les protéger d'eux-mêmes, et nous protéger du même coup, consiste à réviser leur mode de régulation. Ce qui ne signifie pas nationalisme indomptable, ni internationalisme anarchique. Un équilibre très subtil entre les deux est possible. Les pactes d'intégration économique bilatéraux ou trilatéraux, tels que l'ALE ou l'**ALENA**, ne sont pas des solutions viables. Ils représentent seulement le triomphe régional d'une dérégulation partielle du marché, au détriment de l'équilibre social. Les négociations commerciales internationales telles que le GATT ne sont probablement guère plus utiles. Ces accords appartiennent à l'ancienne école. Ils ne peuvent pas prendre en compte les transnationales ou les marchés monétaires. La CEE est une tentative sérieuse pour repenser et réglementer à nouveau une zone importante de la planète.

Mais cela reste un accord régional, et il ne faut pas espérer que l'Europe pourra maintenir ses normes bien réelles face aux assauts des transnationales et des marchés monétaires.

Si la stabilité et la prospérité sont les buts recherchés, nous n'avons pas d'autre solution que de concentrer nos imaginations et nos efforts sur l'élaboration d'une version nouvelle et très élargie de Bretton Woods. Étant donné les développements de la technologie et le chaos régnant dans le commerce international, c'est le seul moyen sensé de libérer le marché de ses injections autodestructrices.

Voir **Dépression, sainte Trinité-fin du xxe siècle** et **Soixante-Treize.**

RELATIONS PARTICULIÈRES. Les grandes puissances pensent rarement qu'elles ont des relations particulières.

À part les nations amies, il y a deux sortes de nations : les alliées et les clientes. Les alliés sont des pays qui pensent autant à eux-mêmes que les grandes puissances. Par conséquent il convient de les traiter en égaux, nonobstant leur petite taille ou leur faiblesse. L'État-client pense moins à lui et, de ce fait, parle beaucoup de ses relations particulières avec l'autre, le grand, de même que les courtisans se vantaient jadis de leur proximité avec le roi.

Le calvaire des rois, c'est qu'ils doivent se prêter à cette fiction flatteuse en évitant de faire le moindre commentaire. De temps à autre il leur fraudra regonfler l'ego défaillant du courtisan en manifestant des signes d'inquiétude à son sujet.

Dans le cas des États-clients, cela peut prendre la forme d'une somptueuse visite officielle. Du temps du général de Gaulle, on parlait à cet égard de « visites des rois nègres ». Mieux encore : le grand roi peut demander au chef d'un gouvernement-client de le conseiller sur une question d'une importance particulière. Ce genre de consultation a lieu, idéalement, non dans le bureau du roi mais chez lui, de manière à personnaliser la relation. Il y a d'autres méthodes, plus banales, et donc moins prisées, de sceller une relation particulière. La plus courante consiste à se planter devant des caméras avec le chef du gouvernement-client afin de dire à quel point on l'apprécie.

Pendant dix ans, Washington s'est senti obligé d'entretenir l'illusion d'une relation particulière entre Mme Thatcher et le Président. Dans un style plus enrobé, Brian Mulroney bâtit toute sa stratégie nationale sur la chimère de son influence particulière sur le voisin du Canada. Les mots « illusion » ou « chimère » sont importants, parce que même au cours d'un dîner agréable, la grande puissance n'oublie pas un instant ses intérêts, pas plus qu'elle ne modifie ses politiques.

Les termes « relations particulières » sont aussi couramment utilisés par les hommes politiques de moyenne importance, qui redoutent d'être battus dans une prochaine élection et en appellent à leur président ou à leur Premier ministre. Il revient aussi fréquemment dans le discours d'innocentes jeunes filles évoquant les amours idéales qu'elles connaîtront quand elles seront grandes.

Voir **Banalité et Nannyisme.**

RELATIONS PUBLIQUES. Forme négative d'imagination. Selon la formule de Mussolini, « l'invention est plus utile que la vérité [2] ».

Voir ***Triomphe de la volonté (Le).***

REMISE DE PRIX. Mécanisme par lequel les membres d'une profession tentent de se conférer à eux-mêmes les attributs des classes dirigeantes prémodernes – militaires, aristocratie, clergé – en s'attribuant mutuellement divers médailles, décorations, ordres.

Ces événements sont une manifestation superficielle du **corporatisme**. Comme dans le cas des classes prémodernes, les prix sanctionnent principalement le rapport au sein de la profession. Chaque fois que la phrase « Je voudrais remercier » est prononcée par une personne qu'on décore, elle témoigne d'une relation fondée sur le pouvoir. Cela dit, les prix n'ont pas grand-chose à voir avec le rapport qu'entretient ladite corporation avec le monde extérieur, que nous pourrions appeler le public, ni d'ailleurs, avec une quelconque qualité.

Voir **Salles de bal.**

RÉPONSES. Mécanisme permettant d'éviter les questions.

On pourrait appeler cela une esquive obsessionnelle, ou un syndrome maniaque. Il se fonde sur la conviction qu'avoir fait des études – surtout si celles-ci mènent à un statut de professionnel ou d'expert, et plus encore s'il s'y ajoute une part de responsabilité ou de pouvoir – suppose l'obligation de fournir la bonne réponse à toutes les questions qu'on peut vous poser dans votre domaine. Ce n'est plus seulement l'opium des élites rationnelles, c'est bien davantage. D'ailleurs, ce pourrait être la drogue la plus pernitieuse à laquelle l'Occident ait touché.

Le temps est essentiel dans ce processus. L'inaptitude à fournir une réponse immédiate passe pour une faute professionnelle. Un nombre illimité de faits peut produire un nombre tout aussi illimité de réponses absolues dans la plupart des secteurs. La mémoire n'est pas tenue en très haute estime. Les réponses « justes » qui s'avèrent fausses sont tout simplement remplacées par une nouvelle formule. De ces vérités séquentielles, il résulte une société péremptoire, sûre de son fait, qui ne respecte ni la réflexion ni le doute, et qui peine à se faire à l'idée que, à la plupart des questions, il existe quantité de réponses, dont aucune n'est absolue et peu sont satisfaisantes, hormis de façon limitée.

Les réponses sont la facette abstraite des **solutions.**

RESPONSABILITÉ. Dans une société corporatiste, personne n'est responsable, pour la bonne raison que les véritables citoyens sont les corporations. Les individus se contentent de travailler pour elles et d'obéir aux consignes. Il s'ensuit que les individus se considèrent comme des victimes désignées.

RETOMBÉES (Effet ou théorie des). Théorie économique la plus idiote du XXe siècle.

Un gouvernement investit 100 milliards de dollars dans la mise au point d'un avion de chasse. Avec un peu de chance, une partie de cette recherche-développement aura des retombées sur l'aviation civile, par exemple en donnant un coup de pouce de 1 milliard de dollars à un projet d'avion de ligne.

Si tel est l'objectif du gouvernement en question, il vient de dépenser 99 milliards de dollars de trop ! De plus, il a choisi une méthode lente, maladroite et incertaine. D'un autre côté, s'il avait besoin de nouveaux avions de chasse, il a eu tort de s'écarter de son devoir de défense nationale pour se préoccuper d'avions de ligne dont l'achat n'était pas essentiel.

La théorie des retombées fut introduite par des hommes

comme Robert McNamara au début des années soixante. Pendant trente ans, elle provoqua retards, gaspillages et dépenses surréalistes. À la fin des années quatre-vingt, elle n'était plus vraiment crédible.

RICHELIEU (cardinal). Père de l'État-nation moderne, du pouvoir centralisé moderne, des services secrets modernes et d'une explosion de la construction civile, provoquée par un surplus sur le marché de la pierre de taille suite au démantellement forcé des remparts des villes.

Voir **Bande des cinq.**

RICHESSE NÉGATIVE. Qualité propre aux grands hommes d'affaires qui ne maîtrisent plus leur **endettement**. Les gens moins importants et les gouvernements n'ont pas ce privilège : ils ont des dettes.

ROUND TABLE. Organisation regroupant les gestionnaires des plus grosses compagnies américaines. La *Round Table* conçoit les politiques favorables aux entreprises pour lesquelles travaillent ses membres, puis les vend aux divers échelons du gouvernement.

Il ne s'agit pas d'un lobby, mais d'une organisation corporatiste. L'une des plus importantes du monde développé. À première vue, son nom est impropre. Quel lien pourrait-il bien y avoir entre la Table ronde du roi Arthur et de Lancelot, la quête du Saint-Graal, et un groupe de technocrates anonymes exclusivement préoccupés de leurs intérêts et de ceux de leurs systèmes ? La réponse est simple : ils se considèrent comme les chevaliers de la technocratie et revendiquent la légitimité de leur pouvoir corporatiste.

Voir **Corporatisme.**

S

SAGESSE. Objet du doute.

La sagesse, donc, c'est la vie pétrie d'incertitudes, le contraire du pouvoir ou de l'idéologie. L'histoire simple de ces deux bâtiments illustre cette différence.

Au centre de la Rome impériale, juste derrière le Panthéon, se trouvait jadis le temple de Minerve, déesse de la sagesse. Au Moyen Âge, c'était une ruine abandonnée. Les ordres chrétiens, qui bâtissaient d'ordinaire leurs églises sur les fondations solides des vieux temples païens, s'étaient montrés curieusement discrets avec Minerve, se contentant de se placer d'un côté ou de l'autre de son temple.

En 1280, pourtant, les dominicains décidèrent de construire leur siège romain au-dessus du vieil édifice en ruine. Ils dirigeaient l'Inquisition depuis sa création, quarante ans plus tôt, et avaient inventé et développé ses méthodes. Leur tâche consistait à éliminer l'hérésie en la perçant à jour. Ceci afin d'établir une vérité *a priori*. En 1262, ils commencèrent à utiliser la torture.

Ils baptisèrent leur nouvelle basilique gothique Santa Maria Sopra Minerva, Sainte-Marie-sur-Minerve. Le pouvoir sur la sagesse. Le pouvoir sur le doute. Mais le pouvoir qu'ils détenaient était hautement intellectuel. L'Inquisition fut la première organisation vraiment moderne qui mit au point une méthode d'investigation rationnelle afin de démontrer une vérité fondée sur des documents légaux.

C'était aussi une affaire profitable. La basilique fut agrandie au XVe siècle par le cardinal Torquemada, oncle du premier Grand Inquisiteur d'Espagne, qui avait interrogé et brûlé quelque 2 000 personnes. Des sommes considérables furent investies dans la décoration des chapelles. En 1514, on commanda à Michel-Ange une grande statue du Rédempteur, qu'on peut toujours y admirer.

Le 22 juin 1633, les autorités conduisirent Galileo Galilée à Santa Maria Sopra Minerva pour le troisième jour de son procès devant le Grand Inquisiteur. À vrai dire, la controverse suscitée par ses idées durait depuis vingt-deux ans. Au départ, certains chefs ecclésiastiques sensés avaient admis son explication de la théorie copernicienne démontrant que la terre tournait autour du soleil, et non l'inverse. Ils avaient été intrigués et fascinés par cette nouvelle donnée. Mais les académiciens de l'époque – les experts aristotéliciens ou scolastiques (voir **Scolastique**) – avaient édifié leurs carrières sur d'autres vérités, qu'ils pouvaient aussi démontrer, avec grande **intelligence** qui plus est. Ils le dénoncèrent à l'Inquisition.

Le 22 juin au matin, dans le grand hall du couvent de Santa Maria Sopra Minerva, on déclara Galilée coupable de prôner une doctrine erronée. Il tomba à genoux, abjura, condamna ses erreurs et jura de ne plus jamais défendre de semblables théories. Ainsi fut confirmé que le soleil tournait autour de la terre.

Les générations suivantes d'experts salariés surent tirer la leçon de cette victoire d'une corporation de scolastiques aristotéliciens. Voltaire l'a noté dans son *Dictionnaire* : on avait démontré qu'on peut convaincre les gens de croire en ce en quoi ils ne croient pas [1]. Au cours des dernières décennies, nos propres scolastiques ont prouvé des multitudes de choses incroyables, entraînant la société dans la direction qu'ils souhaitaient (voir **Armements** et **Dépression**).

Est-ce cela la sagesse ? C'est beaucoup mieux que la sagesse : c'est une certitude.

SAINTE TRINITÉ CHRÉTIENNE. Concept alchimique tout en étant pré-alchimique mis au point par les premiers administrateurs chrétiens pour atténuer la brutale simplicité du monothéisme pur et dur.

Le mystère trois-en-un / un-en-trois du Père, du Fils et du Saint-Esprit officialisa le trithéisme. La quasi-déification de la Sainte Vierge, qui suivit, en fit un quatrothéisme. Douze disciples en semi-divinités, et on avait un sextusdécithéisme. Pour finir, des charretées entières de saints s'élevèrent au rang de quart de divinités, ce qui fit du christianisme une bonne vieille religion polythéiste. Avant les croisades, c'était déjà la plus polythéiste qui eût jamais existé, à l'exception peut-être de l'hindouisme. Cette contradiction insoutenable entre un monothéisme affiché et la réalité du polythéisme fut résolue en imputant aux autres religions cette déficience toute chrétienne. L'Église – catholique, et plus tard protestante – s'attaqua agressivement aux deux religions les plus clairement monothéistes, en l'occurrence le judaïsme et l'islam, et les persécuta en traitant ses adeptes de barbares et de païens.

L'histoire de la chrétienté est faite essentiellement d'accusations portées contre les autres religions sous prétexte qu'elles se fondent sur le culte de plus d'un dieu, qui ne peut donc être le vrai Dieu. Par conséquent, ces païens doivent être convertis, conquis et/ou tués, pour leur bien, afin de pouvoir bénéficier de la singularité de la Sainte Trinité et de ses autres affiliés.

SAINTE TRINITÉ POSTCHRÉTIENNE. Jusqu'à présent, il semble que **Nietzsche** se soit trompé à propos de **Dieu**. Nous n'avons pas réussi à devenir Lui à Sa place. Au lieu de cela, nous l'avons remplacé par une divinité encore plus abstraite, fondée sur le pouvoir rationnel pur.

La raison naquit de la promesse humaniste généreuse faite aux XVIIe et XVIIIe siècles en enjambant les dépouilles des autres éléments constituants de l'**humanisme** – le bons sens, l'intuition, la créativité, la mémoire et l'éthique. Ces éléments, qui, imposant des limites à la raison, la rendent positive, ne furent pas simplement crucifiés. On en fit les ennemis de la nouvelle divinité.

À leur place, on installa une Sainte Trinité postchrétienne. L'organisation, ou structure, remplaça le Père, la **technologie** se substitua au Fils et le Saint-Esprit céda la place à l'information. Le nouveau clergé se composait de technocrates. L'éthymologie du mot « technocrate » l'indique, c'étaient dès le départ des spécialistes du pouvoir. Des maîtres de la structure. Des courtisans modernes. Ils devaient contrôler l'usage de la technologie comme s'il s'agissait d'un prolongement naturel d'eux-mêmes, ce qui est loin d'être le cas. Et ils sauvegarderaient l'information, chaque catégorie de spécialistes dispensant son savoir d'expert à discrétion.

Telle est la vérité fondamentale de notre société. Il y a d'autres facteurs. Des complications. Des raisons d'être optimiste. Mais ceci est notre religion de base.

SAINTE TRINITÉ-FIN DU XXe SIÈCLE. Au cours du dernier quart du XXe siècle, la principale doctrine de la foi a été la promesse d'un paradis rationnel, rendu accessible grâce à un dévouement à la concurrence, à l'efficacité et au marché. Dans cette nouvelle Sainte Trinité, au demeurant remarquablement intolérante, le rôle du Père est occupé par la concurrence, celui du Fils joué par l'efficacité, le marché se substituant au Saint-Esprit.

Si on pouvait présenter ces trois mécanismes avec leurs forces et leurs faiblesses, ce seraient des instruments précieux dans une société stable. Considérés comme des absolus, ils ont vite fait de plonger la société dans un état de confusion dangereux, où les idées reçues se fondent sur le **déni** de nos travers.

Comme dans le cas des cultes que nous avons voués aux saints et aux faits, il y a quelque chose d'absurde à ce que des hommes et des femmes adultes s'efforcent de réduire leur vision d'eux-mêmes et de la civilisation à un exercice de ronds-de-cuir. La trinité Concurrence-Efficacité-Marché semble nous conseiller d'abandonner l'image que nous avons édifiée de nous-mêmes en deux mille cinq cents ans. Nous ne nous distinguons plus par notre aptitude à penser et à agir consciemment, de manière à modifier les événements. Au contraire, nous devrions nous soumettre passivement, nous et l'ensemble de notre civilisation – nos structures publiques, nos manifestations sociales et la créativité culturelle – aux forces abstraites d'un commerce dérégulé. La plupart des citoyens ont sans doute des difficultés à admettre cet argument et préféreraient continuer à vivre sur l'idée d'une intelligence humaine honorable. S'ils avaient la possibilité de larguer quelque chose en route, ils se délesteraient probablement de leurs économistes.

SALLES DE BAL. Architecturalement parlant, se définit selon quatre périodes :

Avant 1850, situées au premier étage (le *piano nobile*) dans un palais, un château ou une grande demeure. Aux plafonds voûtés succédèrent des plafonds plats et peints. Servaient à danser. Un des pivots des romans, de Stendhal à Tolstoï.

1850-1945 : au rez-de-chaussée des hôtels, et généralement décorées de colonnes classiques et à la feuille d'or. Leurs planchers étaient souples, pour le plus grand plaisir des danseurs, mais de nos jours ces salles servent surtout aux réunions des clubs d'hommes d'affaires, qui y déjeunent tout en écoutant un conférencier, ou bien à des bals de charité. Pilier des romans à la Edith Wharton.

1946-1970 : situées au quarantième étage (*penthouse*), où elles pivotent sur elles-mêmes. Décorées dans des couleurs primaires et brillantes. Généralement vides. Parfois utilisées dans les longs métrages pour dépeindre la vie moderne.

Après 1970 : situées dans le sous-sol des hôtels, à côté du garage. Ces pièces en ciment peuvent accueillir 2 500 personnes quand on replie toutes les cloisons. Elles servent de cadre aux **séminaires** et aux **remises de prix**. Grâce à la division sociale en des milliers de groupes spécialisés, elles sont toujours occupées. La salle de bal en sous-sol a remplacé l'opéra, qui s'est lui-même substitué aux palais royaux comme site où les élites trouvent leur légitimité. Elles existent dans un vide postculturel.

Voir **Corporatisme.**

SANG. I. Liquide mythologique, presque toujours invisible.

En dehors de son utilité banale comme carburant de la vie, sa véritable valeur tient à ce qu'on appelle la lignée. Sa pureté justifie toute action liée à la paternité, au tribalisme et au nationalisme. La lignée fait de certains groupes de meilleurs amants, d'autres des êtres plus individualistes, plus honnêtes, ou tout bonnement plus gentils. Elle alimente leur génie créatif. Fait d'eux des guerriers courageux et exaltés.

Tels sont les fardeaux que chaque individu doit porter, la copulation se mêlant inextricablement à l'histoire. On ne peut endosser ses responsabilités individuellement. Les êtres n'ont même pas à rendre compte de leurs propres revendications de supériorité, qui les poussent à assassiner, violer, exploiter ou dominer les autres. De tels actes sont forcément imputables à la paternité ou au tribalisme.

Malheureusement, la médecine moderne a un certain retard à rattraper sur ces vérités qui vont de soi. Elle n'est toujours pas capable de faire la preuve de la paternité, sans parler de pureté raciale. Les laboratoires en sont réduits à répertorier quelques groupes communs à la plupart des races. Heureusement, le fait, parfaitement démontrable, que certaines tribus sont composées de meilleurs amants ou d'êtres plus individualistes, et la certitude que certains groupes méritent d'être violés ou assassinés, suppriment le besoin de démontrer scientifiquement l'appartenance à une lignée.

SANG. II. L'explication la plus vraisemblable du sens pratique de la gent féminine, à l'opposé du romantisme endémique des hommes, est que, de douze ans à cinquante-cinq ans environ, les femmes doivent s'occuper d'un flux de sang qui se déverse de leur corps une semaine sur quatre.

Les signes de la moralité masculine sont beaucoup plus abstraits. Seule la guerre leur garantit une confrontation régulière avec l'hémoglobine, ce qui explique peut-être le côté romantique de la violence organisée.

Les hommes se sont toujours fait passer pour des êtres lucides et pragmatiques, contrairement au sexe faible, auréolé d'un halo romantique. C'est un exemple précoce et tenace de la **dictature du vocabulaire**.

Voir **Dureté.**

SCHOPENHAUER (Arthur). L'écrivain favori d'Hitler.

« Mon maître », disait le Führer [3]. Ce choix semble bizarre vu que Schopenhauer se déroba à ses obligations militaires au moment où l'Allemagne connaissait une grave crise dans sa guerre contre Napoléon. Il n'était même pas nationaliste. Il se considérait comme un disciple de Platon et de Kant, ce qui indique qu'il avait un goût prononcé pour l'autoritarisme et l'obscurantisme, bien qu'il critiquât le manque de clarté des autres. Il y avait chez lui un certain idéalisme pessimiste qui constitue souvent l'assise romantique de l'action tyrannique.

Quand on lui demandait pourquoi Nietzsche n'était pas son auteur préféré, Hitler aurait répondu : « Je ne pouvais rien en faire. » Peut-être entendait-il pas là qu'étant aussi déséquilibrés l'un que l'autre, ils formaient un couple mal assorti pour la mythologie publique ?

Les **Héros** se reposent beaucoup sur les philosophes qui expriment un pessimisme romantique. L'attirance d'Hitler pour Schopenhauer tenait peut-être au sentiment que le mal écrasait le monde et que « la racine de tout mal [...] était l'asservissement de la volonté ». La seule solution consistait à « se détourner de la vie en s'adonnant à la contemplation esthétique et à l'ascétisme [4]. » À coup sûr Hitler et Napoléon étaient de ceux qui affirmaient que si la destinée ne les avait pas forcés à devenir des tyrans, ils se seraient réfugiés dans la contemplation solitaire.

Schopenhauer détestait lui aussi les femmes, ce qui, dans la tradition de saint Jérôme, – « Les femmes sont des sacs de fumier » –, est un avis étroitement lié au sentiment incontrôlable que le mal nous envahit. Il est un peu simpliste, mais pas faux, de dire que les hommes qui abhorrent les femmes font payer leur problème sexuel au monde entier si on leur en fournit l'occasion. Les pessimistes romantiques comme Schopenhauer sont très utiles, dans le sens où ils parent de respectabilité les actes criminels.

Voir **Kant** (Emmanuel), **Nietzsche** (Friedrich) et **Platon**.

SCOLASTIQUE. Principale école d'enseignement, de recherche, de savoir et d'argumentation du Moyen Âge. Un des ennemis jurés du siècle des Lumières. La scolastique fut dûment vaincue et anéantie. Elle a mystérieusement réapparu au cœur du pouvoir durant la seconde moitié du XXe siècle.

La clef de ce mouvement médiéval était son aptitude à lier la quête intellectuelle au langage en un interminable labyrinthe d'égarements de grande qualité. On évitait ainsi à l'autorité établie d'être soumise à un examen trop pointilleux.

L'*Encyclopédie* décrit la scolastique en ces termes :

> ... scholastique, qui a substitué les mots aux choses, et les questions frivoles ou ridicules, aux grands objets de la véritable philosophie ; qui explique par des termes barbares des choses inintelligibles [...]. Cette philosophie est née de l'esprit et de l'ignorance [...]. On raisonna sur les abstractions au lieu de raisonner sur les êtres réels ; on créa pour ce nouveau genre d'étude une langue nouvelle, et on se crut savant, parce qu'on avait appris cette langue. On ne peut trop regretter que la plupart des auteurs scholastiques aient fait un usage si misérable de la sagacité et de la subtilité extrême qu'on remarque dans leurs écrits [5].

La scolastique fut lancée au XIIIe siècle par Thomas d'Aquin, qui appliqua la logique aristotélicienne à des objectifs chrétiens. Ce qui permit à ses disciples de réprimer tout débat intelligent durant trois bons siècles.

La similitude entre la scolastique médiévale et sa forme moderne apparaît de manière limpide dans cette affirmation de Frederick Copleston, grand historien de la philosophie et spécialiste de Thomas d'Aquin : « La pratique consistant, à partir d'une prémisse donnée [...] d'argumenter rationnellement jusqu'à la conclusion, conduit au développement de la théologie scolastique [6] ». Il s'agit précisement de la méthode utilisée pour former les technocrates modernes dans la plupart des domaines. C'est aussi le phénomène identifié par Harold Innis dans le cadre des sciences sociales, où « des prédictions assurées, agaçantes, et qui interdisent la réfutation, remplacent toute discussion sur le bien et le mal [7]. »

En termes contemporains, la scolastique engendre des jargons inintelligibles, utilise un langage obscur pour faire échec à la communication et sépare la quête intellectuelle de la réalité en adoptant une approche impitoyablement abstraite. Elle continue à servir les intérêts du pouvoir établi.

Voir **Anti-intellectualisme** et **Déconstructionisme.**

SÉMINAIRES. En dehors du fait qu'elles gaspillent l'argent des actionnaires, ces réunions de cadres représentent de graves menaces sur le plan économique.

Les conférences ont un thème, officiel ou non. Un sujet – nouvelle méthode ou nouveau marché – dominera les discussions. Après quoi les participants rentreront chez eux, débordants d'enthousiasme sur le tout récent débouché asiatique, ou le procédé de production permettant de faire des économies ou un livre de diététique. Cet enthousiasme partagé justifie la conférence. En règle générale, il n'a pas grand-chose à voir avec la réalité économique, le bon sens ou des intérêts particuliers. Les symposiums créent des modes commerciales et emportent des industries entières dans des directions bizarres et néfastes pour la production.

Plus ces réunions sont de qualité – celles que sponsorisent la presse économique ou les écoles d'administration, par exemple – plus elles sont dangereuses. Les assemblées nationales et internationales sans objectif concret sont particulièrement pernicieuses, parce qu'elles cherchent désespérément des solutions. Des gens importants se regroupent pour parler de l'état du monde, ou de leur industrie, ou de la relation entre les deux. Le statut des participants, individus puissants

– si on veut faire référence à leur ego – exige qu'ils donnent la preuve des progrès accomplis. Un thème, une tendance, aussi flous soient-ils, doivent à tout prix se dessiner afin d'empêcher le doute de s'installer pendant qu'ils sont tous enfermés ensemble dans des réunions qui n'ont strictement aucun sens.

Le rassemblement annuel des leaders des affaires et de la politique, à **Davos**, en Suisse, a le profil le plus haut et l'objectif le plus bas. Il est particulièrement sensible aux idées à la mode qui se répercuteront dans le monde entier et ajouteront foi au sentiment d'importance ressenti par les participants.

Voir **Aspen (Institut d').**

SÉRIEUX. Propre à l'idéologie, au conformisme, à la compétence et à tout ce qui est politiquement correct. Une forme de contrôle social.

Voir **Comédie.**

SEXE. Bien qu'il s'agisse d'une activité courante, la demande excède toujours l'offre. Ce qui fait du sexe l'activité la plus mercantile des relations individuelles, juste derrière la jouissance des biens.

En matière de sexe comme de commerce, la demande est un mystère irrationnel. L'approche contractuelle à long terme exige des arrangements, tels que le mariage pour réglementer la jouissance des biens. Sur le marché spéculatif au coup par coup, il est souvent lié à des repas ou à des divertissements. Dans un cas comme dans l'autre, le sexe est devenu le marché haussier le plus florissant des trente dernières années. La demande théorique dépasse tellement l'offre réelle que le sexe est désormais l'opium du peuple [8].

En 1992, un tribunal français établit la valeur de chaque rapport sexuel entre deux époux. Le mari s'était vu privé de relations intimes avec sa femme durant deux mois et demi après qu'un médecin lui eut badigeonné le pénis avec de l'acide par erreur, lors d'un traitement. Il obtint des dommages et intérêts à raison de 300 francs par accouplement manqué. La cour n'entendait pas définir la valeur absolue du sexe, ou son prix pour ce couple en particulier. Elle décida que dans la mesure où l'argent est le seul système de rétribution réglementé au sein de notre société, le sexe devait avoir l'équivalent d'une valeur monétaire et, sur ce marché en particulier, une petite ville de province, il valait 300 francs par coït. Le couple aurait probablement pu obtenir dix ou vingt fois plus s'il avait vécu dans un quartier élégant d'une grande ville.

Voir **Marché.**

SOCRATE. Délibérément mal compris. Et pourtant. Pourtant il parvient à percer les barrières de l'incompréhension afin de défendre le **doute**, partant l'humanisme.

Les platoniciens (voir **Platon**) se servent encore de lui pour justifier la contradiction fondamentale de notre société. Ils soutiennent toujours que la vie supérieure, ou philosophique, passe par un mépris de la démocratie, dans la mesure où les citoyens sont encore plus tyranniques qu'un tyran. Cette conviction fonde l'éducation de nos élites. Elle a été à l'origine d'une multitude de dictatures au fil des siècles, depuis les réformateurs de gauche bien intentionnés jusqu'aux colonels ambitieux de droite. Et pourtant, l'approche socratique a suffisamment de souffle pour résister à ces déformations de sens, assez d'esprit pour inspirer maintes fois le citoyen et la démocratie.

Au XXe siècle, nous avons assisté à une alternance régulière du pouvoir entre la démocratie et les tyrans, pendant que les élites servaient l'une ou les autres sans jamais se départir d'un sentiment de supériorité, voire de mépris, pour le système démocratique. Tel est le drame intérieur dont l'Occident semble incapable de se dépêtrer.

Un disciple aigri peut difficilement faire valoir la pensée de son maître. Platon nous fournit néanmoins des informations suffisamment claires pour nous permettre de tirer des conclusions aux antipodes des siennes. Sa franchise s'explique peut-être parce qu'il était loin d'être le seul témoin oculaire du procès. S'il voulait qu'on prenne son point de vue au sérieux, il lui fallait rendre compte des paroles de Socrate et de ses faits et gestes d'une manière qui sonnât juste aux oreilles des Athéniens. D'après ses écrits, on peut raisonnablement conclure que ses émotions l'ont poussé à minimiser, à falsifier ou ignorer quatre points clefs.

Premièrement : nonobstant les défaillances d'une démocratie, Socrate n'aurait jamais eu le droit d'enseigner sous une dictature. Spartiate, il aurait été exécuté en début de carrière.

Deuxièmement : Socrate n'a pas seulement été grossier vis-à-vis du jury ou des citoyens, mais de tout le monde. C'était sa méthode. Cela ne veut pas dire qu'il s'estimait supérieur au point de mépriser les intellects de moindre calibre. Il avait mauvais caractère, voilà tout, et il refusait de s'isoler dans une tour d'ivoire intellectuelle. Il passa sa vie à déambuler dans Athènes en enquiquinant tout le monde. Il devait penser que cela valait la peine de se donner tant de mal. Pourtant, la conclusion de Platon à son égard, élevée par les platoniciens au rang d'idéal, s'appuie sur la nécessité d'élites supérieures, et donc isolées. Le concept rationnel des élites technocratiques découle de cette mauvaise interprétation.

Troisièmement : bien que sa condamnation ne fît pour ainsi dire aucun doute, Socrate resta à Athènes en attendant son procès, afin de plaider sa cause devant le jury. Ses amis et les autorités qui l'avaient encouragé à prendre le large pour quelque temps s'attendaient pourtant à ce qu'il s'exilât. Il refusa. La seule conclusion logique que nous puissions en tirer est que Socrate avait suffisamment de foi dans le système démocratique pour estimer qu'il valait la peine de risquer sa vie. Inexplicablement, Platon en conclut qu'il fallait condamner la démocratie.

Quatrièmement : Socrate décida de rester pour son exécution. Là encore, il aurait pu s'expatrier facilement après que le verdict ne soit rendu. La plupart des gens s'y attendaient, d'ailleurs, et l'espéraient. Le système juridique athénien, à la différence de la plupart des dictatures, n'était pas assoiffé de sang. C'était un mécanisme de contrôle défectueux, qui faisait office de signal d'alarme. Lorsqu'un citoyen franchissait les limites de ce qu'on considérait comme les principes de la bienséance admis par la société, on l'incitait à s'éloigner quelque temps de la cité. Socrate choisit pourtant de respecter le système, au point d'y laisser sa peau.

Prétendre que, pendant soixante-dix ans, Socrate aurait pleinement participé à un système qu'il rejetait et qui ne lui inspirait que du mépris, qu'en un ultime geste masochiste il aurait invité ledit système à lui régler son compte, revient à dire qu'il n'avait rien d'un intellectuel digne d'avoir des adeptes. Affirmer, comme le font les platoniciens, que parce qu'il était vieux il avait envie de mourir et qu'il aurait abusé le système juridique athénien de manière à être condamné à mort, fait insulte à son honnêteté, à son intégrité intellectuelle, à son intelligence.

Socrate n'a pas cessé de pousser le système pour l'améliorer, ce qui n'a évidemment rien à voir. L'amertume de Platon est compréhensible. Mais il aurait mieux fait de garder son chagrin pour lui, au lieu de l'élever au rang de philosophie, trahissant du même coup Socrate en favorisant la dictature.

Voir **Liberté de parole** et **Langage oral.**

SOCRATIQUE (héritage). Notre système d'enseignement supérieur soutient que les technocrates, ceux du secteur public comme ceux du secteur privé, sont les produits de la méthode socratique, qu'ils s'approprient. Toutefois chez les Athéniens, chaque réponse soulevait une question, tandis qu'au sein de notre société, chaque question trouve automatiquement une réponse.

Voir **Éducation des Élites.**

SOIXANTE-TREIZE. Nos leaders ont beau essayer de jouer sur les mots, les économies occidentales sont en crise depuis 1973.

Tel des jongleurs manipulant trop de boules, nous nous sommes efforcés de faire face à une combinaison apparemment contradictoire, faite d'une croissance au ralenti, de chômage, d'inflation et de dettes. Chaque fois que nous réussissons à lancer une ou deux boules, les autres tombent par terre. Nous nous penchons pour les ramasser, mais à peine en a-t-on récupéré une qu'une autre atterrit à nos pieds. Au bout de quelques années, on pourrait logiquement en conclure que ce que nous faisons est erroné. Or nous continuons à essayer de ramasser les boules tombées à nos pieds.

Les événements explosifs survenus en 1973 nous font désormais l'effet d'anecdotes lointaines. Les nations productrices de pétrole se sont organisées en un cartel efficace. Le prix du baril de pétrole est monté en flèche tandis que l'offre chutait. Au début des années quatre-vingt-dix, après vingt ans d'inflation, le prix du pétrole s'est retrouvé à peu près au même niveau qu'au départ. La crise de 1973 aurait donc dû s'achever là. Mais les dépressions sont généralement déclenchées par des événements spécifiques qui, même s'ils sont liés à la crise, n'en sont pas la cause. Ils jouent le rôle de catalyseurs autour desquels se cristallisent tous les déséquilibres économiques dont la société souffre sans le savoir.

La sagesse économique traditionnelle veut que le chemin parcouru depuis la crise des années soixante-dix suive une courbe de reprise financière culminant dans les années quatre-vingt. Les problèmes de la fin des années quatre-vingt et du début des années quatre-vingt-dix sont par conséquent dissociés de ceux des années soixante-dix. Or la prospérité des années quatre-vingt n'était ni généralisée ni intégrée à la structure sociale. Elle se fondait sur la croissance de zones artificielles ou inflationnistes telles que les spéculations fiduciaire et immobilière. Seul l'armement connut ce qu'on pourrait imaginer comme une croissance industrielle. Vers le début des années quatre-vingt-dix, on admettait que la décennie précédente avait représenté une anomalie malsaine. Pourtant, personne ne parut en tirer la conclusion logique, c'est-à-dire que si les années quatre-vingt ne constituaient pas une reprise, c'est que nous sommes toujours en plein dans la crise des années soixante-dix.

Voir **Dépression.**

SOLUTIONS. Abstractions absolutistes qui ont sans doute davantage leur place en chimie ou en mathématiques que dans la vie de tous les jours.

L'affirmation selon laquelle on met fin aux problèmes grâce à des solutions sous-entend qu'ils sont effectivement résolus, ce qui signifie forcément qu'ils font individuellement obstacle à l'avènement d'un monde meilleur. Ainsi, en médecine l'illusion d'une **guérison** occulte-t-elle la réalité, c'est-à-dire que le malade est simplement soumis à un traitement. Plus modestement, on pourrait dire que les problèmes sont réduits, limités, ou rendus plus supportables si on les considère et si on les traite comme parties intégrantes d'un phénomène global dont l'équilibre est devenu précaire.

Ainsi l'inflation n'est-elle jamais éliminée. Elle est restreinte, contrôlée, si elle est traitée comme partie intégrante d'un phénomène global qui inclut la production, l'innovation, l'emploi, la stabilité, la croissance. Qui pense que les solutions éliminent les problèmes parle de juguler l'inflation et concentre ses efforts sur des mécanismes linéraires tels que la masse monétaire ou les taux d'intérêt. Chaque fois qu'on réduit l'inflation, des répercussions négatives ne peuvent manquer d'avoir lieu sur la production, l'emploi ou la croissance.

La paix et la guerre ne s'éliminent pas l'une l'autre. Un équilibre sain, qui prend en compte des facteurs apparentés tels que la prospérité et la stabilité, minimise les risques de conflit.

Comme la plupart des abstractions absolues, la certitude que les problèmes sont résolubles a une connotation religieuse. Comme si on avait confondu solution et salut.

SOPHISTE. Modèle original du **technocrate** du XXe siècle, plus précisément du diplômé d'une **école de gestion** et du **consultant académique**.

Les enseignants du Ve siècle av. J.-C. déambulaient dans la Grèce antique en vendant leurs talents à qui souhaitait faire appel à eux. Ils excellaient dans l'art de la rhétorique et se souciaient comme d'une guigne de l'éthique ou de la quête de la vérité. Les conséquences à long terme, c'est-à-dire la réalité sous la plupart de ses formes, ne les intéressaient pas. Ce qui comptait à leurs yeux, c'était leur aptitude à créer des illusions de réalité permettant aux gens d'obtenir ce qu'ils voulaient.

SUBJONCTIF. Mode qui admet le plus clairement l'existence du doute.

L'importance de la grammaire en tant que reflet de l'état véritable d'une civilisation est rendue manifeste par la disparition progressive du subjonctif dans les langues occidentales.

Que faut-il conclure, quand une société élimine le seuil du possible sur le chemin de ce qui est probable ? Une preuve de confiance en soi ? On doit avoir affaire à une société qui n'évolue pas par remises en cause. Elle se contente de trouver des réponses justes et d'agir en fonction de ces réponses. Mais ne croire qu'au présent et au futur, sans l'intermédiaire d'une turbulence intellectuelle, peut aussi passer pour la marque d'une naïveté si poussée qu'on pourrait la taxer d'imbécillité. Un tel désir de certitude laisse aussi supposer une volonté d'être manipulé.

Tous les temps et les modes d'une langue ont leurs ennemis. Ceux du subjonctif sont les relations publiques, la propagande, les sondages et le culte de la compétence. Une civilisation qui récompense si généreusement l'aptitude à vendre l'illusion comme s'il s'agissait d'une réalité a peu de chances de rétribuer une grammaire qui s'intéresse à l'espace d'incertitude entre les deux.

Voir **Doute.**

SUPER BOWL. Aux États-Unis, il y a davantage de femmes battues le jour du championnat de football national que n'importe quel autre jour de l'année. On aurait tort de prendre cela pour une caractéristique de ce sport qui, depuis plus d'un siècle, joue un rôle à la fois considérable et fort plaisant dans la stabilisation de l'énergie gonadique des jeunes Américains.

Le Super Bowl est relativement typique d'une compétition utilisée comme valeur sociale. Tout le monde, à l'exception d'une poignée qui excelle à ce jeu, en est réduit au rôle désincarné de spectateur.

Des spectateurs qui participent, certes, par l'intermédiaire de certains de leurs sens. Leurs yeux, leurs oreilles, leur bouche et leurs émotions leur servent à vénérer leurs substituts. Mais pendant qu'ils sont assis là, à suivre le match, ils sont privés de leur existence en tant qu'individus capables d'action. Ils prennent passivement part au mythe de l'Héroïsme de l'arène.

Au football, l'objectif est de déplacer le ballon au-delà de la ligne de but. Cette aptitude n'est malheureusement guère plus que la cerise sur la gâteau. Pour la plupart des joueurs présents sur le terrain, la question est de savoir si le mouvement du ballon doit ou ne doit pas être interrompu à chaque passe par un assaut physique visant le porteur. Les spectateurs sont excités par ces démonstrations répétées de virilité primaire. Plus ils sont stimulés dans leur participation passive, plus ils ont de chances de mettre en doute leur propre virilité active. En définitive, ils éprouvent le besoin de démontrer leur vigueur en tabassant quelqu'un. Cela dit, il est également possible que les femmes américaines mettent un temps infini à aller chercher la bière.

SUPÉRIORITÉ. La plupart des gens supérieurs souffrent d'un **complexe d'infériorité**. Dans le cas des nations – qu'à force d'abstraction, on réduit à des individus – ce paradoxe peut devenir pathologique. Au bout de quelques générations de revendicateurs provocants, tout le monde oublie que le sentiment de supériorité est causé par une crainte de l'infériorité.

La confusion suscitée par l'incapacité du réel à s'élever à la hauteur du mythe est souvent génératrice de racisme et de violence. Ce sont les outils traditionnels des désespérés qui souhaitent bannir le doute. Des doses limitées de racisme et de violence chez un individu ou une nation signifient peut-être qu'ils n'éprouvent plus le besoin de se sentir supérieurs. Peut-être alors le sont-ils effectivement ?

Voir **Civilisation occidentale.**

T

TALENT. « Je pourrais jouer Hamlet si j'en avais envie, a déclaré Sylvester Stallone. Mais j'ai pas envie [1]. » Monsieur Stallone se sous-estime. Il serait sans doute en mesure d'interpréter le roi Lear.

La société encourage de plus en plus les individus à s'envoyer des fleurs en guise d'affirmation de soi. Cela revient à appliquer des règles d'un jeu d'enfant à l'organisation sociale. On peut aussi en conclure qu'on nous pousse à troquer le respect de soi contre l'univers de rêve des relations publiques.

Un être sensé accepte les compliments que les autres lui font, d'où qu'ils viennent, et quelle qu'en soit la teneur. Toutefois, il appartiendra à l'histoire de décider de la valeur de chacun d'entre nous après notre mort.

Voir **Héros.**

TAYLOR (Frederick). Inventeur de la Harvard Business School, des conseillers en gestion d'entreprise et du concept moderne de capitalisme sous la houlette du gestionnaire technocrate. L'économiste préféré de Lénine après Marx.

TAYLORISME. Système de gestion dans lequel les ouvriers sont considérés comme des machines.

Inventé par Frederick Taylor en 1895, le taylorisme, ou méthode d'organisation scientifique de la gestion d'entreprise, était un précurseur de la production automatisée. Paradoxalement, il améliora le traitement réservé aux ouvriers, qu'on ne pouvait plus exploiter dans le sens traditionnel du terme, puisqu'il faut soigner une machine de peur qu'elle ne tombe en panne. Le taylorisme apporta une plus grande prospérité, dont les ouvriers bénéficièrent également.

Quoi qu'il en soit, leur statut s'en trouva profondément altéré. Le système ne les considérait plus comme des individus, mais comme les éléments d'un système géré par des experts.

Le taylorisme contribua surtout à placer les États-Unis parmi les puissances mondiales. Plutôt que d'évoquer la démocratie et le capitalisme pour rendre compte de la réussite de l'Amérique, on devrait faire référence à une combinaison de démocratie et de management scientifique.

Le taylorisme remporta aussi un franc succès dans l'Allemagne nazie. Albert Speer, le ministre de l'Économie d'Hitler, était un disciple de ce mouvement, et c'est l'une des raisons pour lesquelles l'Allemagne parvint à tenir tête si longtemps à des forces alliées supérieures durant la deuxième moitié de la guerre.

Le taylorisme est la structure abstraite par excellence. Non seulement il est en mesure de s'imposer à la réalité pendant un laps de temps limité, mais il est plus efficace en période de crise qu'en temps normal. L'approche de Speer s'apparentait à une immense étude de cas, comme on en fait couramment à la Harvard Business School (l'école elle-même, comme l'étude de cas, sont des inventions tayloristes).

L'admiration de Lénine pour ce système paraît encore plus curieuse que celle de Speer. Séduit par le taylorisme alors qu'il se trouvait en exil, il rapporta son message en Russie. Lénine parlait continuellement de la nécessité de communiser le taylorisme. Le premier plan quinquennal fut rédigé en grande partie par des tayloristes américains et, directement ou indirectement, ceux-ci édifièrent les deux tiers de l'industrie soviétique. L'effondrement de l'Union soviétique fut ainsi, à maints égards, celui du management scientifique.

Le gouvernement russe s'empressa néanmoins de faire appel aux services d'un professeur d'économie d'Harvard, le docteur Jeffrey Sachs, pour aider le pays à sortir de la crise. Ses méthodes rappelaient étrangement celles de Taylor. Le besoin de rompre définitivement avec le passé étayait ses propositions. Il ne manquait à ces remarquables réformes financières et structurelles qu'un seul élément : la conscience que plusieurs centaines de millions de gens vivent en Russie et qu'ils doivent manger tous les jours. Ou au moins un jour sur deux. Et que si ce n'est pas le cas, ils rejetteront le nouveau régime et retourneront aux anciens schémas du communisme bureaucratique.

Les divers coups d'État avortés et les revers électoraux encaissés par les forces de la réforme doivent être imputés en partie à cet économiste d'Harvard. Lorsque, en 1994, ses politiques furent finalement rejetées par un électorat frustré qui opta pour un retour aux vieilles méthodes sous la gouverne de vieux technocrates, Sachs démissionna en signe de protestation, prétextant que la crise avait été causée par une application insuffisante de ses programmes.

À sa décharge, il faut dire qu'il avait aussi préconisé une cessation de paiement pour la dette russe. Les responsables financiers du G7, dont les leaders se délectent à faire des discours sur la victoire du capitalisme démocratique, insistèrent pour que la Russie continue ses versements réguliers, ce qui contribua à saboter le mouvement de réforme russe.

Voir **Dette.**

TECHNOCRATE. Mot qui dit bien ce qu'il veut dire, mais peut-être pas comme nous l'entendons habituellement.

Les racines de ce terme décrivent apparemment quelqu'un qui détient un pouvoir *(crate)* grâce à un savoir ou des talents spécialisés *(technè)*. Il suffit d'observer le technocrate au travail pour se rendre compte que ces racines ont été inversées. Il s'agit d'un individu dont le talent consiste à exercer le pouvoir. Il s'ensuit tout naturellement qu'il ne saurait être question d'objectif, de responsabilité ou de morale. Seulement le pouvoir. John Ruskin qualifie cette fonction de « bestialité complexe [2] ».

Voir **Technologie.**

TECHNOLOGIE. Matériau passif, inanimé. À ne pas confondre avec la science.

Dans une civilisation, quelle qu'elle soit, la technologie est façonnée, dirigée et contrôlée par un effort conscient de la société. Les individus qui traitent la technologie comme une force animée, capable de décider de la direction à donner à la société, se livrent à la destruction de ladite civilisation.

La science n'est pas la technologie. Elle est savoir, souligne Samuel Johnson dans son dictionnaire [3]. Et savoir est synonyme de compréhension. On peut prétendre que la science est animée et inévitable. Mais une fois qu'on l'applique, elle cesse d'être une science.

L'application de la science – la technologie – est une affaire de choix. Il s'agit de faire correspondre des moyens avec des objectifs. Les sociétés décident souvent de ne pas faire usage des percées technologiques rendues possibles par la science. Après plusieurs expériences de guerre chimique, la plupart d'entre elles ont choisi d'y renoncer. Après avoir largué deux bombes atomiques, on résolut de s'arrêter. Si nous sommes capables de modifier le caractère de certains criminels par le biais d'une intervention chirurgicale ou technique (lobotomie, électrochocs, castration), rares sont les sociétés qui s'y hasardent. Si le DDT est un insecticide efficace, on a généralement pris le parti de ne plus s'en servir.

Du fait de l'explosion d'activités connues sous le nom de révolution industrielle, un nombre croissant de gens ont cru que la technologie était inévitable. Cela donna lieu à un conflit au sein même de la société, qui se cristallisa dans un premier temps lors de la rébellion **luddite** de 1811. La nouvelle technocratie – elle-même dénuée d'orientation sociale – acceptait l'idée que le développement technologique fournirait une direction non seulement économique, mais aussi sociale et politique. Cette position relégua les opposants dans le romantisme et l'idéalisme – en d'autres termes, dans un rejet de la réalité. Ils firent l'erreur de croire que la destruction des sociétés rurales, et de la nature elle-même, sous l'effet de la révolution industrielle, signifiait une opposition fatale entre le progrès et la préservation de notre environnement.

En réalité, il s'agit d'une opposition factice. La civilisation implique une intégration. Le progrès, comme la protection de l'environnement, dès lors qu'on les considère comme des vérités autonomes, sous-entendent l'exclusion. La civilisation souhaite le progrès à travers la science, autant qu'elle désire une société saine et un environnement naturel. L'intégration, ou **équilibre**, les rendent possibles l'une et l'autre pourvu qu'on ne laisse s'emballer ni l'une ni l'autre.

On oublie souvent que, du point de vue des Alliés, la Seconde Guerre mondiale était une bataille contre la dictature de la technologie dans un monde corporatiste indifférent à l'individu. Charles de Gaulle, dans un discours qu'il prononça à Oxford en 1941, analysa la menace représentée par la technologie pour l'individu. Ce qui rend l'attitude du général particulièrement intéressante, c'est qu'il a consacré toute sa carrière, avant la guerre comme après, au progrès de la technologie et du professionnalisme. La seule solution, selon lui, était que « les sociétés préservent la liberté, la sécurité et la dignité de l'homme. On ne voit pas d'autre moyen d'assurer en définitive le triomphe de l'esprit sur la matière[4] ». Le message que nous transmit à maintes reprises les technocrates de l'après-guerre était qu'en définitive, l'Axe avait raison.

L'une des rares choses que nos populations attendent des technocrates, c'est qu'ils tirent parti de leurs capacités d'administrateurs pour gérer l'intégration de la technologie conformément aux intérêts de la société dans son ensemble. Aussi inadaptés qu'ils soient à cette tâche pourtant simple, ils ont répondu qu'ils préféraient gérer le citoyen.

TENNIS. Version « classe moyenne » de la lutte professionnelle.

Ce sport de gladiateur offre des stéréotypes aisément reconnaissables des Héros mythologiques, tandis que les sports d'équipe estompent et embrouillent la topologie des spectateurs. Les affrontements deux par deux ou, mieux encore, un par un, ne laissent aucun doute sur l'identité du prince ou de la princesse, celle d'Achille, séduisant mais trop gâté, du puissant et morne Hector, du geignard Ménélas, toujours trahi par le destin.

Le succès du tennis tient sans doute au fait que la raquette est une arme émoussée, ambiguë, qui convient aux hommes d'affaires, tout en donnant l'impression de descendre de l'aristocratique rapière du duéliste. Ce jeu fut d'ailleurs inventé par la noblesse française, ce qui lui a toujours valu les faveurs des *nouveaux riches*. Le terme vient de « Tenez », que criait la personne qui frappait la balle. Au premier abord, cela pourrait vouloir dire : « Attention ! La voilà ! » Mais l'agressivité du coup de raquette laisse supposer que cela signifie plutôt : « Prends ça ! »

TERRAIN ÉQUITABLE. Abstraction idéologique adoptée comme valeur universelle par les gestionnaires des grandes corporations.

Il s'agit d'une vision idéalisée du marché libre. Ici, la relation étroite entre le mythe corporatiste et le sport de compétition est à son comble. La théorie veut que, dans un monde où les gouvernements n'ont pas falsifié les lois naturelles du marché, les entreprises s'élancent sur le terrain pour s'affronter vaillamment les unes les autres. Dans ces conditions, le meilleur, en d'autres termes le plus efficace, l'emportera. D'où des prix bas, une production maximale et des choix variés pour le consommateur, en plus du progrès, de la croissance continue et de la prospérité.

Paradoxalement, ce concept, essentiellement américain, a une étymologie ancienne puisqu'elle remonte à l'Empire britannique. Mais la formation des élites sur les terrains de jeux – Eton ou ailleurs – sous-entendait l'idée d'éthique. Il y avait compétition, mais elle était équitable, *fair play*, entre *gentlemen*. Il n'a jamais été question que ces terrains soient le lieu d'une compétition, ouverte ou libre. Ou qu'ils soient exemptés de règlements nationaux. Après tout, en sport, chaque seconde est régie par des règles rigoureusement définies et strictement appliquées.

Le terrain de jeu est un paradigme en matière de réglementations. Sa longueur et sa largeur sont déterminées avec précision. Il est généralement zébré de lignes transversales qu'un joueur ne peut franchir que dans des circonstances prédéfinies. Le nombre de joueurs, leur rôle, la durée de leur présence sur le terrain, les pénalités en cas d'infractions au règlement, les uniformes, instruments et bourrelets protecteurs, la longueur de chaque période, celle de la partie elle-même, tout est réglementé et strictement appliqué. Dans la mesure où un terrain de jeu est équitable, il l'est grâce à des règlements complexes et des handicaps inventés par l'homme, comme dans le golf et les courses de chevaux.

Le sport est une métaphore romantique de la guerre. Les vrais hommes se battent selon des règles strictes et le vainqueur l'emporte sur toute la ligne. Le sort des vaincus – la mort ou l'humiliation – n'inquiète personne. Le terrain de jeu est un lieu d'exclusion où l'on ne s'embarrasse pas de scrupules. Il s'agit de promouvoir le gagnant et d'exclure les perdants.

Si l'adjectif « équitable » devient synonyme de « déréglementé », si on l'ajoute à la formule « terrain de jeu » et qu'on l'applique à l'économie, on a fait un pas de plus dans la compréhension d'un système qui cherche à exclure les perdants. Il s'efforce aussi de supprimer les règlements restrictifs normaux du sport. Sur ce terrain de sport, il n'y a pas de place pour le service public, le bien public, la modération, la responsabilité, ou toute autre vertu civique.

En conséquence, s'il y a une qualité qu' « un terrain de jeu équitable » n'aurait pas, c'est l'impartialité. Ce serait une pente glissante à laquelle seuls les plus forts ou les plus grands réussissent à se cramponner. Les autres glissent au fond et s'entre-déchirent dans l'espoir de survivre.

L'idée d'une guerre déréglementée titille notre orgueil le plus sot, en laissant entendre que seul un faiblard, un lâche, un incompétent, a peur de lâcher une protection artificielle pour se battre en homme. Bien évidemment, il faudrait être fou pour répondre à ce défi, pour la bonne raison qu'un terrain de jeu dépourvu de règles favorise non seulement les forts, mais aussi les plus inefficaces. Même avec des règlements parfaitement équitables, les plus petites équipes doivent toujours travailler deux fois plus dur et se montrer deux fois plus futées. Elles doivent recourir à une action rapide, à la mobilité, à des tactiques de guérilla, en se maintenant à tout moment à une distance respectable du pouvoir dévastateur des grandes puissances impériales. En supprimant les règles, on retire aux petits les moyens de leur survie.

L'histoire abonde en armées et nations de moindre envergure ayant relevé le défi de voisins plus imposants. Leur destruction a été inéluctable. Quelle que soit la cause de ces moments d'égarement, un imbécile reste un imbécile, et l'histoire les ensevelit sans autre forme de procès.

En bref, les gens qui réclament à cor et à cri un terrain de jeu équitable ne peuvent appartenir qu'à deux catégories : les imbéciles ou les détenteurs de poteaux de but.

Voir **Idéologie.**

THINK TANK (cellule de réflexion). Organisation qui invente des justifications intellectuelles désintéressées pour rendre compte des politiques des groupes auxquels elle doit son financement. D'où une regrettable confusion entre savoir et pouvoir. Cette industrie est en pleine expansion, puisqu'on compte aujourd'hui 226 *Think Tanks* importants aux États-Unis, 67 en Grande-Bretagne, 46 en Allemagne, 42 en France et autant au Japon [5]. La pensée au service de l'argent est une vénérable tradition **sophiste** qui a retrouvé sa place à la fin du XXe siècle.

Voir **Consultants académiques.**

TIERS MONDE. Modèle social plutôt qu'économique.

On peut l'opposer au modèle équilibré et intégré du compromis, propre à la classe moyenne, et généralement recherché en Occident. Le tiers monde se caractérise par des élites civilisées, riches, de haut niveau, polyglottes, qui gouvernent une classe moyenne faible et une classe socialement défavorisée qui constitue la grande majorité de la population. Ce que nous appelons tiers monde est en réalité une reconstitution du modèle occidental des XVIIIe et XIXe siècles.

Les élites technocratiques européennes et nord-américaines, qui sont généralement monolingues, provinciales et relativement incultes, hormis dans leur sphère de spécialisation, sont souvent déconcertées par la remarquable complexité de classes dirigeantes comme celles du Mexique, qui sont manifestement supérieurs à la représentation que s'en fait la classe moyenne. Elles en concluent qu'elles ne peuvent pas être les produits d'un pays en voie de développement, mais d'un système plus naturel, plus ouvert, mieux à même de répondre aux besoins de la **mondialisation**.

TITULARISATION. Système universitaire de sécurité de l'emploi, qui a pour effet de fonder le leadership intellectuel sur l'ancienneté. Ce qui explique peut-être que les universités soient rarement des centres de pensée ou de créativité originaux.

À l'origine, la titularisation se justifiait par le besoin de protéger la liberté de parole, parce qu'on craignait – à juste titre – que des professeurs controversés ne fassent les frais d'intérêts financiers ou gouvernementaux qui leur seraient défavorables. L'évolution constante de la loi fait qu'on pourrait préserver cette liberté fondamentale par des moyens beaucoup plus simples.

Par la suite, on a justifié la titularisation en défendant l'idée que paix et stabilité étaient indispensables à la pensée et à la créativité. Malheureusement, nous n'avons aucune raison de croire que les universitaires sont, ou ont été, le pivot de la pensée ou de la créativité dans la civilisation occidentale. On note quelques exceptions heureuses, dans le domaine scientifique en particulier. Mais en général, il semble que l'isolement ou la stabilité étouffante d'une carrière universitaire décourage l'originalité.

Ceci explique probablement en partie le retour de la **scolastique** et de son approche *a priori* très compliquée de l'enseignement. L'adepte de la scolastique s'appuie sur la tyrannie de la rhétorique spécialisée pour dévitaliser la liberté de parole, et sur sa position d'autorité pour imposer cette démarche rhétorique à ses étudiants.

TRANSNATIONALES. Sièges du féodalisme contemporain.

À cet égard, l'idée reçue est que le nouveau féodalisme est nationaliste, et qu'il a été provoqué par l'effondrement du Bloc soviétique. Les multinationales, à cause de leur soutien à la mondialisation, sont considérées comme internationalistes. Ceci est une déformation comique du féodalisme, qui n'a qu'un rapport fortuit avec la géographie ou la race. Le phénomène nationaliste ne ressemble, ni de près ni de loin, au système féodal.

La féodalité était un ordre international très abstrait, aux antipodes de l'Empire romain, qui resta dans la mémoire occidentale comme un modèle de système international concret. En l'an 814, la mort de Charlemagne mit un terme à l'illusion que l'ordre administratif, militaire et économique de Rome pouvait être reconstitué sous les auspices d'un roi chrétien barbare, couronné empereur du Saint Empire romain germanique.

Le pouvoir passa rapidement dans les mains de milliers de barons, princes et petits rois régnant sur différents États, duchés, provinces ou royaumes. Mais ces parcelles de territoire, et les gens qui y étaient attachés, n'étaient guère que des pions dans la lutte interminable opposant des familles nobles briguant le pouvoir dans le grand ordre féodal. Les intérêts de l'aristocratie reflétaient son allégeance, qui s'exerçait non vis-à-vis de ses terres, mais de sa classe, avec sa structure religieuse, ses règles de conduite, ses honneurs et ses privilèges.

Territoires et populations passaient ainsi constamment de main en main. On les échangeait à l'occasion de négociations ; ils étaient regroupés arbitrairement par le mariage, légués par la mort, transférés ou confisqués en cas de perte du titre de noblesse. Le système féodal se fondait sur d'interminables manœuvres destinées à changer les équilibres du pouvoir dans l'ordre social.

Rien de nouveau ni de féodal dans la récente explosion du nationalisme. Ce courant lent et continu entra dans sa phase moderne en 1919. Aujourd'hui, nous sommes témoins du développement inévitable de diverses obsessions locales ou raciales en Occident, mais celles-ci n'ont pas de rapport avec le pouvoir réel, c'est-à-dire utile.

À chaque fois que les forces nationalistes l'emportent, les élites locales espèrent obtenir certains privilèges susceptibles de les aider à se regonfler, ainsi qu'une façade décorative pour laisser croire qu'elles maîtrisent la situation dans leur sphère géographique. En réalité, elles sont limitées à des activités secondaires et passives, qui consistent principalement à définir qui il convient d'inclure dans leur « race », ou groupe, outre la responsabilité formelle qui leur incombe de prendre en charge le bien-être de leurs administrés. Cependant, les facteurs économiques qui détermineront ce bien-être sont définis et ajustés sur un tout autre plan, celui du féodalisme abstrait ; qui leur échappe totalement.

Plus les élites locales appliquent un contrôle politique strict dans leur domaine, plus le pouvoir économique réel leur glisse entre les mains, pour se retrouver sur le plan international. Pour les multinationales, les parcelles de territoire, baptisées pays, et les populations qui leur sont rattachées, ne sont que des pions dans la lutte constante opposant les firmes individuelles au sein de l'économie globale. De sorte qu'en réalité, la « prise de pouvoir » des groupes nationalistes a pour effet d'amoindrir le pouvoir national. Plus le groupe est restreint, plus ce paradoxe est grand et catastrophique. En cette fin de XXe siècle, le nationalisme est le prix de consolation des perdants dans la bataille pour le pouvoir.

Théoriquement, un grand groupe national devrait faire contrepoids au pouvoir abstrait des multinationales. Cela pourrait arranger les choses. Mais pas si on y a recours de manière isolée. Le féodalisme économique international est fondé sur l'aptitude constante à déplacer investissements et production d'une zone nationale à une autre, dans une vente aux enchères ininterrompue, en vue d'obtenir des conditions plus favorables. L'arme ultime est la menace de décamper chaque fois qu'il est question de hausse de salaires, de sécurité d'emploi, de normes de salubrité, écologiques ou autres, liées à la population ou à l'environnement.

Le pouvoir de l'économie féodale réside donc dans les schémas de production. Le pouvoir des groupes nationaux tient quant à lui aux schémas de consommation.

En d'autres termes, le seul contrepoids réaliste au féodalisme économique est un accord portant sur des normes communes à un groupe, dans des zones nationales suffisamment vastes pour contrôler les schémas de consommation. Au fond, la consommation est la source de revenus des multinationales. La clef du succès d'une firme dans l'ordre féodal, ce n'est pas sa capacité à produire (aussi bas que soient les coûts), mais son aptitude à vendre.

La communauté européenne a pour objectif d'instaurer des normes internationales par le biais d'un contrôle des schémas de consommation. Mais tant que les États-Unis et le Japon appliqueront d'autres règlements, elle ne fera pas le poids pour y parvenir. L'accord sur le libre-échange entre le Canada et les États-Unis (ALE), et l'**ALENA** qui associe Canada, États-Unis et Mexique, ont été vendus au public sous couvert des avantages à en attendre en matière de consommation. En réalité, ces traités concernaient les schémas de production. Ils restructurent de grandes zones géographiques de manière à les adapter au féodalisme économique.

Les systèmes transnationaux tournent autour de questions de marchandises et non d'individus. Dans une civilisation démocratique, les marchandises doivent satisfaire les besoins des citoyens. Dans une civilisation abstraite fondée sur le marché, comme celle des multinationales, il appartient au citoyen de servir la logique d'un système bâti sur l'offre et la demande.

Cette inversion ne pouvait manquer d'avoir un effet sur les élites pensantes. Durant une grande partie du XIXe et le début du XXe siècle, la technocratie resta liée à l'État-nation. Puis progressivement, au cours de la seconde moitié du XXe siècle, l'avant-garde de la technocratie s'est attachée aux multinationales.

Le dévouement des technocrates pour les structures et le pouvoir par les a éloignés tout naturellement de la logique de la géographie, les entraînant sur un plan plus abstrait. Peu importe que ce système international ne puisse satisfaire les besoins économiques, et donc sociaux, de la région dont le technocrate est issu. Comme au Moyen Âge, la détresse individuelle est un phénomène regrettable, mais inévitable, seule compte la quête de vérités plus vastes, plus importantes, telle la structure de production idéale.

Le citoyen reste perplexe face à ce changement d'allégeance. Le contribuable finance la formation des élites technocratiques dans l'espoir qu'elles s'attaqueront aux problèmes économiques. En réalité, leur formation même les incite à aggraver la situation en se mettant au service d'intérêts d'un autre niveau.

Les prémisses rationnelles, corporatistes, de l'éducation occidentale, nous empêchent de faire face au retour du féodalisme. Les technocrates, et leurs méthodes mécanistes, estiment les mouvements structuraux inévitables. L'inévitabilité structurelle se substitue dans leur esprit au concept de l'intérêt public.

Ceux qui rejettent ce déterminisme mécaniste comparent les multinationales à des méchants impliqués dans une sombre intrigue internationale.

Si seulement c'était aussi simple!

Ces structures complexes ressemblent à des mille-pattes dotés de segments dispersés à travers le monde. Elles ont une logique interne qu'on pourrait résumer ainsi : baisse des coûts et hausse des ventes. Leurs segments prospèrent, se divisent, se déplacent, meurent, selon cette logique. Les populations locales ne les préoccupent pas le moins du monde. Pas plus que les cellules locales de la technocratie à leur service. Comme dans le cas de l'ordre social médiéval, c'est l'ordre qui compte, et non des détenteurs particuliers de titres spécifiques.

La multinationale n'a ni direction ni objectif. C'est la raison pour laquelle elle peut profiter des sociétés individuelles ou les détruire avec une égale indifférence. Tout le système est un **déni** de la notion de civilisation. L'humanisme et l'équilibre fondé sur la citoyenneté sont impossibles dans ces circonstances.

À la fin du XXe siècle, nous avons atteint l'apogée d'un mouvement identifié il y a cinquante ans par des penseurs tels que Harold Innis et Fernand Braudel. L'évolution technologique ou le mercantilisme ne sont pas seulement susceptibles de changer la société : ils peuvent réduire tout le monde, y compris les rois, à l'état de pions.

À mesure que le pouvoir des multinationales s'est accru, les citoyens, frustrés, ont été tentés de se replier sur le mythe nationaliste en guise de défense. Mais si le féodalisme économique détruit une société axée sur le citoyen, le nationalisme a le même effet en fonctionnant sur un autre plan : le déterminisme racial. De surcroît, le nationalisme, impuissant face aux multinationales, ne fait qu'exacerber les problèmes économiques.

Dans les décennies à venir, le problème du citoyen sera de contrôler le féodalisme sans nier la possibilité de développer l'humanisme. Cela veut dire faire usage de l'État-nation, parce qu'il s'agit d'une forme pratique, concrète, de notre existence en tant que citoyens. Mais l'utiliser dans un esprit coopératif afin d'établir des accords internationaux sur des normes assez étendues géographiquement pour les rendre applicables. Si nous échouons, nous nous retrouverons dans l'obligation de reconstruire la société à partir de rien, après l'avoir démantelée au nom d'un déterminisme abstrait.

Voir **Corporatisme, Raison** et **Normes de production.**

TRAVAIL. L'éthique du travail demeure l'une des explications courantes de la réussite de l'Occident. Cet argument, contestable, repose en grande partie sur une comparaison entre les humains et certains insectes, telles les fourmis. L'éthique du travail évoque avant tout une morale de bas étage réservée aux masses démunies.

Il y a pléthore de pauvres dans le monde, qui travaillent continuellement, en faisant souvent preuve d'un grand savoir-faire, sans jamais s'enrichir. D'un autre côté, les grandes banques de dépôt, bien qu'improductives, font partie des institutions les plus lucratives depuis un demi-siècle. Leurs cadres ont des horaires relativement cléments. En revanche, ceux des grosses entreprises cotées en Bourse triment plus encore que les pauvres. Ils rivalisent entre eux – non avec d'autres entreprises – à qui travaillera avec le plus d'acharnement, en passant le plus de temps au bureau, à palper du papier et à se faire des relations, pour défendre leur réputation et leur carrière, même si rien ne prouve que cela ait un effet sur la productivité ou les bénéfices de l'entreprise.

Les entrepreneurs sont très différents. En général, ils sont obligés de travailler très dur pour créer leur entreprise, de manière à ne pas se donner trop de peine plus tard. En d'autres termes, ils créent dans l'intention d'éviter de travailler le plus vite possible.

S'il est vrai que l'Occident a réussi, c'est probablement le résultat non du travail, mais de l'innovation – technologique, sociale, intellectuelle, politique, verbale, visuelle, acoustique, voire émotionnelle. Pour innover, certains ont passé un temps fou à penser et à multiplier les expériences, peut-être plus que dans les autres civilisations.

L'innovation technologique, en particulier, se perpétue comme si rien ne pouvait nous arrêter. En règle générale, pourtant, nos structures ne récompensent pas la pensée, ni l'innovation, pas plus que le travail physique astreignant. Elles favorisent un travail intense étroitement défini, qu'on peut au mieux décrire comme un travail de nègre en col blanc.

Voir **Indolence.**

TRIOMPHE DE LA VOLONTÉ *(Le)*. Source d'inspiration et point de départ technique de la publicité moderne, des relations publiques, des images politiques fabriquées, de la mythologie des longs métrages et de la plupart des documentaires de télévision.

Hitler en personne insista, en 1934, pour que Leni Riefenstahl tourne un long métrage sous la forme d'un documentaire sur le grand rassemblement annuel du parti nazi, à Nuremberg. Le génie d'Hitler pour ce nouvel art de propagande l'incita à choisir une jeune réalisatrice de films dramatiques, qui se trouvait être aussi danseuse et actrice professionnelle. Ce qu'il voulait, et Robert Dassanowsky-Harris l'a souligné, dépassait largement la propagande [6].

Riefenstahl comprit immédiatement que ce film ne pouvait pas avoir d'intrigue. À défaut, il lui faudrait faire un usage intensif des effets habituellement utilisés pour illustrer un récit. Ce recours éblouissant à la forme pallierait le manque de contenu. Il en résulta une tension dramatique qui n'a rien à voir, ou pas grand-chose, avec les événements banals du rassemblement. Certes, il n'était pas nécessaire qu'il s'y passât quelque chose. Ainsi, grâce à l'utilisation de la technique, l'art dramatique put se substituer au drame. De fait, *Le Triomphe de la volonté* se caractérise par une absence totale de contenu.

La plupart des méthodes de Riefenstahl avaient déjà été utilisées auparavant. Par d'autres idéologies, ou par des réalisateurs de films commerciaux. Quant à la prise de conscience formelle que le « contenu » était un obstacle à l'exercice du pouvoir, dans les années vingt déjà Mussolini s'était ingénié à résoudre ce problème. Riefensthal, comme Hitler, pouvait tirer parti des expériences de Mussolini et de Staline en matière de relations publiques. Riefenstahl apporta sa compréhension que le cinéma parlant, qui n'avait alors que cinq ans, pouvait être un outil percutant du discours public.

La cinéaste réunit toutes les techniques cinématographiques connues, et s'en servit pour présenter la plus imposante force politique de son temps. Le résultat démontra que ces techniques autorisaient non seulement le divorce du sens et de l'image mais aussi une suprématie du langage et des faits réels, imposée par une dramatisation de l'image.

Sa technique s'appuyait sur une caméra perpétuellement mobile, de manière à ce que le spectateur soit pris dans un tourbillon comme sur des montagnes russes. Les objectifs ne suivaient que des cibles banales. Le dos de la main d'Hitler, par exemple. Des jambes de soldats marchant au pas. Des pelles. Des drapeaux. Le soleil se levait sur un fond sonore musical allant crescendo, et aux magnifiques fenêtres gothiques de Nuremberg s'agitaient doucement des drapeaux nazis pareils aux rideaux de dentelles si chers aux vieilles dames. Des jambes défilaient agressivement au pas de l'oie sur une musique douce, succédant aux ébats de bambins accompagnés d'une musique martiale retentissante.

La plupart des plans durent moins de cinq secondes. Les gros plans alternent en permanence avec des mouvements de masse. On voit des chemises brunes – dont l'élite avait été massacrée par Hitler quelque temps auparavant – s'amuser tels des gamins romantiques, comme chez les scouts, tandis que se succèdent des discours sur la fraternité et la loyauté. Hitler s'adresse à une brigade de travail en insistant sur le fait que l'Allemagne doit être une société sans classe, dont tous les membres doivent prendre part aux besognes manuelles. Quelques minutes plus tard, on assiste à un autre discours, au cours duquel il déclare aux aînés du parti qu'ils constituent une élite, la classe dirigeante appelée à récolter les bénéfices du pouvoir et à tout gérer. Ces propos sont noyés par la mise en scène qui se déroule sous nos yeux, au point qu'on ne se rend pas vraiment compte de la contradiction.

En tant que peinture du réel, ce film n'a strictement aucun sens. Pourtant, le spectateur est tenu en haleine d'un bout à l'autre. Ce divorce entre l'image et la réalité, dans le but précis de suggérer des idées qu'aucune argumentation ne vient étayer, demeure le centre de toute propagande.

Calvin Klein vend des caleçons en exhibant des jeunes gens musclés qui n'en portent pas. Comme Hitler, ils font figure de totems. Les réclames pour Coca Cola Light montrent une bouteille se détachant sur une foule de nageurs marathoniens aux visages tendus sur le point de prendre le départ. « Goûtez-le ! », dit simplement la légende. De même que pour les chemises brunes batifolant comme des gosses, il n'y a aucun rapport entre le produit, les images et les mots. Le sous-entendu non linéaire, coupant court aux exigences de la preuve ou de l'argumentation, est qu'en portant des slips Calvin Klein, on devient beau et musclé. Boire du Coca Cola Light aura le même effet, si ce n'est qu'il faudra enfiler des lunettes de nageur et un maillot de bain. Dire que Calvin Klein produit un article banal et bon marché, ou que les sodas font grossir et gâtent les dents, serait cynique et hors de propos.

Quoi qu'il en soit, il ne s'agit pas vraiment de vendre des caleçons. Après une analyse effectuée en 1992 sur la publicité à la télévision durant les élections présidentielles américaines, il apparut que la caractéristique la plus flagrante des spots publicitaires, quels que soient l'État ou le candidat considérés, était qu'ils « ne communiquaient pas d'informations, mais suscitaient une émotion [7]. »

À chaque fois qu'un chef de parti s'exprime, dans *Le Triomphe de la volonté,* le spectateur doit faire un effort pour chasser de son esprit le mouvement des images, la lumière hypnotique, la musique envoûtante, de manière à isoler l'individu en question. La plupart de ces orateurs se révèlent être des hommes d'âge moyen, plutôt enveloppés, parlant d'une petite voix étranglée. Leur allure plutôt comique, dans leur uniforme, contredit l'image héroïque qu'ils sont censés donner. Mais les techniques du film balaient tout cela, en faisant d'eux des dieux, baignés d'une lumière céleste et dressés sur de glorieux podiums. Des techniques couramment utilisées de nos jours lors des meetings politiques, à tous les échelons.

Goebbels a expliqué par la suite ce qu'on avait inventé sous la houlette d'Hitler : « Il s'agit d'un grand art : éduquer sans révéler l'objectif de l'enseignement dispensé. » Les nazis y voyaient une forme d'apprentissage « apolitique » ou, selon la formule d'Anton Kaes, la façon de politiser par le divertissement [8]. Le secret du succès de cette technique réside en partie dans la transformation du documentaire en un art dramatique ou, inversement, et Oliver Stone l'a démontré, de l'art dramatique en documentaire.

L'important n'est pas que le cinéma soit d'essence malhonnête, mais que ses techniques autorisent une démarcation entre l'image et la réalité, et la création d'une autre réalité, qui peut être un mensonge complet.

Voir ***Platoon.***

U

UN. Par opposition à *le*. Indéfini plus que défini. Sous-entend qu'il y a de la place pour le doute, l'interrogation, la réflexion. Qu'une approche globale est peut-être plus intéressante qu'une approche sélective. Que le dogme, ou l'idéologie, c'est le contrôle, non la vérité.

Un constitue une non-affirmation universelle. Le contraire d'une assertion. Les sophistes affirmèrent avec l'appui de la rhétorique. Aristote affirma avec génie. En se servant de la logique d'Aristote, Thomas d'Aquin affirma lui aussi, au nom du christianisme organisé. Dans son sillage, des hordes de **scolastiques**, grands maîtres de l'obscurantisme médiéval, entreprirent de détourner le langage à leurs fins.

Puis les agaçants penseurs du XVIIe et du XVIIIe siècle titillèrent et divertirent, tranchèrent et ruèrent dans les brancards. Surtout, ils trouvèrent le moyen de percer l'obscurité, afin de communiquer. Leurs encyclopédies et leurs dictionnaires sapaient la notion de défini, autrement dit la « définition ». Cependant, leur concept d'un langage indéfini, ouvert et plein de possibilités, fut rapidement ébranlé par la logique formelle de Kant et d'Hegel. Qu'accompagnèrent les assertions des idéologues de gauche et de droite, toutes dotées d'une logique parfaite, propre à chacun. Finalement, au XXe siècle, les scolastiques du Moyen Âge réapparurent, en tenue moderne. Ils investirent leurs vieux domaines philosophiques et en créèrent de nouveaux, sous la rubrique « sciences humaines ». Des empires d'affirmation virent le jour, chacun nanti d'un langage étanche, au point de constituer un dialecte, chacun porteur de ses propres vérités hermétiques.

Voir **Le.**

UNIVERSITÉ. Endroit où le savoir d'une civilisation est divisé en territoires exclusifs.

La principale occupation de la communauté universitaire consiste à inventer des dialectes suffisamment hermétiques pour empêcher le savoir de passer d'un territoire à l'autre. En assurant une circulation ininterrompue de documents écrits entre les spécialistes de chaque groupe, ils sont en mesure d'imposer une technique de communication interdisant la communication. Cette situation instaure une norme, qui les autorise à écarter ceux qui cherchent à communiquer par la voie de langages accessibles à tous, en les qualifiant de dilettantes, de « déformateurs », de vulgarisateurs.

Voir **Consultants académiques** et **Scolastique.**

USINES. Les enfants adorent les usines.

Grâce à elles, ils n'ont pas besoin d'aller à l'école. Ils gagnent parfois jusqu'à 2 ou 3 dollars par jour, et ils ont souvent le droit de travailler jusqu'à sept jours par semaine. Quel merveilleux argent de poche pour acheter des jouets ou des boîtes en carton vides qui font des toits idéaux pour la maison familiale ! Dans la plupart des usines, on peut aussi jouer à se faire peur : ne pas tomber dans les machines, ne pas se coincer les doigts. Les portes étant fermées à clef et les murs solides et sans fenêtres, il fait très bon à l'intérieur, surtout durant la belle saison.

Beaucoup d'adultes, aisés et paternalistes, en général des étrangers, aimeraient bien empêcher les enfants de travailler dans des usines. Pour la bonne raison que ces grandes personnes paresseuses ne peuvent pas rivaliser avec eux. Ils ont peur de la mondialisation. Leurs propres enfants sont enfermés dans des écoles. C'est bien plus drôle de pouvoir jouer dans une usine !

Voir **Lagos.**

V

VÉNÉRIEN. De Vénus, déesse de l'amour. Ce terme fait référence à la réalité du désir. Avec l'essor du protestantisme et de la science, le terme « maladie » y a été accolé, en une combinaison révélatrice de catégorisation et de moralisation.

« Maladie ? Quelle maladie ?

– La maladie de l'amour. »

VENISE. Modèle original de dictature moderne, où le pouvoir commercial trouve son expression culturelle dans la peinture, l'architecture et la musique. En d'autres termes, dans tout sauf dans le langage.

Les princes marchands de la République vénitienne redoutaient que le débat, sous sa forme culturelle ou politique, ne sape l'impératif commercial de l'État. Ils se servirent de leur pouvoir et de leur argent pour construire des palais, des églises, les décorer de peintures et de statues, les remplir de musique grandiose. La liste des grands artistes et compositeurs vénitiens est interminable. Mais tant que la République restait un pouvoir économique agressif, le catalogue des écrivains demeurait vide. Le pouvoir du langage était limité aux documents commerciaux ou aux ragots, de manière à ne pas interférer avec la dictature corporatiste.

Les mots conservèrent un rôle secondaire jusqu'au XVIIIe siècle, où Carlo Goldoni se mit à analyser les structures de la société pour les tourner en dérision. À ce stade, le pouvoir de la République s'était dissipé, et l'aspect dur et nouveau riche de la cité était en passe de se transformer en une coquille romantique parfaitement inoffensive.

Voir **Capitaliste.**

VENTS. Ils sont causés par :

1. Les chaînes de montagnes percées de cols, au travers desquelles l'air s'engouffre, tels le chinook (vent chaud) dans les Rocheuses, le mistral (vent froid) dans la vallée du Rhône, où le föhn (tout le temps) en Suisse.

Effets courants : dépression, maux de tête, suicide.

2. Haricots secs trempés et cuits dans la même eau (voir **Politesse**).

Effets courants : gêne, mauvaises odeurs.

3. Gratte-ciel imitant l'effet des chaînes de montagne.

Effets courants : rues désagréables et déprimantes.

VÉRITÉ. Concept réconfortant, difficile à identifier en pratique. La volonté d'imposer la vérité oblige souvent à user de violence sur autrui.

« La vérité, c'est la vie » selon Frank Lloyd Wright [1], phrase qui prend en compte la mort et laisse entendre que, si une réponse raisonnée est utile, elle ne sera pas vraie, à moins qu'on nie la vie (ou la réalité). Pour ceux qui ont peur de la réalité – c'est-à-dire de la vie – il est important de trouver une construction mentale naïve qui puisse passer pour une vérité.

Si les films judiciaires remportent un tel succès, c'est peut-être parce qu'ils tournent inlassablement autour de la vérité. Des spécialistes pinaillent sur les détails d'une procédure complexe impliquant policiers, avocats, experts cités comme témoins et juges, sous le regard du **jury**, qui écoute patiemment. Des professionnels se bagarrent avec la structure, tandis que le citoyen s'efforce de conserver une vision claire de l'esprit des lois.

Tout le monde sait qu'un procès repose moins sur une question de culpabilité ou d'innocence que sur une vérité identifiable. Que savons-nous ? Est-on sûr de savoir ? Dans quelle mesure comprenons-nous la signification des données dont nous disposons ?

Voilà pourquoi la réduction de la loi à des jugements purement techniques provoque la colère du public. La justice pénale n'est que le paratonnerre d'une frustration générale. La rage qu'engendre la bureaucratie n'est pas réductible à des sentiments de droite ou de gauche. Elle découle du fait que la recherche de la vérité est réduite à des règlements, qui n'ont qu'un rapport lointain avec la réalité. La réduction de la loi à des textes, abstraction faite de l'esprit, est perçue par les citoyens, régis par cette loi, comme une trahison suprême.

Voir **Sagesse.**

VICO (Giambattista). Philosophe napolitain du début du XVIIIe siècle. Peut-être le premier penseur humaniste moderne à être enseveli vivant sous la propagande des rationnalistes extrémistes.

Vico critiqua l'exercice du jugement hors contexte, c'est-à-dire les abstractions rationnelles appliquées à l'emporte-pièce, sans référence à la réalité ou à l'histoire. Son approche était inclusive, ou globale. Avant tout, il rendit leur place au temps et à l'espace, auxquels les humanistes se réfèrent régulièrement, tout en affirmant que les problèmes ne peuvent pas être simplement isolés et résolus. Ils appartiennent à la civilisation dans tous les sens du terme. Qu'ils soient « résolus » ou livrés à eux-mêmes, ils se répercuteront bien au-delà du petit espace qu'ils occupent. Vico prônait l'**équilibre**.

VIE PRIVÉE. La vie privée des personnages publics ne peut être considérée comme privée que dans la mesure où ils ne la marchandent pas au profit de leur carrière.

Quand un candidat aux élections se présente comme un homme heureux en ménage, père de trois enfants, il fait de son week-end en compagnie de sa secrétaire ou sa visite chez une ou un prostitué une question d'intérêt public. S'il boit ostensiblement du lait en public, on voudra savoir s'il lui arrive de se soûler. S'il achète ses costumes au Prisunic pour le bénéfice des caméras avant d'aller passer ses vacances sur le yacht d'un milliardaire, on le photographiera au téléobjectif. En revanche, s'il se présente comme un être convaincu de la validité de certaines politiques, il y a de fortes chances pour qu'on le juge sur celles-ci, tandis que ses parties génitales, aussi fascinantes soient-elles pour lui, seront oubliées par ceux qui ne sont pas directement concernés, compte tenu du fait qu'elles n'ont qu'un impact très restreint sur le bien public. Il serait peut-être même en mesure de s'écrouler en public ivre mort de temps à autre sans que quiconque s'en soucie, tant qu'il s'occupe convenablement des intérêts des citoyens.

Voir ***Ad hominem.***

VIRGINITÉ. Notre tendance à prendre la chasteté pour de la vertu a été remplacée par d'autres méprises. En revanche, l'équation entre pureté physique individuelle et vertu morale publique demeure.

Cette absurdité propre à la civilisation occidentale remonte à l'ère préchrétienne. Dans ce domaine, la clarté de la tradition bouddhiste a beaucoup à nous apprendre. La virginité et la vertu physique y jouent véritablement un rôle : elles marquent que l'individu se prive volontairement de tout contact avec le monde au jour le jour, afin de se concentrer sur son propre salut. Les moines ne forniquent pas. Ils ne jardinent pas non plus.

Le reste des citoyens qui ne sont pas disposés à faire ce sacrifice, doivent vivre le mieux possible, tout en sachant qu'ils prennent le risque à long terme de la réincarnation. Ils ont amplement les moyens de faire le bien, par de bonnes actions ou en nourrissant les moines sans ressources. Rien ne les empêche d'opter pour la virginité et le puritanisme physique, mais il y a peu de chances pour que cela affecte leur future réincarnation, en limace ou en roi.

VISION. État d'honnêteté souvent interprété, à tort, comme un dessein divin.

À la fin des *Bacchantes* d'Euripide, Agavé tient la tête lacérée et ensanglantée de son fils, qu'elle vient elle-même de tuer et de découper en morceaux alors qu'elle était sous l'emprise d'une vision. « À qui appartient cette tête que tu tiens dans tes bras ? » lui demande son père, Cadmus.

> AGAVÉ : C'est celle d'un lion, d'après les femmes qui l'ont pourchassé.
>
> CADMUS : Alors regarde-la bien en face. Allons, regarder n'est pas grand-chose?
>
> Agavé s'exécute. Et pousse un cri strident.
>
> AGAVÉ : Qu'est-ce que je regarde ? Qu'est-ce ?
>
> CADMUS : Regarde-là sans détourner les yeux. Approche-toi de la vérité.
>
> AGAVÉ : Je vois. Ô, dieux, quelle horreur ! Quelle misère [2] !

Les visions de rédemption, de richesse ou de la destinée supérieure d'un groupe racial font partie des milliers de chimères que nous redoutons de regarder en face, de sorte que nous sommes persuadés de faire la chasse aux lions.

Shiva Naipaul a souligné, à juste titre, qu'« un peuple sans vision doit périr inévitablement [3] ». Les gens que la nature temporaire de leur existence panique affirment que toute vision obéit aux structures. Ils se rassurent en se persuadant que les humains ne peuvent avoir d'objectif que grandiose, pour faire de l'individu le serviteur d'un système rationnel ou universel. Dans ce cas, on confond tranquillement la vision et une méthodologie déficiente telle que le marché, une gestion centralisée, ou le libre-échange – et chacun des points peut être utile si on le considère comme une méthode pratique mise en équilibre avec les autres.

Or une vision honnête exige simplement d'ouvrir les yeux. Au mieux, sur soi-même. Quand cela nous est impossible, nous glissons dans une existence d'illusions, où notre vie dépend de ceux qui voient à notre place. Ces visionnaires religieux, politiques ou économiques, nous incitent à nous vautrer dans un confort que nous ne connaîtrons qu'au travers de reflets ou de promesses.

Voir, c'est s'affronter soi-même. Pour une communauté, une nation, une vision honnête est un accord interne sur la nature des rapports entre individus. Bien que ces relations soient d'ordre pratique, et non abstrait, elles ne sont pas fondées sur l'intérêt personnel ou une obligation contractuelle. Il s'agit de voir l'intérêt commun.

VOLTAIRE. « Ce méchant homme qui a fait tant de bien » (Paul Valéry).

Est-ce parce que Voltaire n'avait pas peur d'être méchant qu'il a fait tant de bien ? Très probablement. Rien ne prouve que les écrivains peuvent faire leur travail convenablement en étant gentils.

Et pourquoi seraient-ils gentils ? Pour qu'on les invite à dîner ? Pour faire partie de la corporation des écrivains qui, comme toutes les corporations, récompense la modération ? Pour recevoir de l'argent, des prix, des titres ?

Les écrivains gentils travaillent en général pour quelqu'un, ou alors ils sont séniles, ou bien ils se sont trompés de vocation. Ceux qui ont fait le plus de bien, souligne Voltaire, « ont pour la plupart été persécutés [4] ». L'espèce virulente continue à l'être, dans la plupart des pays. En Occident, ils doivent faire face à des assauts plus sophistiqués : procès onéreux et mise sur la paille. Pis que tout, pour cette société dotée de systèmes de communication coûteux : ils sont menacés de marginalisation.

Et ces vies personnelles sens dessus dessous, cette cupidité, ces jalousies, cette hypocrisie ? Qu'est-ce que ça peut bien nous faire ? Voltaire accumulait un nombre de défauts et de contradictions nettement supérieur à la moyenne. Il n'empêche : il créa le langage qui mit fin à un régime.

Les écrivains ne sont pas censés passer pour des modèles de vie, des prophètes religieux, sains d'esprit et de corps. On n'est pas non plus censé les aimer.

Leur seule tâche consiste à mettre à la disposition du lecteur un langage utile. Telle est la base de la liberté de parole. Quels que soient les intérêts du moment, ils favorisent forcément le langage obscur des dialectes d'initiés et des idées reçues. Alors l'écrivain devient méchant. C'est un service public.

X

XÉNOPHOBIE (passive). Les Anglais sont *fair play*, les Français font le meilleur pain, les Américains sont individualistes, les Italiennes sont superbes, les Allemands sont de vrais hommes parce qu'ils ne sont pas circoncis, les Canadiens sont gentils, les Russes courageux, les Gallois poètes, la Grèce est le berceau de la démocratie, les Argentins sont l'essence de la virilité, les Suédois *fair play*, les Anglais courageux, les Suisses travailleurs, les Français les meilleurs amants, la culture américaine l'expression de la liberté, les Australiens durs à cuire, les Chinois futés, les Polonais auraient dû être supérieurs à tous les autres, les Italiens ont du style, le langage est le grand amour des Irlandais, les Anglais ne resquillent jamais, les Canadiens sont courageux, Dieu s'adresse directement aux Iraniens, que la France est belle !, les Allemands sont efficaces, les Écossais futés, les Espagnols coriaces, les Brésiliens ne sont pas racistes, les Norvégiens sont beaux, les Tchèques sont efficaces, les Anglais brillent en temps de crise, les Allemands sont courageux, les Français sont individualistes, les Canadiens sont coriaces, les Suisses efficaces, les Britanniques les rois de la litote, les Israéliens les meilleurs soldats, les Italiens des romantiques, les Américains courageux, les Écossais diligents, et autres fétiches rassurants, répétitifs et ennuyeux à mourir.

XÉNOPHOBIE (active). Retourner tout ce qui précède, de manière à ce que ces admirables qualités deviennent les défauts inadmissibles des autres peuples. Si ce procédé se fait avec suffisamment de logique, on pourra admettre qu'il faille contrôler, exploiter, voire punir, et si nécessaire tuer ceux qui appartiennent à une autre lignée.

Voir **Sang.**

Y

YACHT. Bien matériel d'où peuvent tomber et se noyer les magnats de la presse quand la relation entre leur **complexe d'infériorité** et leur **banquier** ne fonctionne plus.

YOUGOSLAVIE (guerre civile). Réalité ordinaire en cette fin de XXe siècle.

Ce conflit d'après-guerre, typique, implique des combats mobiles, irréguliers, mêlant armées et civils, professionnels et amateurs, équipement bon marché et terreur généralisée. Depuis 1960, le nombre de guerres de ce type se déroulant simultanément sur la planète a augmenté, au point qu'on en dénombre aujourd'hui plus de cinquante. Dans le même temps, les armées occidentales se sont concentrées sur le développement d'une idée abstraite, *hi-tech*, postmoderne, de la guerre professionnelle, impliquant de vastes affrontements formalisés entre titans et, par-dessus tout, entre matériels titanesques. De ce fait, et étant donné leur formation, leur équipement et leur attitude, les armées les plus nombreuses et les plus complexes de l'histoire du monde sont incapables de se battre dans les vrais conflits modernes.

Comme les courtois chevaliers français devant Azincourt, elles attendent un ennemi d'une supériorité adéquate. Périodiquement, et c'est le cas des Falklands ou de l'Irak, elles ont l'occasion d'exhiber leur matériel avec un cérémonial puéril. Après quoi elles recommencent à faire le pied de grue en attendant Armageddon.

Pendant ce temps, la cinquantaine de vraies guerres continue ses ravages. Un millier de soldats meurent chaque jour en moyenne. Quelque 5 000 civils. Des villes s'effondrent. Des enfants meurent de faim. Des nations sont anéanties. Tout cela comme si la vraie guerre et les armées occidentales coexistaient sur la même planète, mais à des strates différentes, invisible l'une aux autres.

Parfois, nos titans réussissent à percer cette cloison étanche, digne de la science-fiction, et débarquent sur la scène avec leurs tanks et leurs hélicoptères, en se pavanant tels de splendides chevaliers dans leur armure étincelante, montés sur leurs étalons blancs. Devant et derrière cet impressionnant défilé, les massacres se poursuivent.

L'état d'esprit inflexible et gestionnaire instauré dans les écoles militaires et les états-majors, au cours des deux décennies antérieures à 1914, reste immuable. Des tranchées à la ligne Maginot, de la Corée au Vietnam, et même à la Somalie, la détermination à imposer à la réalité une forme abstraite demeure inébranlable.

Z

ZAPPER. Action consistant à changer de chaîne en pressant continuellement le pouce sur un dispositif de contrôle à distance, brandi comme une arme. Indique peut-être la frustration et l'agressivité d'une population mécontente. À moins que ce ne soit le signe de la fin de la narration linéaire – la mort du récit tel que nous la connaissons depuis des milliers d'années. Faut-il y voir la vérité inéluctable d'une société postmoderne qui a lié son sort aux communications électroniques, espérant une plus grande unification, pour se retrouver en définitive fracturée ? Ou est-ce parce qu'il n'y a rien d'assez intéressant à regarder plus de dix secondes ?

ZÉLATEUR. Quelqu'un qui détient la solution d'un problème.
À l'origine, fanatique religieux prompt à la violence. De nos jours, il peut tout aussi bien s'agir d'un expert **corporatiste**. Selon la définition de Samuel Johnson, les zélateurs manifestent « une ardeur passionnée dans leur cause, quelle qu'elle soit [1] ». Ils sont porteurs de vérité.

ZÉNON. Père du paradoxe. Philosophe du Ve siècle av. J.-C. Source de la technique socratique et de l'usage de l'humour comme arme contre le pouvoir et le pédantisme. L'autre Zénon, également philosophe, et père du stoïcisme, se suicida.

ZINNIA. La plus laide des fleurs de jardin.
L'idée paradoxale que les mots ont un sens réel, mais relatif, permet à qui veut récupérer le langage à ses fins, de le dénaturer

en toute quiétude. Les idéologues comme les déconstructionistes prennent le fragment de paradoxe qui leur convient et le déforment en ignorant le reste.

Pour faire front à cette falsification de la communication, il suffit de planter un zinnia et d'attendre qu'il pousse. Une fois la signification du mot « vilain » clairement établie, tout devient limpide. Si cela ne marche pas, essayez les soucis.

NOTES

Un rêve d'équilibre

1. Cité par Tom McArthur, *Worlds of Reference*, Cambridge, Cambridge University Press, 1986, p. 94.
2. Cité par Michel de Montaigne, *Essais*, 1588, t. II, chapitre XVII ; « De la præsumption ».
3. Samuel Johnson, *A Dictionary of the English Language* (1755), Londres, Times Books Ltd., fac-similé 1983. Tiré de l'introduction (l'édition originale de Johnson n'était pas paginée).
4. Denis Diderot, *Encyclopédie, un dictionnaire raisonné des sciences, des arts et des métiers* (éd. Alain Pons), Paris, Flammarion, 1986.
5. Tom McArthur, *Worlds of Reference, op. cit.*, p. 105.
6. L'édition en huit volumes que nous citerons tout au long de cet ouvrage est : Voltaire, *Dictionnaire philosophique*, Paris, Librairie de Fortic, 1826.
7. Noah Webster, *An American Dictionary of the English Language*, New York, Johnson Reprint Corporation, 1970. Il s'agit d'une réimpression du dictionnaire Webster original, publié en 1828.
8. En fait, ce fut un ouvrage posthume : il ne parut qu'en 1911.
9. Il parut d'abord sous le titre : *The Cynic's Word Book*, en 1906.

A

1. Voltaire, « Abeilles », *Dictionnaire philosophique, op. cit.*, t. I, p. 41.
2. *The New York Times*, 21 octobre 1993, A10. À propos de l'incident de la tuberculose, *cf.* 7 juin 1993, IHT, p. 1. Citation de Joseph Hopkins, porte-parole de United Airlines.
3. William Blake, *The Marriage of Heaven and Hell, in The Writings of William Blake*, éd. Geoffrey Keynes, Londres, The Nonesuch Press, s.d. planches 17-20, p. 157 (trad. fr. : *Le Mariage du ciel et de l'enfer*, Paris, Corti, 1981).

4. Charles Mackay, *Extraordinary Popular Delusions and the Madness of Crowds*, New York, Harmony Books, 1980.

B

1. Voltaire, « Cartésianisme », *Dictionnaire philosophique, op. cit.*, t. III, p. 82.
2. Samuel Johnson, *Pocket Dictionary of the English Language*, Chiswick, C. and C. Whittingham, 1826.
3. George Orwell, *Animal Farm* (trad. fr. : *La Ferme des animaux*, Paris, Gallimard, rééd. « Folio », 1984).
4. John F. Love, *Sous les arches de McDonald's*, Paris, Albin Michel, 1989.
5. *The New York Times*, 25 janvier 1993, A13.
6. Conor Cruise O'Brien, *The Great Melody. A Thematic Biography and Commented Anthology of Edmund Burke*, Chicago, University of Chicago Press, 1992, p. 115.
7. *Ibid.*, p. 390.

C

1. Thomas Carlyle, *On Heroes, Hero-Worship and the Heroic in History*, Philadelphie, Henry Altenus, p. 5 (trad. fr. : *Les Héros et le culte des Héros).*
2. *Ibid.*, p. 114.
3. *Ibid.*, p. 322.
4. *Ibid.*, p. 269.
5. *Ibid.*, p. 265.
6. Statue de douze tonnes de George Washington, par Horatio Greenough, 1840. Sur le capitole. Inspiré par le *Zeus* de Phidias.
7. Salman Rushdie s'exprimait durant une apparition à l'improviste lors du Troisième Gala annuel du centre canadien du PEN Club international, Toronto, 7 décembre 1992.
8. Alfred Adler fit scission avec Sigmund Freud en 1911. Il est connu comme le père du complexe d'infériorité. Ses principaux écrits sur le sujet sont : 1909 : *Study of Organ Inferiority and Its Physical Compensation* ; 1908 : *Agressive Drive* ; 1910 : *Inferiority Feeling and Masculine Protest* ; 1912 : *The Neurotic Constitution* ; 1918 : *Social Interest.*
9. Cité *in* James Hillman et Michael Ventura, *We've Had a Hundred Years of Psychotherapy and the World's Getting Worse*, San Francisco, Harper, 1992, p. 159.
10. Xenophane, *Memorabilia*, I, VI, 11-13.
11. Frederick Copleston, *A History of Philosophy*, New York, Image Book, Doubleday, 1985, t. VII, Livre III, p. 214.
12. Les informations et citations figurant dans ce paragraphe sont tirées de James Hillman et Michael Ventura, *We've Had a Hundred Years of Psychotherapy and the World's Getting Worse, op. cit.*, p. 137.

D

1. Il s'agit d'une observation de l'écrivain Eugène Benson.
2. *Le Monde*, 8 janvier 1994, p. 23.
3. Vaclav Havel, « À propos de la pensée évasive », discours prononcé lors de la Conférence des écrivains tchécoslovaques, 9 juin 1965.
4. Pour ces trois définitions de la vérité, la source est *Le Petit Robert* (1987).
5. Conversation avec l'auteur à Toronto, le 15 janvier 1994.
6. Ces trois citations sont de Jacques S. Gansler, *in* « Transforming the US Defense industrial base », *Survival. The IISS Quarterly*, vol. 35, n° 4, hiver 1993-1994, p. 138 et 141.
7. En plus de l'article de M. Gansler, *cf.*, dans le même numéro de *Survival*, Julian Cooper, « Transforming Russia's Defense industrial base », p. 147. « Vers une " libération " des ventes d'armes ». Voir aussi : *Le Figaro économique*, 26 janvier 1994, p. 11. « La délégation générale pour l'armement veut être autorisée à exporter les matériels les plus modernes. » *Le Monde*, 28-29 novembre 1993, p. 9.

E

1. Alain Chanlat, *Lettre à Richard Déry : l'Occident malade de ses dirigeants* (juin 1993), essai inédit.
2. *The New York Times*, 14 novembre 1993, p. 26.
3. *Newsweek*, 20 septembre 1993, p. 44. Cette étude fut effectuée par le ministère américain de l'Éducation.
4. Conor Cruise O'Brien, *The Great Melody, op. cit.*, p. 75.
5. *The Guardian Weekly*, 28 février 1993, p. 4.
6. *The Globe and Mail*, 23 février 1994, B7.
7. Voltaire, « Enfer », *Dictionnaire philosophique*, t. IV, p. 308.
8. Denis Diderot, « Fortune (morale) », *Encyclopédie*, t. II, p. 125.
9. John Rawls, *A Theory of Justice*, Cambridge (Mass.), Harvard University. Press, 1971 (trad. fr. : *Théorie de la Justice*, Paris, Le Seuil, 1987).

F

1. Denis Diderot, « Faits », *Encyclopédie*, t. II, p. 97.
2. Platon, *Apologie de Socrate*.

G

1. Kitty Kelley, *His Way. The Unauthorized Biography of Frank Sinatra*, New York, Bantam Books, 1986, p. 285.
2. *The Spectator*, 20 février 1993, p. 39.
3. *The Globe and Mail*, 13 août 1993, p. 1.

H

1. René-Daniel Dubois, 9 octobre 1991 : présentation du mémoire conjoint de l'AQAD et du CAD.

1

1. *The Toronto Star*, 26 mars 1994, A15.
2. Barbara Dinham, *The Pesticide Hazard : A Global Health and Environmental Audit*, Londres, Books for the Pesticide Trust, 2e éd., 1993.
3. *Ibid.*

L

1. Harold A. Innis, *The Bias of Communication*, Toronto, University of Toronto Press, 1951.
2. Cité *in* Innis, *ibid.*, p. 22.
3. Cité par David Suzuki, *The Toronto Star*, 17 juillet 1993, D8.
4. Oscar Douglas Skelton, *Life and Letters of Sir Wilfrid Laurier*, Toronto, Oxford University Press, 1921, t. I, p. 321.

M

1. Voltaire, « Patrie », *Dictionnaire philosophique*, t. VII, p. 252.
2. *Le Monde*, 9 juin 1993, p. 26. La troisième tâche consistait à faire face à l'incapacité des gouvernements nationaux à appliquer la loi dans un monde dominé par des économies transnationales.
3. Samuel Johnson, *Dictionary*, *op. cit.*, p. 116. « Mémoire : le pouvoir de retenir ou de recueillir les choses du passé, cette faculté grâce à laquelle nous rappelons à l'esprit toute transaction passée. »
4. *The Shorter Oxford English Dictionary*, Londres, Book Club Associates, 1983, t. II, p. 1306. « Mémoire : 1. La faculté grâce à laquelle on se souvient [...] 3. Rappel, réminiscence [...]. Un acte ou cas de souvenir. »
5. Denis Mack Smith, *Mussolini*, Londres, Paladin, 1983, p. 144.
6. *Le Quotidien de Paris*, 7 juin 1993, p. 15. Nous devons à Paul Dietschy une étude de la stratégie du football.
7. *The Economist*, 2 avril 1994, p. 5 et 9; avril 1994, p. 13.

N

1. Denis Mack Smith, *Mussolini*, *op. cit.*, p. 134.
2. *Ibid.*, p. 15.
3. E. M. Cioran, cité dans une interview par Branka Bogavac Le Comte *in Les Lettres françaises*, 33, juin 1993, p. 18.

O

1. *The New Yorker*, 29 novembre 1993, p. 8.
2. Voir Samuel Johnson, *Dictionary*, *op. cit.*

P

1. Pour une remarquable description de l'atmosphère d'Athènes, *cf.* Donald Kagan, *Pericles of Athens and the Birth of Democracy*, Londres, Secker and Warburg, 1990.
2. Denis Diderot, « Pouvoir (droit nature et politique.) », *Encyclopédie*, t. II, p. 275.
3. Cité par le professeur Andrew Watson (Toronto), 26 juin 1993. *Cf.* aussi *The Islamic City* (éd. A. H. Hourani et S. M. Stern), Oxford, Bruno Cassirer, 1970, p. 174-194.

R

1. Max Weber, *Économie et Société* t. II : *L'Organisation et les puissances de la société dans leur rapport avec l'économie*, Paris, Presses Pocket, 1995.
2. Denis Mack Smith, *Mussolini*, *op. cit.*, p. 144.
3. *The Globe and Mail*, 13 août 1993, p. 1.

S

1. Voltaire, « Sens commun », *Dictionnaire philosophique,* t. VIII, p. 128.
2. *The New York Times*, 28 février 1994, A12 : « New SAT sets student cramming » [Les nouveaux SAT font bûcher les étudiants].
3. Leni Riefenstahl, *The Sieve of Time : the Memoirs of Leni Riefenstahl*, Londres, Quartet Books, 1992, p. 178.
4. Frederick Copleston, *A History of Philosophy*, *op. cit.*, Livre III, t. VII, p. 263, 277.
5. Denis Diderot, « École (philosophie de l') », *Encyclopédie*.
6. Frederick Copleston, *A History of Philosophy*, *op. cit.*, t. II : *Medieval Philosophy*, p. 312.
7. Harold Innis, *The Bias of Communication*, *op. cit.*, p. 80.
8. John Saul, *Les Bâtards de Voltaire. La dictature de la raison en Occident*, Paris, Payot, 1994, p. 520.

T

1. *Milano Citta*, printemps 1993.
2. John Ruskin, *Les Pierres de Venise* (1851), Paris, Hermann, 1983.

3. Samuel Johnson, *Dictionary, op. cit.*
4. Cité par Olivier Germain-Thomas et Philippe Barthelet, *Charles de Gaulle jour après jour*, Paris, Nathan, 1990, p. 53.
5. Alan J. Day (éd.) *Think Tanks : an International Directory*, Harlow (Essex), Longman, 1993.
6. Robert Dassanowsky-Harris, « Leni Riefenstahl's inner migration, self-reflection and romantic transcendence », *Nazism in Tiefland*, 1994, inédit.
7. Analyse d'Elizabeth Kolbert, « The living room candidate : history of presidential campaigns on television, 1952-1992 », *The New York Times*, 17 juillet 1992, p. 81, à propos d'une exposition au Musée américain de l'image mobile, New York.
8. Anton Kaes, *From Hitler to Heimat*, Cambridge (Mass.); Harvard University Press, 1989, p. 5.

V

1. Formule gravée au-dessus de la cheminée de son salon, dans la maison qu'il se construisit à Oak Park, en Illinois.
2. Euripide, *Les Bacchantes*.
3. Shiva Naipaul, *Au nord du Sud. Un voyage africain*, Paris, Le Rocher, 1992.
4. Voltaire, « Lettres, gens de lettres, ou lettrés », *Dictionnaire philosophique*, t. VI, p. 350.

Z

1. Samuel Johnson, *Dictionnaire*, op. cit.

Remerciements

Beaucoup de ceux grâce à qui *Les Bâtards de Voltaire* avait vu le jour m'ont une fois de plus apporté des conseils et des informations précieuses, répondu à mes appels désespérés à des heures indues et été assez bons pour m'exprimer leur désaccord au cours d'interminables discussions – je m'abstiendrais de les citer à nouveau.

Adam Bellow et Cynthia Good m'ont été, une nouvelle fois, d'une grande asssistance, en leur qualité d'éditeurs, et ont mis à contribution leur imagination et leur endurance. De fait, l'enthousiasme de tout le monde, chez Penguin Books et The Free Press, a énormément compté à mes yeux.

Je remercie Sabine Boulongne qui a réussi, une fois de plus, à faire de mon livre un livre en français, et chacun, à Payot Rivages qui m'a été d'un grand soutien.

Laura Roebuck et Donya Peroff m'ont fourni un appui constant. Conseils, informations, critiques et une multitude d'aides sous d'autres formes m'ont également été fournis par Alain Chanlat, Anoukh Foerg, Pier Daniele Napolitani, Hans Wuttke et Jagoda Buic, Scott Sellers, de Montigny Marchand, Noël et Dominique Goutard, Christine Klose, Elisabetta Sgarbi, Rolf Puls, Gilbert Reid, Margaret Atwood, Niels de Groot, Jean-François Garneau, Mary Adachi, Charles Rubinsztein, Matthieu Debost, Francesca Vallenti et mon grand ami, le père Joe Maier.

Index des matières

Un rêve d'équilibre 11

A 17

A
À
Aaron
Abaissement
Abélard (Pierre)
Absolu
Académie française
Acapulco
Ad hominem
Agriculture
Air conditionné
Aisselles
À la recherche du temps perdu
ALENA
Alliés
Amitié
Amoralité
Amour
Angleterre
Anglo-Saxons
Animisme
Anorexie
Anti-intellectualisme
Armement
Aspen (Institut)
Autobiographie

B 37

Babel (tour de)
Bacon (Francis)
Baisers
Banalité
Bande des cinq (la)
Banquiers
Barons (d'industrie, de presse, etc.)
Bébé phoque
Bien ou mal
Big Mac
Biographie
Biographiques (films)
Blanc (pain)
Blue-Jean
Bonheur
Bouddhisme (tibétain)
Bourg pourri
Bretton Woods
Burke (Edmund)

C 57

Cadre
Calme
Canada
Cannibalisme
Capitalisme
Carlyle (Thomas)
Chicago School of Economics
Chirurgie esthétique
Chômage
Chômage technique
Citoyen
Civilisation
Civilisation appliquée
Civilisation occidentale

Class et *World Class*
Classes
Clausewitz (Carl von)
CNN
Collectionneurs
Comédie
Commerce avec l'ennemi (traité portant sur le)
Commerce international
Compétition
Complaisance
Complexe d'infériorité
Comte (Auguste)
Confessionnaux
Confiance publique
Conrad (Joseph)
Consommation
Consultants
Consultants académiques
Contrôle (être sous)
Convenances
Corporation
Corporatisme
Corporatisme appliqué
Courant dominant
Courtisans
Critique politique
Croisade morale
Croissance
Croissant
Cynisme

D 105

Davos (Conférence annuelle du Forum économique international)
Déconstructionisme
Dégraissage
Démocratie
Démocratie directe
Déni
Dépression (crise)
Dérégulation
Descartes (René)
Dessert
Destinée
Dialectes
Dictature du vocabulaire
Dictionnaire
Dieu
Discours de remerciements
Dividendes de la paix
Divorce
Dossiers préparatoires
Doute
Droite
Dureté

E 127

Écoles de commerce
Économétrie
Économie
Economist (The)
Éducation des élites
Éducation publique
Efficacité
Électeurs de Bristol (discours aux)
Élite
Emploi
Endettement
Enfants
Enfer
Engrais, herbicides, insecticides de la deuxième génération
Ennui
Équilibre
Erreur
États-Unis
Éthique
Étranger
Existentialisme

F 151

Faits
Famille heureuse
Fast-food (philosophie du)
Faux Héros
Fiscalité
Floride
Foi
Fourmis
Fraise
France
Freud (Sigmund)

G 161

Gala d'intronisation
Garde prétorienne
GATT

INDEX DES MATIÈRES

Gauche/droite
Gaulois
Génial
Goût
Guérison
Guerre
Guerre contre la drogue

H 169

Happy birthday
Happy hour
Harvard Business School
Héros
Histoire
Hobbes (Thomas)
Humanisme

I 179

Idéal olympique
Idéologie
Image
Inconscient
Individualisme
Indolence
Inefficacité
Intelligence
IRA
Ironie
Irradiation

J 191

Jogging
Jouissance de biens
Juge
Jury

K 193

Kant (Emmanuel)

L 195

« La » France
Lagos
Langage oral
Le/la/les
Leadership
Liberté
Liberté de parole
Libre
Libre-échange
Los Angeles
Loteries
Loyola (saint Ignace de)
Luddites
Ludendorff (Erich)

M 211

Machiavel (Nicolas)
Maison Blanche
Manager
Manières
Marché
Marchés monétaires internationaux
Marxiste
Mauvaises gens
Mauvaises nouvelles
McDonald (Ronald)
Melon
Mémoire
Météorologie urbaine
Météorologues
Mode
Monarques (alliances royales)
Mondains
Mondialisation
Monnaies (volatilisation des)
Moro (Aldo)
Mort
Mort naturelle
Musées
Musique d'ambiance
Mussolini (Benito)
Myrmecophaga jubata
Mythologie

N 235

Nannyisme
Nationalisation
Nationalisme
Néoconservateur
Nietzsche (Friedrich)
Nihilisme

Normes de production
Nouvel Ordre Mondial

O 243

On
Optimisme
Orgasme
Oui

P 245

Panique
Participation
Pectoraux
Pellicules
Pénis
Pessimisme
Pétrole
Peur
Philosophie
Pilule
Platon
Platoon
Politesse
Pomme
Ponctualité
Pouvoir public
Première classe
Privatisation
Progrès
Promotion immobilière
Propagande
Publicité

R 265

Raison
Raison instrumentale
Rationaliser
Réalité
Récession
Rédacteurs de discours
Référendum, ou plébiscite
Régulation
Relations particulières
Relations publiques
Remise de prix
Réponses
Responsabilité
Retombées (effet ou théorie des)
Richelieu (cardinal)
Richesse négative
Round Table

S 279

Sagesse
Sainte Trinité chrétienne
Sainte Trinité postchrétienne
Sainte Trinité-fin du xxe siècle
Salles de bal
Sang
SAT
Schopenhauer (Arthur)
Scolastique
Séminaires
Sérieux
Sexe
Socrate
Socratique (héritage)
Soixante-Treize
Solutions
Sophiste
Subjonctif
Super Bowl
Supériorité

T 295

Talent
Taylor (Frederik)
Taylorisme
Technocrate
Technologie
Tennis
Terrain équitable
Think Thank (cellule de réflexion)
Tiers monde
Titularisation
Transnationales
Travail
Triomphe de la volonté (Le)

U 311

Un
Université
Usines

V 313

Vénérien
Venise
Vents

INDEX DES MATIÈRES

Vérité
Vico (Giambattista)
Vie privée
Virginité
Vision
Voltaire

X 319

Xénophobie (passive)
Xénophobie (active)

Y 321

Yacht
Yougoslavie (guerre civile)

Z 323

Zapper
Zélateur
Zénon
Zinnia

Notes 325

Remerciements 331

Imprimé en France par la Société Nouvelle Firmin-Didot
Dépôt légal : mars 1996
N° d'impression : 33439